Gerd Hötter

Surrealismus und Identität

André Breton
„Theorie des Kryptogramms"

Eine poststrukturalistische
Lektüre seines Werks

Gerd Hötter:
Surrealismus und Identität: André Breton „Theorie des Kryptogramms";
eine poststrukturalistische Lektüre seines Werks

1. Auflage 1990; 2. Auflage 2010

ISBN: 978-3-86815-520-4
© IGEL Verlag Literatur & Wissenschaft, Hamburg, 2010
Alle Rechte vorbehalten.
www.igelverlag.com

Igel Verlag Literatur & Wissenschaft ist ein Imprint der Diplomica Verlag GmbH
Hermmanstal 119 k, 22119 Hamburg
Printed in Germany

Die Deutsche Bibliothek verzeichnet diesen Titel in der Deutschen Nationalbibliografie.
Bibliografische Daten sind unter http://dnb.d-nb.de verfügbar.

Inhaltsverzeichnis

Einleitung   5

1. Einige Linien der Rezeptionsgeschichte des Surrealismus   5

2. Kritik der Aufhebungsästhetik und der Schreckensästhetik; Schrifttheorie als Desiderat der Breton-Literatur   11

3. Breton und Poststrukturalismus; Abriß meiner Untersuchung; zur Methode; Einschränkungen/Implikationen   15

I. Zur Theorie der "écriture automatique"   20

1. "La terrible loi psychologique" - Schreiben als Aufschub der Mortifikation des Ichs in der Schrift   20

2. Jenseits der Schrift: Automatisches Schreiben als Sprachbetrug und Sprachmagie   26

3. Theorie des Scheiterns der "écriture automatique" und surrealistische Prosa   37

II. Zur Subjekttheorie Bretons   44

1. Phänomenologie des Unheimlichen: die phantomatische Struktur des Ichs   44

2. Ich ist Wiederholung der Differenz ("différenciation")   54

3. Ich ist Träger einer einzigartigen Botschaft   60

Exkurs: Über den Zusammenhang von Subjekt und Schrift bei Proust   66

III. Theorie des kryptogrammatischen Schreibens   71

1. Die Überlebensfunktion des Schreibens und die Funktion Entzifferung: Das Leben im Glashaus   72

2. Drei Stufen der Verschriftung; die Produktion der Produktion des Kryptogramms; zur Erinnerungsfunktion des Schreibens   77

3. Eine Textimplosion; postalische Systeme in "Nadja"   84

4. Kryptogramm und Leidenschaft 89

5. Diskursanalytisches bei Breton: Zur Autor-Funktion 97

6. Kraft, Bedeutung, Ausdruck; das Kryptogramm im Lichte
der aufgehobenen Gegensätze 105

Exkurs: Theorie des kryptogrammatischen Schreibens und
ästhetische Theorie: Adorno, Derrida, Breton 113

IV. Der Begriff der Interpretation bei Breton 119

1. Positionenverzeichnis der "Vases communicants" 119

2. Bretons humoristische Freud-Rezeption; Deutung als fortgesetzte Traumarbeit 125

3. Der "prophetische" Sinn oder die Nützlichkeit des Traums: dialektische und biologistische Motive in den "Vases communicants" 135

4. Deutung als "Übersetzung" von "Geheimakten"; theatralische Räume; die Spinndrüsenfunktionen der Traumarbeit 143

5. Rebus und Kryptogramm; Einführung in das funktionale Phänomen 150

6. "La nappe blanche" - über eine Szene der Schrift
(ein Traum-Traum) 155

V. Das Verlöschen der Kryptogramme 163

1. Die Schrifttheorie im Sog des Liebespols 163

2. Zur ästhetischen Konstruktion von "Amour fou"; Kryptogramm und objektiver Zufall; Natur-Schrifträume 169

3. Erdmagnetismus und Kristallographie: Marquis de Sade contra Hegel 176

Bibliographie 183

Einleitung

1. Einige Linien der Rezeptionsgeschichte des Surrealismus

"Je ne m'inquiète pas encore de savoir pour quelle charrette je suis" - schreibt der 27-jährige Breton mit Blick auf die Literaturkritik.[1] Der Ausspruch bezeugt eine gewisse humoristische Distanz gegenüber dem, was Breton in dem Aufsatz, dem das Zitat entstammt, auch "Schicksal Autor" nennt. Humor beweist - dem Freudschen Beispiel nach - der zum Tode Verurteilte, der montags zur Hinrichtungsstätte geführt wird und sagt, die Woche fange ja gut an.[2] Breton macht in dem Moment, in dem er die Hinrichtungsstätte der Schrift betritt, sie als Schauplatz eines nicht sehr ernst zu nehmenden Treibens sichtbar. Aus der Position desjenigen, der die Bühne betritt[3], der schreibt und publiziert und der einen Raum noch nicht geschriebener Sekundärtexte eröffnet, wechselt er mit einem Mal in die Position des gleichgültigen Zuschauers der Szene, deren Hauptakteur er ist.

Dieser Positionswechsel und dieser Raum, den der Positionswechsel aufspannt, werden in der Sekundärliteratur über Breton grob vernachlässigt. Am ehesten hat sie vielleicht noch Sartre erkannt, wenn er Bretons Unernsthaftigkeit, den Positionswechsel, die Verantwortungslosigkeit gegenüber dem Schicksal Autor im Namen einer Theorie des Engagements verurteilt (und daraufhin zur Exekution schreitet).[4] Wenn der Kritiker aber - wie gewöhnlich - wohlwollend ist, dann *identifiziert* er sich meistens mit dem widerwillig die Bühne betretenden, leidenden Autor, der mit antiliterarischem Anspruch doch Literatur macht. Jedenfalls ist es fast ein Topos der Literatur über Breton geworden, zuerst "Betroffenheit" zu demonstrieren, sich des Verrats am antiliterarischen Anspruch zu bezichtigen, sich vorzuwerfen, daß man ein von Breton eingefordertes Schweigen bräche usf.

Dieser Topos eröffnet auch die Einleitung zu den ausführlichst annotierten *Oeuvres complètes* Bretons, deren erster Band (Werke bis 1930) 1988 in der "Bibliothèque de la Pléiade" herauskam.[5] Der Gewissensbiß scheint um so berechtigter zu sein, als Breton nun ins französische Allerheiligste der Literatur

---

1 *PP*, p. 12; die Siglen für die Ausgaben Bretonscher Texte, aus denen ich zitiere, sind in der Bibliographie aufgeschlüsselt.
2 Freud, "Der Humor" in: Freud-*Stud.-Ausg.*, Bd. IV, Ffm 1972, pp. 276 - 282.
3 "(...) avec *Les Pas perdus* la figure de Breton s'impose définitivement sur la scène de l'écriture", schreibt Bonnet im Kommentar des Buches, aus dem ich ob. zitierte (*OeC*, p. 1221).
4 Vgl. Sartre, *Qu'est que la littérature?*, Ps 1981, insbes. pp. 360 - 370.
5 S. Bibliographie; da die Taschenbuchausgaben leichter zugänglich sind, zitiere ich - soweit möglich - aus diesen und werde mich nur des textkritischen Apparates der *OeC* bedienen.

aufgenommen wird. Er wird eindeutig und endgültig als literarisch hochqualifiziertes Objekt, als "Klassiker" sanktioniert. Die einzelnen Bücher und die verstreuten Äußerungen Bretons in Zeitschriften, Briefen und Tagebüchern usw. werden zur Einheit des Werks zurechtgeschnitten, und es wird - wie der textkritische Apparat bezeugt - dieser Einheit ein fast lückenloser Lebensganztext untergeschoben.[6]

Die Gesamtausgabe Ende der 80er Jahre besiegelt eine akademische Vereinnahmung Bretons, die längst schon zu seinen Lebzeiten einsetzte, der aber anfangs noch etwas Zweideutiges anhaftete. Denn die meisten Kritiker, die in den 50er und 60er Jahren anfingen, über Surrealismus zu schreiben, standen der offiziellen surrealistischen Gruppe nahe, die Breton nach dem Krieg um sich versammelt hatte und die noch bis zwei Jahre nach seinem Tod 1966 fortbestand. Und so verhielten sich diese ersten akademischen Exegeten mehr oder weniger apologetisch gegenüber seinem Werk.[7] Der deutsche Literaturwissenschaftler gewinnt Anfang der 70er Jahre den Eindruck, daß die französischen Sekundärtexte über Breton sich mit den Primärtexten vermischen.[8] Die akademische Behandlung wurde dann aber auch in Frankreich immer selbstverständlicher, wie zahlreiche Breton-Bio-/Monographien[9], die Einrichtung eines Zentrums der Surrealismus-Forschung an der Universität Paris III Ende der 70er Jahre[10], die Herausgabe eines kompendienhaften Surrealismus-Lexikons[11] und schließlich der *Oeuvres complètes* dokumentieren. Die literarkritische oder literaturwissenschaftliche Besetzung Bretons verlief in verschiedenen Schüben und beschreibt bestimmte Bewegungen: Etwa ging es Anfang der 70er Jahre noch darum, ihn von seiner Festlegung auf den Theoretiker oder Wortführer der surrealistischen Gruppe zu befreien und den Blick auf den Dichter freizumachen[12]; oder - aktueller, in den 80er Jahren - wendet sich das Interesse verstärkt den bislang mißachteten späten Schriften zu, die nach oder am Ende der "klassischen" Zwischenkriegsperiode entstanden.[13] Letzte philologische Lücken werden geschlossen.

---

6 Zur Metaphysik des Autor- und Werkbegriffs s. Foucault, "Was ist ein Autor" in: Ders., *Schriften zur Literatur*, München 1974, pp. 7 - 31.
7 Vgl. z. B. Alquié, *Philosophie du surréalisme*, Ps 1977 [1956]; aufschlußreich für diesen "Grundton" der Kritik sind insbes. die *Entretiens sur le surréalisme*, unter Leitung von Alquié, Ps 1968.
8 Vgl. Bürger, *Der französische Surrealismus*, Ffm 1971, Einleitung.
9 Vgl. z. B. Legrand, *Breton*, Ps 1977, Alexandrian, *Breton*, Ps 1977.
10 Das Forschungszentrum veranstaltet Ausstellungen und Kolloquien, die in dem Buchorgan *Mélusine* niedergelegt werden.
11 Biro/Passeron, *Dictionnaire général du surréalisme et de ses environs*, Fribourg 1982.
12 Vgl. Bürger, a. a. O.; Lenk, *Der springende Narziß*, München 1974.
13 Vgl. Vogt, *Le point noir*, Ffm 1982; Rosello, *L'humour noir selon André Breton*, Ps 1987; Mourier-Casile, *Explorateur de la Mère-Moire, Trois lectures d'"Arcane 17"*, (...), Ps 1986.

Der Raum noch nicht geschriebener Sekundärtexte, den Breton entwarf, ist also inzwischen ein dicht gefüllter, ein mit Sekundärliteratur überwucherter Raum geworden.

Bevor ich auf den Entwurf dieses Raums bei Breton selbst zurückkomme, möchte ich speziell die deutsche Breton- und Surrealismusrezeption näher charakterisieren, da sie jenen von Breton selbst entworfenen Schriftraum verstellt und er in seinen groben Abmessungen vorläufig sichtbar gemacht werden kann, wenn man einmal bestimmte Rezeptionsweisen kritisch befragt.

Im Gegensatz zur philologisch i. e. S. verfahrenden oder an Detailproblemen orientierten Rezeption in Frankreich hat die deutsche Rezeption Breton und den Surrealismus in stärkerem Maße mit bestimmten theoretischen Konzepten oder Projekten besetzt.[14] Breton ist in stärkerem Maße vor bestimmte "charettes" gespannt worden - und diese "Einspannungen" will ich im folgenden näher untersuchen.

Ein breites intellektuelles und wissenschaftliches Interesse hat der Surrealismus in der Bundesrepublik erst nach '68 gefunden.[15] Die Identifikation der Studentenbewegung mit dem surrealistischen Anspruch auf "Veränderung des Lebens", dokumentiert durch die Surrealismus-Zitate an den Mauern von Paris, bewegt Marcuse dazu, noch in demselben Jahr die Möglichkeit einer Synthese von Marx und Breton zu beschwören.[16] Surrealistisch heißt er den kulturrevolutionären Anspruch, die Phantasie, die Imagination, das Sinnliche, Spielerische, diejenige Dimension "die vordem als ästhetische Dimension wesentlich apolitisch war"[17], in politische, auf totale Gesellschaftsveränderung ausgerichtete Praxis zu überführen.

Die kulturrevolutionäre Vereinnahmung à la Marcuse kritisiert Bohrer in seinem 1969 zuerst erschienenen Surrealismus-Essay.[18] Er bringt die Aktionisten der Revolte, die die Aufhebung der Kunst in politischer Praxis einfordern, ebenso wie die linksbürgerliche Intelligenz in der Nachfolge Adornos, die dem Surrealismus gegenüber verständnislos blieben, in einen Gegensatz zum "historischen" und in ästhetischer Hinsicht wieder aktuellen "hypothetischen"

---

14 Das ist eine sehr grobe Unterscheidung oder grobe Tendenz. Selbstverständlich gibt es auch eine philologisch i. e. S. arbeitende deutschsprachige Auseinandersetzung mit Breton, wie die ausgezeichnete Arbeit von Lenk, a. a. O., bezeugt.
15 Die meisten Übersetzungen surrealistischer Literatur ins Deutsche datieren auch aus der Zeit nach '68. Was das Werk von Breton betrifft, bleibt die Übersetzungslage allerdings bis heute defizient. Vgl. dazu H. Dahmer, "Versäumte Lektionen. Aufsätze von André Breton in deutscher Übersetzung" in: *Psyche*, 27. Jg., Nr. 2, Febr. 1983, pp. 144 - 169.
16 Marcuse, *Versuch über die Befreiung*, Ffm 1968, p. 41.
17 Ebd., p. 52.
18 Bohrer, "Surrealismus und Terror oder die Aporien des Juste-milieu" in: Ders., *Die gefährdete Phantasie oder Surrealismus und Terror*, München 1970, pp. 32 - 61.

Surrealismus. Bohrer macht auf die "Bretonsche" Qualität einiger Texte der neueren deutschen und amerikanischen Literatur aufmerksam, etwa eines Berliner Flugblattes von 1967, das dem manifesten Sinn nach zur Brandstiftung auffordert. Die historische Vorlage bildet der so oft zitierte und sogenannte "Revolversatz" Bretons aus dem zweiten Manifest[19], der nach der Erfahrung des Faschismus die Gemüter erneut erregt hatte und es den Gegnern leicht machte, den Surrealismus, seinem Konzept nach, als latent faschistische oder faschistoide Bewegung zu disqualifizieren.[20] Gegen die humanistische und ideologiekritische Verwerfung setzt Bohrer die ästhetische Aktualität des Surrealismus mit Berufung auf die in der Nachkriegsgeschichte massenhaft und alltäglich gewordene, von den Surrealisten antizipierte Erfahrung, daß die Terror-Wirklichkeit die Terror-Verstellung oder die Imagination überholt hat. Eben diese Erfahrung legten, so Bohrer, die surrealistischen Produkte frei. Ihr Zynismus oder Terror-Charakter provoziere den chok-artigen, surrealen Effekt, in dem das Alltägliche, Banale und Künstlerische sich durchdrängen und, da sie sich der Vermittlung 'durch Moral und herkömmliche Ästhetik entzögen, als säuberlich getrennte Sphären nicht mehr aufrecht zu erhalten seien.

Bohrer nimmt Motive aus Benjamins frühem Surrealismus-Aufsatz (1929)[21] auf, in dessen Zentrum der Begriff der "profanen Erleuchtung" steht, d. i. jener rauschhafte, plötzliche Durchdringungsmoment von Alltäglichem und Geheimnisvollem. Allerdings teilt er nicht mehr die Hoffnung Benjamins, daß "die Kräfte des Rauschs für die Revolution (zu) gewinnen" seien.[22] Denkbare Konsequenzen der Umsetzung von ästhetischem Erlebnis in politische Praxis seien, so urteilt Bohrer mit Blick auf die Kulturrevolutionäre von '68, "Irrsinn, Kriminalität und monströse Diktatur" oder: Anpassung der Phantasie an die Praxis, d. h. Aufhebung des Surrealismus.[23]

---

19 "L'acte surréalise le plus simple consiste, revolvers aux poings, à descendre dans la rue et à tirer au hasard, tant qu'on peut, dans la foule." (*M*, p. 78).
20 Sartre und Camus nahmen an diesem Satz im Namen eines existentialistischen Humanismus, des Vernünftigen und Maßvollen Anstoß. (Vgl. Sartre, a. a. O., p. 230; Camus, *L'Homme révolté*, Ps 1951, p. 118/20.) Auf Seiten der deutschen Rezeption veranlaßte der Satz Enzensberger, die historische Avantgarde in die Nähe des Faschismus zu rücken, diesmal im Namen der Ästhetik Adornos, die "unerbittlich" den Kunstwerken "das Gesetz zunehmender Reflexion" verordnet. (Enzensberger, *Einzelheiten*, Ffm 1962, p. 314) Trotz einer völlig verschiedenen ästhetischen Ausgangsposition rückt Enzensberger in die Linie der Lukács-Kritik ein, jener Kritik, die die Avantgarde pauschal irrationalisiert und unter dem Titel: "Dekadenzerscheinung der spätkapitalistischen Gesellschaft" exekutiert. (Vgl. Lukács, *Die Zerstörung der Vernunft*, Neuwied 1974).
21 Walter Benjamin, "Der Surrealismus. Die letzte Momentaufnahme der europäischen Intelligenz" in: *Gesammelte Schriften*, Bd. II 1, Ffm 1977, pp. 295 - 310.
22 Ebd., p. 307.
23 Bohrer, a. a. O., p. 54.

Wohl bildet die Perspektive von Benjamin/Bohrer auf den Surrealismus eine wichtige Linie in der deutschen Surrealismus-Rezeption[24], doch ist derjenige Ansatz für den Diskurs über Surrealismus in Deutschland bestimmend geworden, der Ernst macht mit der kulturrevolutionären Aneignung des Surrealismus im Mai '68, nämlich den Versuch zur Aufhebung der Kunst in Lebenspraxis zum Hauptmotiv der historischen Avantgarde erhebt. Diesen Ansatz vertritt Peter Bürger. Daß seine *Theorie der Avantgarde*[25], aus den Studien zum Surrealismus[26] hervorgegangen, in Deutschland so viel diskutiert wurde[27] und sich bis heute erhalten hat[28], hängt wohl mit ihrer hohen Verträglichkeit mit der allgemeinen deutschen Theoriebildung zusammen: 1) Die Interpretationen fügen sich in die Tradition der hermeneutischen Wissenschaften ein. 2) Der konzeptionelle Rahmen der Interpretationen wird aus Begriffen und Theoremen der "klassischen" Frankfurter Schule gewonnen, die in den 70er Jahren an intellektueller Attraktivität noch gewinnen und die Diskussion über Ästhetik bestimmen. 3) Die *Theorie der Avantgarde* lehnt sich an die Gesellschaftstheorie der aktuellen Frankfurter Schule an - die Theorie von Habermas - und wurde inzwischen auch explizit von diesem in seine Interpretation der Moderne integriert[29], die in den 80er Jahren an Kontur durch den Gegensatz zur neueren französischen Theorie gewinnt. Genau jene rationalistische, Mythos-ängstliche, "linksbürgerliche Intelligenz in der Nachfolge Adornos", die Bohrer polemisch "Juste-milieu" nannte und der er Verständnislosigkeit gegenüber der surrealistischen Ästhetik vorwarf, macht sich also daran, sich den Surrealismus einzuverleiben. So wie die Aktualisierung des Surrealismus im Mai '68, sagt diese Theorie, erst dessen kulturrevolutionären Anspruch ganz freigelegt habe, so besiegele auch das Scheitern der Revolte die Historizität des Surrealismus, weil sie die Uneinlösbarkeit, gar Falschheit dieses Anspruchs erweise. Anspruch und Scheitern präzisiert Bürger wie folgt: In den historischen Avantgardebewegungen (französischer Surrealismus, russischer Konstruktivismus, italienischer Futurismus, deutscher Expressionismus) sei die in der bürgerlichen Gesellschaft ausgeprägte Institution Kunst in den Stand der Selbstkritik gelangt. Die Selbstkritik stelle sich dar als Angriff der Avantgardisten auf die Institution Kunst mit

---

24 Bohrer hat die Benjaminsche Interpretation des Surrealismus in Untersuchungen zu Jüngers Frühwerk und Nietzsches Ästhetik ausgebaut und aus dieser Interpretation ästhetische Kategorien entwickelt, etwa: Schrecken, Plötzlichkeit, das Böse. Vgl. Bohrer, *Ästhetik des Schreckens*, Ffm/Bln/ Wien 1983; ders., *Plötzlichkeit, Zum Augenblick des ästhetischen Scheins*, Ffm 1981; ders., "Das Böse - eine ästhetische Kategorie?" in: *Merkur*, H.6, Juni 1985, pp. 459-73.
25 Ffm 1974.
26 Bürger, *Der französiche Surrealismus*, Ffm 1971.
27 Vgl. z. B. Lüdke (Hg.), *Antworten auf Peter Bürgers Bestimmung von Kunst und Gesellschaft*, Ffm 1976.
28 Vgl. z. B. Bürger, *Postmoderne*, Ffm 1987.
29 Habermas, "Die Moderne - ein unvollendetes Projekt" in: *Die Zeit, 19.9.1980*.

dem Ziel ihrer Aufhebung in gesellschaftlicher Praxis. Der Angriff auf die Institution Kunst habe diese als relativ autonome Vermittlungsinstanz zwischen Werk und Gesellschaft allererst sichtbar gemacht, sei aber in einer sich zunehmend in Wertsphären ausdifferenzierenden Gesellschaft zum Scheitern verurteilt gewesen.[30] Das Scheitern wird beschreibbar als Wiedervereinnahmung der avantgardistischen Produkte durch die Institution Kunst. Was bleibt der ästhetischen Theorie (und der Kunst), nachdem der kulturrevolutionäre Anspruch '68 ein zweites Mal scheiterte und endgültig obsolet wurde? - Flucht zurück in die Autonomieästhetik, wie sie Adorno nach dem Weltkrieg[31] und Marcuse nach '68[32] angetreten haben, will Bürger nicht mitvollziehen; die Selbstkritik der Institution Kunst durch die Avantgarde, so seine These, sei eine unwiderrufbare Erfahrung. Er domestiziert daher den kulturrevolutionären Anspruch des Surrealismus zu einer permanenten (wissenschaftlichen, aber auch von einer engagierten Kunst zu leistenden) Selbstkritik der Institution Kunst, die sie als Vermittlungsinstanz zwischen Kunst und Gesellschaft durchschaubar machen soll.[33]

---

30 Diesen in der *Theorie der Avantgarde* noch impliziten, erst in späteren Schriften explizierten Gesellschaftsbegriff entlehnt Bürger der Theorie Habermas': Dieser interpretiert die Moderne im Anschluß an Max Weber als Ausdifferenzierung kultureller Wertsphären, deren evolutiven Trend er als Verselbständigung verschiedener Expertenkulturen und deren Abkoppelung von einer kommunikativ strukturierten Lebenswelt bestimmt. Zuletzt und am ausführlichsten hat Habermas diese Theorie in *Theorie des kommunikativen Handelns*, Ffm 1981, dargelegt.
31 Vgl. Adorno, *Ästhetische Theorie*, Ffm 1970, und ders.,"Rückblickend auf den Surrealismus", in: *Noten zur Literatur I*, Ffm 1963, pp. 155 - 162.
32 Vgl. Marcuse, *Konterrevolution und Revolte*, Ffm 1973.
33 Habermas übernimmt prinzipiell die Avantgardetheorie Bürgers in seine Interpretation der Moderne. (Habermas, "Die Moderne [...]", a. a. O.) Jedoch affirmiert er - darin radikaler als Bürger - die bestehende Institution Kunst und tilgt den surrealistischen Anspruch ganz, denn die Institution Kunst ist überhaupt nicht mehr Gegenstand der Kritik; das kritische Potential fließt ganz ab in die Aufgabe, die eine exoterische Kunstkritik leisten soll, nämlich zwischen der spezialisierten ästhetischen Erfahrung und der Alltagspraxis zu vermitteln, ähnlich der Rolle des Interpreten, die Philosophie zwischen Wissenschaften und Alltagspraxis einnehmen soll (vgl. Habermas, *Moralbewußtsein und kommunikatives Handeln*, Ffm 1983).
Bürger will diesen (konsequenten) Schritt in die totale Autonomieästhetik auch mit Habermas nicht gehen. In *Kritik der idealistischen Ästhetik* hält er an einer "vermittelten Aufhebung" oder einer "reflektierten Durchbrechung der Kunstautonomie" als leitendes Prinzip einer postavantgardistischen Ästhetik fest - d. h. einer Ästhetik, die den "Angriff der Avantgarde auf die Institution Kunst" und sein Scheitern als historische Erfahrung in die ästhetische Reflexion einbringt. In der Frontstellung zum avantgardistischen Anspruch besteht, so Bürger, das Defizitäre der avanciertesten modernen ästhetischen Theorie, derjenigen Adornos, an die er hauptsächlich anknüpft und die den Surrealismus ja auch explizit verwirft. (Vgl. Bürger, *Zur Kritik der idealistischen Ästhetik*, Ffm 1983).

2. Kritik der Aufhebungsthese und der Schreckensästhetik; Schrifttheorie als Desiderat der Breton-Literatur

Oehler hat am Beispiel von Duchamps "Fountain" überzeugend dargelegt, daß einzelne Werke der Avantgarde in der Protestattitüde gegen die Institution Kunst nicht aufgehen oder sogar in der Hypostase dieser Attitüde verkannt werden.[34] Das läßt sich auch am Werk Bretons zeigen. Bürgers Aufhebungsthese verstellt Motive und Gehalte seines Werks, die noch nicht entfaltet sind. Schon bei einer oberflächlichen Beschäftigung mit Breton fallen Unstimmigkeiten zwischen den primären Texten und der Aufhebungsthese auf.

Bürger erwähnt einmal einen Text Bretons aus *Position politique du surréalisme* von 1935, und zwar als Zitat bei dem postrevolutionären Marcuse.[35] Die Nähe der von Breton darin entfalteten Ästhetik zu ästhetischen Theoremen Adornos ist auffällig: Autonomie der Kunst als notwendige Bedingung ihres revolutionären oder emanzipatorischen Gehalts, gegen eine unvermittelte Beziehung der Kunst auf die Gesellschaft, das Kunstwerk als Antithese zur Gesellschaft kraft seines spezifisch Ästhetischen: der Technik oder Form.

Bürger zitiert den Text nur, um Marcuses Positionswechsel zu markieren, problematisiert ihn aber nicht als Äußerung des Avantgardisten Breton. Er scheint also einen radikalen Bruch zwischen dem frühen, die Praxis der Poesie fordernden und dem späten Breton, der die Kunst wieder autonomisiert, vorauszusetzen, wobei sich die beiden Bretons wie der kulturrevolutionäre und der zur Autonomie bekehrte Marcuse zueinander verhalten. Dann hat aber der späte Breton von seiner Verwandlung wahrscheinlich selbst gar nichts gemerkt, da er seine frühe Position nirgends einer grundsätzlichen Revision unterzog, sondern sie weiterhin zu vertreten meinte.

Gegen Bürger möchte ich Breton ein kontinuierlicheres Denken zutrauen. In der späteren Position bringt er nur eine Perspektive auf den Begriff, in die sich die frühen Texte schon einfügten: eine ästhetisch-theoretische, nicht politische.

Darauf hat Lenk in ihrer (vor *Theorie der Avantgarde* abgefaßten) Monographie schon aufmerksam gemacht.[36] Ähnlich wie Bürger untersucht sie die Texte Bretons im Spannungsverhältnis von institutionalisierter, von der Wirklichkeit abgekoppelter, in literarischen Formen erstarrter Kunst und außerkünstlerischer, "objektiver" Wirklichkeit. Doch sei dieses Spannungsverhältnis, so Lenk, für Breton nicht ein politisches, sondern poetisches Problem. D. h. nicht, das Problem der Umsetzung von Kunst ins Leben (Lebenspraxis) sei für ihn vorrangig, sondern die Suche nach einer Schreibweise, die die "objektive

---

34 Dolf Oehler, "Hinsehen, Hinlangen: Für eine Dynamisierung der Theorie der Avantgarde. Dargestellt an Marcel Duchamps *Fountain*" in: Lüdke (Hg.), *Antworten (...)*, a. a. O., pp. 143-65.
35 Bürger, *Surrealismus, a. a. O., p. 5.*
36 Lenk, a. a. O.

Schönheit" darstelle. Poetischen Materialismus nennt sie das Ergebnis: die (immer noch "narzißtische", weil künstlerische) Prosa Bretons.

Konsultiert man die Bretonschen Texte, so fällt zunächst tatsächlich auf, daß "pratiquer la poésie" - so die Formel aus dem ersten Manifest und zentrales Zitat der Bürgerschen Avantgardetheorie - in erster Linie gar nicht heißt, wie Bürger interpretiert: die individuell produzierte und rezipierte Literatur in eine kollektive Lebenspraxis umsetzen. Im Kontext des Bretonschen Werks ist die Praxis der Poesie mit der individualistischen Frage nach dem "wahren Ich" verknüpft. Eine Antwort erhofft sich Breton von einer zwar unkonventionellen, aber wörtlich "literarischen", nämlich Schrift-Praxis. Auch die Praxis des Traums, von der in den *Vases communicants* die Rede ist, meint nicht eine unvermittelt revolutionäre Praxis, sondern eine literarische: die *Interpretation* des Traums.

Die Schrift ist offensichtlich ein zentraler Begriff der Bretonschen Texte, und Breton scheint diesen Begriff positiv zu besetzen. In der Schriftfeindlichkeit sieht Bürger aber gerade ein noch Gemeinsames zwischen Surrealismus und dem 1926 nach heftigem Streit aus der surrealistischen Gruppe ausgeschiedenen Artaud.[37] Die Reduktion der Äußerungen Bretons auf den politischen Impuls (Aufhebung der Schrift/Leben wie im Traum) scheint mit deren Verkennung als Schrift und als Aussagen über Schrift einherzugehen. Doch betrifft dieser Vorwurf der Verkennung auch Lenk. Die These vom poetischen Materialismus nimmt den expliziten Anspruch Bretons allzu wörtlich, Wirklichkeit bloß zu registrieren/dokumentieren, und sie macht vergessen, daß die Prosa Schriftproduktion, Gedächtnisfunktion, Verschriftung von Personen/Tatsachen usw. ist.

Die Verkennung der "Literarizität" Bretonscher Äußerungen geht bei Bürger einher mit dem Theorem, daß die Avantgarde sich radikal von der literarischen Tradition abspalte. Zwar stimmt es, daß die Surrealisten einen literarischen Gegenkanon der etablierten Literaturgeschichtsschreibung entgegenhielten, doch gibt es auch - wofür die Bürgersche Konstruktion den Blick trübt - zahlreiche, zumindest implizite Übereinstimmungen mit ästhetizistischen, die Institution Kunst verkörpernden Autoren, etwa Proust und zwar insbes. was die Subjekt- und Schrifttheorie anbelangt.

Die Explikation einer surrealistischen Schrifttheorie, die von der Praxis der "écriture automatique" zur Traumpraxis führt - das ist ein erster thematischer Umriß meiner Arbeit, der als Desiderat vorliegender Literatur über Breton sichtbar wird.

---

[37] Bürger, "Schabreste der Seele' oder geschlossenes Kunstwerk" in: *Neue Rundschau*, 97, Jg., 1986, H.2/3, pp. 208 - 28, vgl. insbes. p. 223.

In einem jüngeren Aufsatz wendet sich Bürger Breton einmal nicht im Rahmen seiner Avantgardetheorie zu, sondern vergleicht ihn mit Valéry, geleitet von der These, daß die Werke der beiden Autoren als zwei entgegengesetzte Lesarten der Moderne interpretierbar seien: Absage an die Rationalität bei Breton versus emphatische Bejahung bei Valéry.[38] Bürger ergreift schließlich Partei für Valéry und kritisiert nur dessen abstrakten Individualismus als Voraussetzung der Vernunftbejahung. Sein Werturteil verdeutlicht, daß die *Theorie der Avantgarde* den grundsätzlichen Irrationalismusverdacht gegenüber der Avantgarde, den Bürger mit dem ideologiekritischen Diskurstyp teilt, nur verdeckte. Diese Theorie machte die Avantgarde "vernünftig", indem sie sie als Kritik an der Verselbständigung und Abkoppelung eines gesellschaftlichen Teilsystems (Institution Kunst, ästhetische Sphäre) von der Alltagspraxis interpretierte. Sobald der schützende Interpretationsrahmen der *Theorie der Avantgarde* wegfällt, rückt Breton für Bürger wieder in die "Nähe des Irrationalismus".[39] Es bestätigt sich der von Bohrer 1969 geäußerte Verdacht, daß der Surrealismus einer ideologiekritischen, aufklärerisch-rationalistischen Theorie inkommensurabel bleibt.

Es bietet sich nun an, Bohrers schon im Surrealismus-Essay vorformulierte und inzwischen explizit gegen Bürger/Habermas gewendete Kritik am ideologiekritischen Diskurs und seine in der Kritik implizierte Ästhetik zu übernehmen, um einen von der Aufhebungsthese unverstellten Blick auf die Texte Bretons zu gewinnen. Verkürzt läßt sich Bohrers aktuelle Position wie folgt skizzieren: Er bekennt sich zum "Projekt Moderne und den mit ihm verbundenen Begriffen wie Subjekt und Geschichte", nimmt aber davon die ästhetische Rede aus. "(....) bei ästhetischen Konstrukten (besagt) das Wahrheits- und Kommunikationsmodell moderner Gesellschaftstheorie nicht viel (...)"[40] So reduziert Bohrer aber den Surrealismus (Breton) und "surrealistische" Literatur (De Sade, Flaubert, Nietzsche, Jünger u. a.) auf beunruhigende Terror- und Schreckens*bilder* - beunruhigend, weil sie sich "offenbar nicht auf die moralisch-diskursive Rede rückübersetzen lassen".[41] Schließlich lassen sie aber doch das Projekt Moderne unbeschadet. Bohrer hypostasiert die Grenzziehung zwischen ästhetischer und theoretisch/diskursiver Rede - darin stimmt er mit Habermas/Bürger überein, wenn diese auch die *Übersetzbarkeit* der ästhetischen in die moralisch-

---

38 Bürger, "Valéry und Breton. Zwei Lesarten der Moderne" in: Neue Rundschau, 96. Jg., 1985, H. 2, pp. 31-57.
39 Auch in den Studien zum Surrealismus (Bürger, *Der französische Surrealismus*, a. a. O.) im Vorfeld der Avantgardetheorie hatte Bürger schon den Irrationalismusvorwurf gegen Breton erhoben.
40 Bohrer, "Im Namen der Wahrheit? Zu Peter Bürgers Klage über den Zeitgeist" in: *Merkur*, H. 3, März 1985, p. 266ff., Zitate p. 272.
41 Bohrer, "Das Böse - eine ästhetische Kategorie?", a. a. O., p. 459.

diskursive Rede unterstellen (qua exoterischer Literaturkritik/qua "reflektierter Aufhebung der Institution Kunst"). Gegen diese möglichen Interpretationsperspektiven möchte ich die These halten, daß die Rede Bretons weder auf eine Über-/Umsetzung des Ästhetischen in (politische) Theorie/Praxis noch auf eine Schreckensästhetik reduzibel ist, daß sie vielmehr als *ästhetisch-diskursive Rede* charakterisierbar ist, die das Paradigma aufklärerischen Denkens, von Habermas in den 80er Jahren auf die Formel "Projekt Moderne" gebracht, gefährdet. Ich meine damit die Rede, die nach traditionellen Kriterien ästhetisch ist (bildhaft, erzählerisch, fiktional, mythisch) und über traditionell ästhetische Gegenstände geht (z. B. Buch, Werk, Subjekt des Werks/Autor, Traum/mythische Erfahrungen, Schönheit), zugleich aber über das Ästhetische hinausreicht: diskursive/philosophische Anteile birgt. Und diese noch nicht geschriebene "Philosophie des Surrealismus" stellt sich, so meine weiterführende These, genau dar als Theorie der Schrift und der Interpretation, die auf einer Theorie des Subjekts beruhen.

Tiefer als die Kritik Bohrers am aufklärerischen Diskurs (dem philosophischen ebenso wie dem literarkritischen) dringt die Kritik Derridas, ja sie wird sogar als Kritik an Bohrer selbst lesbar: "Im allgemeinen fehlt dem philosophischen Diskurs und besonders dem von Habermas eine ausgearbeitete Aufmerksamkeit gegenüber der Schrift (...)" und, "nicht wahr, was ich 'Schrift' nenne, ist der Begriff einer textuellen *différance*, die erfolgt, um gerade die Verwirrung zu vermeiden, deren mich Habermas beschuldigt (Verwechslung von Literatur und Philosophie, G. H.) und die ich dagegen im globalen Begriff von *der* Philosophie oder im globalen Begriff von *der* Literatur bedrohlicher finde."[42] Philosophie (Theorie der Schrift) und Literatur (Praxis der Schrift) kennzeichnen nur verschiedene Schichten der einen Rede Bretons. Sie wahrzunehmen und zu unterscheiden vermag der Interpret aber erst, wenn er seine Aufmerksamkeit der Schrift gegenüber ausarbeitet.

---

42 Derrida 1986 in einem Interview mit Peter Engelmann unter dem Eindruck der mißglückten deutsch-französischen Begegnung im Centre Pompidou, veröffentlicht als Vorwort der deutschen Übersetzung von *Positions*: Derrida, *Positionen*, Graz/Wien 1986; Zitat p. 29 f.

3. Breton und Poststrukturalismus; Abriß meiner Untersuchung; zur Methode; Einschränkungen/Implikationen[43]

Mit dem Derrida-Zitat ist die Verbindung zwischen Surrealismus und sog. poststrukturalistischen Autoren[44] angeschnitten. Diese Verbindung stellt Bürger auch im Valéry/Breton-Aufsatz her, wenn er den Gegensatz der beiden Autoren auf den aktuellen von Projekt Moderne/Poststrukturalismus projeziert. Er begnügt sich aber, die surrealistische Rationalismuskritik mit dem poststrukturalistischen Versuch zu konstellieren, "die an sich irre gewordene Vernunft noch mehr zu verwirren"[45] (Fast ein Habermas-Zitat). Unter Voraussetzung dieses Poststrukturalismus-Begriffs bleibt die These, daß die neuere französische Theorie und der Surrealismus Beziehungen unterhalten, ein unproduktives, inhaltslos-abstraktes geistesgeschichtliches Schema.

Die theoriegeschichtliche Beziehung Surrealismus - Poststrukturalismus ist noch weitgehend unerforscht.[46] Sie zu erhellen ist nicht mein Thema. Eine

---

[43] Der Begriff "Implikation" wird hier nicht im Sinne der formalen Logik verwandt, sondern im Sinne Derridas, der ihn in Zusammenhang mit dem französischen Wort "le pli" (die Falte) bringt; der Begriff ist dieser Auslegung nach als "Einfaltung" ins Deutsche übersetzbar. (vgl. Derrida, *Posi-tionen*, a. a. O.)

[44] Inzwischen hat sich der Begriff "Poststrukturalismus" als Sammelbezeichnung für jene heterogenen, aber vielfach untereinander korrespondierenden Theorien eingebürgert, die in den 60er und 70er Jahren von einigen fanzösischen Autoren formuliert wurden und in den 80er Jahren zunehmend Eingang in die deutsche Diskussion fanden. Ich werde mich insbes. auf die Theorien/Philosophien von Lacan, Derrida, Deleuze, Foucault und Baudrillard beziehen. Einen guten Überblick über die neuere französische Theoriebildung gibt Manfred Frank in seinen Vorlesungen: *Was ist Neostrukturalismus?*, Ffm 1984. (Seine Bezeichnung hat sich allerdings nicht durchgesetzt.)

[45] Bürger, "Valéry und Breton", a. a. O., p. 32.

[46] Bekannt ist der persönliche Kontakt Dalí-Lacan: Lacan suchte Dalí, den Breton ihm vorgestellt hatte, 1930 auf, weil er in dessen intuitiven Aussagen über Paranoia seine eigenen empirisch begründeten Hypothesen bestätigt fand. Offensichtlich regte Dalí Lacans Theoriebildung entscheidend an. Lacan veröffentlichte in den 30er Jahren auch Aufsätze in dem surrealistischen Organ *Minotaure*. Der biographische Anhaltspunkt verleitete die Sekundärliteratur dazu, den Theorievergleich Surrealismus - Lacan auf Äußerungen Dalís über Paranoia und Narzißmus in den 30er Jahren zu beschränken. (Vgl. dazu Gorsen, *Der "kritische Paranoiker"*, Kommentar und Rückblick in: Dalí, *Gesammelte Schriften*, München 1974, pp. 401 - 518; Schmitt, "De la psychose paranoiaque dans ses rapports avec Salvador Dalí" in: Rétrospective *Centre Pompidou*, Ps 1980, pp. 262 - 266) Abgesehen von dieser Episode bezogen sich die Poststrukturalisten immer wieder auf zwei surrealistische Autoren, der eine Dissident, 1926 aus der Gruppe ausgeschieden: Artaud, der andere der Gruppe nur nahestehend, erst zerstritten mit Breton, ab 1935 wieder mit ihm befreundet: Bataille. Diese Autoren avancierten insbes. durch die Arbeiten Foucaults und Derridas in den 60er Jahren zu Kultfiguren der französischen Theorie. Bataille und Artaud, so idiosynkratisch sich ihr Denken ausgibt, verdanken aber vieles Breton, und dieser Zusammenhang bleibt in der poststrukturalistischen Rezeption ausgespart. Foucault hat gerade einen Nachruf für ihn übrig. Eine Beziehung zum Surrealismus ergibt sich später noch einmal, als Foucault mit dem surrealistischen Maler und Philosophen Magritte in Brief- und persönlichen Kontakt tritt, aus dem ein Essay hervorgeht. (Foucault, *Dies ist keine Pfeife*, Ffm/Bln/Wien 1983) Thematische Analogien zwischen Foucaults *Geschichte des Wahnsinns* und Bretons Psychiatrie-Kritik in *Nadja* hat

theoriegeschichtliche Beziehung *impliziert* gleichwohl meine Methode, sofern ich mich der poststrukturalistischen Theorien (Theorieversatzstücke, Theoreme, Begriffe) als eines Leseapparates bedienen werde, um Bretons Theorie zu entschlüsseln, dieser Leseapparat aber dem literaturgeschichtlichen "Objekt" gegenüber nicht gleichgültig ist, sie vielmehr wie Schloß und Schlüssel ineinander passen. Eine minutiöse Breton-Lektüre zitiert sozusagen unfreiwillig poststrukturalistische Begriffe und Theorien herbei, und das erhärtet die Vermutung, daß poststrukturalistische Autoren oft Breton zitieren, wenn auch ohne das Zitat zu kennzeichnen. Aber wie gesagt, es geht in der Arbeit nicht darum, eine theoriegeschichtliche Voraussetzung des Poststrukturalismus zu klären (das Schloß als Schlüssel auszuprobieren), es geht um einen Kommentar des Bretonschen Werks, und die poststrukturalistischen Theorien/Begriffe bilden das wichtigste "Reflexionsmedium"[47] dieses Kommentars. Sie erzeugen theoretischbegriffliche Deckbilder, in denen die Theorie Bretons erst lesbar wird.

Ein ganz allgemeines Lektüreschema gibt zunächst das Derridasche Dekonstruktionsverfahren an die Hand. Derrida hat die literarischen und philosophischen Texte, die er schrifttheoretisch oder grammatologisch untersuchte, nicht schlichtweg als metaphysische Texte entlarvt (destruiert), er hat zugleich eine gegenläufige, eine metaphysikkritische Bewegung in ihnen entziffert. Diese Konkurrenz einer metaphysischen und einer metaphysikkritischen Denkbewegung charakterisiert auch - sehr grob - die Bretonschen Texte. Man könnte auch von zwei Polen sprechen, um die sich Bretons Theorie lagert und die ein Spannungsfeld aufbauen: Pol Enthüllung/Aufhebung und Pol Verhüllung/Schrift; oder - mit Baudrillard - Pol Liebe/Leidenschaft und Pol Verführung. In der Sekundärliteratur findet fast ausschließlich der Pol Enthüllung Berücksichtigung, und die Kritik hat ihre Aufmerksamkeit gegenüber dem Theorie-Pol: Verhüllung/Schrift so gut wie gar nicht ausgearbeitet. Es fehlt im allgemeinen ein dynamisch-energetisches Verständnis der Theorie als Spannungsfeld mit verschiedenen Polen und Positionen.[48]

Die "écriture automatique" - unmittelbarer schriftlicher Ausdruck des Denkens - ist zweifellos am Pol Enthüllung anzusiedeln, ihre Theorie verweist aber schon auf eine Schrift jenseits des Ausdrucks. (Teil I) Der Pol Enthüllung bleibt auch in der Subjekttheorie in *Nadja* angeschaltet, ein stärkeres Kraftfeld bilden aber metaphysikkritische Motive, die an subjekttheoretische Bestimmungen bei

---

Steinwachs eher oberflächlich behandelt. (Steinwachs, *Mythologie des Surrealismus oder die Rückverwandlung von Kultur in Natur*, Neuwied/Bln 1970, p. 114 ff).

47 Der Begriff zitiert den Diskurs der deutschen Frühromantiker, die ihn im Zusammenhang der Definition einer esoterischen, das ästhetische Gebilde erst entfaltenden, selbst ästhetischen Interpretation gebrauchen. Vgl. dazu W. Benjamins Dissertation: *Der Begriff der Kunstkritik in der deutschen Romantik* in: *Gesammelte Schriften*, Bd. I 1, Ffm 1977, pp. 7- 122.

48 Diese globale Kritik wird in der Auseinandersetzung mit einzelnen Sekundärtexten im Laufe meiner Untersuchung konkretisiert.

Lacan und Deleuze und an den "différance"-Gedanken Derridas erinnern. (Teil II) Auf der Grundlage der Subjekttheorie wird es möglich, die Elemente einer Schrifttheorie in *Nadja* zu versammeln, die ich Theorie des kryptogrammatischen Schreibens nenne. Denn die Ausarbeitung des Begriffs "cryptogramme" bildet ihr Zentrum. Sie hat mit Schriftzeichen/Hieroglyphen, Texttatsachen, Erinnerungsspuren, Schriftnetzen, Sendungen usf. zu tun. - Wieder ist es vor allem die Theorie Derridas, die die Aufmerksamkeit auf diese Begriffe lenken. Man denke an den Begriff der "grammes", der "dissémination" oder an das Anagramm "trace/carte". (Teil III) Theorie und Praxis des Kryptogramms setzen sich fort in der Traumtheorie und -praxis in den *Vases communicants*. Der Theoriepol Schrift gerät in Konkurrenz und Widerspruch zum Theoriepol dialektischer Materialismus, Psychoanalyse. Die Sekundärliteratur hat sich bislang fast ausschließlich mit dem zuletzt genannten Pol beschäftigt und verschiedene Widersprüche zu den Bezugstheorien der *Vases communicants* konstatiert. Sie läuft darauf hinaus, Breton theoretische Inkompetenz oder Inkonsequenz nachzuweisen. Breton habe Freud mißverstanden, so lautet der Tenor, was die surrealistische Psychoanalyse-Rezeption betrifft. Unbemerkt blieb dabei die theoretisch gehaltvolle, subversive Bewegung, die Breton am Pol Schrift in der Auseinandersetzung mit dem hermeneutischen Programm Freuds vollzieht. (Teil IV) In *Amour fou* schließlich setzt sich der Pol Enthüllung durch und bringt die kryptogrammatischen Schriftträume zum Einsturz. (Teil V)

1) Die Theorie des kryptogrammatischen Schreibens schließt Korrespondenzen zur ästhetischen Theorie Adornos ein. Bürger hat die Beziehungsmöglichkeiten Adorno-Breton unterbunden, sofern er diesem den avantgardistischen Anspruch: Aufhebung der Institution Kunst unterschob, jenem vorwarf, diesen Anspruch zu verkennen. Neue Beziehungsmöglichkeiten eröffnen sich, sowie man aufhört, Breton auf diesen Anspruch zu reduzieren.

Adorno selbst hatte dem Surrealismus 1958 vorgeworfen, seine Bilder seien solche der "subjektiven Freiheit im Stande objektiver Unfreiheit".[49] Er reduzierte den Surrealismus auf den (falschen) Enthüllungs- oder Ausdrucksanspruch. In der *Ästhetischen Theorie* revoziert er aber das Verdikt wieder, wenn er z. B. dem schwarzen Humor der Surrealisten (dem, was ideologiekritisch das Anrüchigste an ihnen ist) ein "richtiges Bewußtsein von Kunst" bescheinigt.[50] Der schwarze Humor hängt mit dem Pol Verhüllung zusammen, wie zu zeigen sein wird.

Poststrukturalismus und *Ästhetische Theorie* kommunizieren im Medium der Bretonschen Theorie, und so liegt der Verdacht nahe, daß diese eine gemeinsame Wurzel jener separaten Philosophien darstellt.

---

49 Adorno, "Rückblickend auf den Surrealismus", a. a. O., p. 160.
50 Adorno, *Ästhetische Theorie*, Ffm 1970, p. 66.

2) Da ich meinen Interpretationsansatz insbesondere gegen denjenigen Bürgers profiliert habe, und dieser sich in die in Deutschland vorherrschende, hermeneutisch orientierte Literaturwissenschaft einfügt, so verdient ein Wort auch noch das Verhältnis meiner Arbeit zur hermeneutischen Methode. Diese wird, wie schon erwähnt, bei Breton selbst thematisiert: Die Interpretationstheorie in *Les vases communicants*, so meine These, ist antihermeneutisch. Aber auch schon die Subjekt- und Schrifttheorie in *Nadja* durchkreuzen zentrale hermeneutische Kategorien: die des identischen Subjekts (Einheit von verstehendem und erlebendem Subjekt), Kategorie des Sinns, den das (verstehende/erlebende) Subjekt in (s)eine "Geschichte" investiert, die Kategorien Kontinuität, Chronologie, Kohärenz, die ein sinnhaftes Ganzes charakterisieren (kurz: Kategorien Autor und Werk).[51]

Benützt man einerseits die antihermeneutischen Begriffe und Theoreme des Poststrukturalismus, um Bretons antihermeneutische Theorie lesbar zu machen, und nimmt man andererseits jene hermeneutischen Kategorien methodisch für sich selbst in Anspruch, so liefert man sich dem Vorwurf des Selbstwiderspruchs aus. Und mein Kommentar scheint jene Kategorien zunächst in Anspruch zu nehmen. So werde ich von der Literaturkritik die Konstruktion des Bretonschen "Werks" übernehmen, d. h. jener gestalthaften Einheit von Schriften, die zwischen den Weltkriegen geschrieben und publiziert wurden. Ich werde mich in meiner Darstellung sogar an deren Chronologie halten. Unterstelle ich nicht so eine kontinuierliche, kohärente Entwicklung von Ideen in diesem Zeitraum und, sofern ich die Schriften dem Autor Breton zuschreibe, ein einheitliches Subjekt? Zunächst: Wenn ich für die Schrifttheorie Bretons die von der Literaturkritik festgesetzten Grenzen des "klassischen" Werks übernehme, so heißt das nicht, daß die Schrifttheorie eine Werkmonographie ersetzen soll. Mit aller Bescheidenheit gesagt: Sie erhellt nur Aspekte des Werks (wenn auch ganz wesentliche). Das setzt voraus, daß aus dem organischen Werktext Stücke herausgeschnitten werden und in der Verdichtung mit "fremden" Texten die ganz künstliche "Einheit" einer Theorie erhalten, bleiben auch die hermeneutischen Rücksichten auf Chronologie und Kontext weitgehend bewahrt.

Diese "Einheit"/Theorie kann durchaus als kontinuierliche, kohärente Entwicklung von Ideen in einem bestimmten Zeitraum definiert werden, doch ist als eine ihrer Besonderheiten festzuhalten, daß sie sich selbst *als* kontinuierliche, kohärente Entwicklung von Ideen thematisiert und so die Subversion der Autor- oder Werk-Einheit impliziert. Es gibt - mit Foucault gesprochen[52] - ein permanentes diskursanalytisches Bewußtsein in den Texten Bretons. Die Bewe-

---

51 Vgl. Dilthey, "Plan der Fortsetzung zum Aufbau der geschichtlichen Welt in den Geisteswissenschaften" in: Ders., *Gesammelte Schriften*, Bd. VII, Stuttgart/Göttingen 1958 ff., p. 23. p. 191 ff.
52 Vgl. insbes. Foucault, "Was ist ein Autor?", a. a. O.

gung des Bretonschen Denkens führt zu den Grenzen des Diskurses, nach außen, zur Äußerlichkeit der Schrift und eines Subjekts der Schrift. Sie ist der hermeneutischen Bewegung entgegengesetzt: Diese führt ins Innere des Diskurses, eine Innerlichkeit, eine den Texten innewohnende Substanz, ein Identisches, Kontinuierliches der Texte fingiert den psychologisch/biographisch faßbaren Autor und bleibt dessen diskursiven Bedingungen gegenüber blind.

Die Hermeneutik als verstehende Aneignung von Geschichte entstand am Modell der Schriftsteller-Autobiographie des 19. Jahrhunderts.[53] Die Prosa Bretons ist im Sinne dieser literarischen Vorlage dezidiert antiautobiographisch. Als kontinuierliches, identisches Ich bleibt schließlich nur das Schrifttheoretiker-Ich übrig, das daran arbeitet, Ich als autobiographisches Kontinuum unkenntlich zu machen, und die Aufmerksamkeit auf die Schrift/den Text lenkt.[54]

---

53 Vgl. Dilthey, a. a. O., p. 198 ff.
54 "Ich schreibe, also bin ich nicht identifizierbar." Auf diese Formel bringt M. Schneider (*Die erkaltete Herzensschrift. Der autobiographische Text im 20. Jh.*, München/Wien 1986) die Autobiographie des 20. Jh.s im Unterschied zur alten Autobiographie, die dem Polizeiimperativ der Identifizierbarkeit der Subjekte gehorchte. Den Bruch in der Gattungsgeschichte führt Schneider auf die Entstehung der technischen Medien: neuer Aufschreibsysteme zurück, die die Kontrolle der Subjekte/Speicherung der Wahrheit übernehmen und die heißgelaufene Schrift von ihrer alten Polizeifunktion freisetzen. Subjekt-Wahrheit entkoppelt sich in der modernen Autobiographie von Autorschaft: Das ist nurmehr der Titel der "Produktion eines unerkennbaren poetischen Doppels der eigenen Person".
  Schneiders medienhistorisch fundierte, an einem Gattungsbegriff orientierte Untersuchung von Texten Prousts, Benjamins, Sartres und Leiris' trifft sich in vielen Ergebnissen mit meiner immanent verfahrenden, an philosophischen Begriffen orientierten Untersuchung von Texten Bretons und stützt sie so nicht von ungefähr, stehen doch alle vier Autoren in einem mehr oder minder vermittelten Verhältnis zum Surrealismus.

I. Zur Theorie der "écriture automatique"

> L'histoire de l'écriture automatique dans le surréalisme serait, je ne crains pas de le dire, celle d'une infortune continue.
> *PJ, p.171*

Die ästhetisch-theoretischen Texte Bretons werden von frühester Zeit an von der Frage nach dem Ich reguliert. Das ist nicht erst die Initialfrage in *Nadja*, sondern diese Frage ist schon zentral in den früheren, kleineren Prosatexten. Es zeichnen sich in diesen Texten Spuren ab, die in *Nadja* zusammenlaufen. Im Gegensatz zu *Nadja* ist in ihnen die Frage nach dem Ich noch verschränkt mit der poetologischen Reflexion auf die "écriture automatique". Diese Reflexion bricht später ab. Breton scheint in der fortgesetzten Praxis des Automatismus nicht die Antworten gefunden zu haben, die er zu finden hoffte.

Ich möchte in meiner Untersuchung zu zeigen versuchen, daß die Theorie der "écriture automatique" und die Erfahrung ihres Scheiterns dennoch nicht ein separates Kapitel der Begriffsgeschichte des Surrealismus bilden, sondern erst in Theorie und Praxis einer alternativen Schrift: der Prosa fruchtbar werden, sofern diese nämlich aus denselben subjekt- und schrifttheoretischen Fragestellungen hervorgeht, die schon die Theorie der "écriture automatique" leiteten.

Was heißt aber zunächst überhaupt die Frage nach dem Ich, und in welchem Zusammenhang steht sie mit der Schrift (1), im besonderen: der "écriture automatique"? (2) Wenn die "écriture automatique" scheiterte, fragt sich schließlich: Welche Perspektiven auf die Prosa als alternative Schreibweise werden erkennbar? (3)

1. "La terrible loi psychologique" - Schreiben als Aufschub der Mortifikation des Ichs in der Schrift

Der vielzitierten Definition aus dem ersten Manifest zufolge (*M*, p. 37) heißt Surrealismus:

> Automatisme psychique pur par lequel on se propose d'exprimer, soit verbalement, soit par écrit, soit de toute autre manière, le fonctionnement réel de la pensée.

Zieht man die häufig gebrauchten Synonyma von "fonctionnement réel de la pensée" hinzu, etwa "véritable pensée", "moi/personalité profond(e)", "vraie vie", so verleitet die Aussage aus dem Manifest dazu, die Frage nach dem Ich als psychologische mißzuverstehen, so als ziele sie auf eine psychologisch ergründbare Substanz oder eine psychische Entität.[1] Die Psychologie ist aber am wenigsten in der Lage, die "véritable pensée" zu erfassen.

Im ersten Manifest bezeichnet Breton als Psychologie die erstarrten Formen oder Schemata, kraft derer die Autoren ihre Geschichten erfinden. In der Polemik gegen die Romanfiktion heißt es einmal:

> Holà, j'en suis à la psychologie, sujet sur lequel je n'aurai garde de plaisanter.
> L'auteur s'en prend à un caractère, et, celui-ci étant donné, fait pérégriner son héros à travers le monde. Quoi qu'il arrive, ce héros, dont les actions et les réactions sont admirablement prévues, se doit de ne pas déjouer, tout en ayant l'air de les déjouer, les calculs dont il est objet. Les vagues de la vie peuvent paraître, l'enlever, le rouler, le faire descendre, il relèvera toujours de ce type humain *formé*. (*M*, p. 17)

In der "confession dédaigneuse"[2] thematisiert Breton das rezeptionsästhetische Äquivalent dieser Produktionsweise. Psychologie verurteilt er als eine Denkweise, die das Unbekannte auf das Bekannte zurückführt, nämlich Regelmäßigkeiten in spontanen, verwirrenden Äußerungen aufspürt. Daher seine Maxime:

---

1 Diesem Mißverständnis erliegt der französische Surrealismus-Forscher Abastado (vgl. Abastado, "Ecriture automatique et instance du sujet" in: *Revue des sciences humaines*, N° 184, oct./dec. 1981, pp. 559 - 75). Er unterstellt die Idee der surrealistischen "enquête" einer "théorie de la psyché", also einer Psychologie, die er, die Ergebnisse Starobinskis aufnehmend (bzw. wiederholend) dezidert vom Freudschen Modell absetzt und im psychologischen Diskurs im Frankreich der 20er Jahre zu situieren sucht. Der zentrale Begriff des Automatismus, die Elektrizitäts- und Magnetismus-Metaphorik verwiesen auf die sich aus mesmerischer Tradition speisenden Theorien der Charcot-Schüler Janet und Babinsky (der zugleich der frühere Lehrer Bretons ist). (Vgl. Starobinski, "Freud, Breton, Myers" in: Ders., L'oeil vivant II. La relation critique, Ps 1970, pp. 320-341.)

Sehr befremdlich ist die weitere Vorgehensweise Abastados: er supponiert der supponierten "surrealistischen Psychologie" das epistemologische Modell der Bewußtseinsphilosophie. Breton sei auf die Fiktion eines "transzendentalen Subjekts" hereingefallen, eines sich selbst gegenwärtigen und sich als Möglichkeitsbedingung der Erkenntnis seiner selbst und der Welt immer schon voraussetzenden Subjekts. Als eine Methode der Selbsterkenntnis habe er die "écriture automatique" theoretisiert, und seine gelegentliche Rede von deren "Scheitern" (insbes. in "Le message automatique" [1933]) sei darauf zurückzuführen, daß ihm der Begriff eines "Subjekts der Schrift" gefehlt habe und er diese Leerstelle mit einem psychologischen Subjekt-Begriff habe ausfüllen wollen. Mit diesem Begriff, so Abastado, lasse sich die "écriture automatique" einer neuen Lektüre unterziehen und im Rahmen einer (Begriffe Derridas aufnehmenden) "Theorie der Poesie" thematisieren.

Warum ich einen Autor, dessen Thesen ich für verfehlt halte, so ausführlich referiere: Breton *verbindet* gerade die Subjekt-Problematik mit dem Thema der Schrift, sowohl im Rahmen der Theorie der "écriture automatique" als auch des Prosatexts, den Abastado gar nicht bzw. nur in Hinsicht auf seinen propositionalen Gehalt berücksichtigt. Abastado zitiert Schlüsselbegriffe, ohne sie recht zu verbinden.

Es ist m. E. unsinnig, die Bretonsche "Theorie" im epistemologischen Modell der Bewußtseinsphilosophie zu denken, besteht ihre meistenteils auch anerkannte Leistung doch gerade darin, das Primat des reflexiven Bewußtseins in der okzidentalen Kultur zu denunzieren. Viel eher als sich mit Derrida destruieren zu lassen, läßt sie sich mit Derrida *als* Dekonstruktion des "transzendentalen Subjekts" lesen.

2 Zuerst erschienen im Winter 1923 in *La vie moderne*; vgl. *OeC*, p. 1221 f.

> Pour moi se dérober, si peu que ce soit, à la règle psychologique équivaut à inventer de nouvelles façons de sentir. (*PP*, p. 14)

Diese Regel heißt im "discours sur le peu de réalité": "la terrible loi psychologique des compensations" (*PJ*, p.15). Psychologie kann sich ein phantasmatisches Glück (z. B. in der Dichtung) nur als Kompensation realen Versagens vorstellen.

Breton kritisiert die Psychologie als Diskurs, der innerhalb des Literaturbetriebs funktioniert. Die Berufung auf eine psychologische Regel/ein Gesetz kennzeichnet den Mechanismus, nach dem sich im Ensemble der gesellschaftlichen Identifikationspraktiken Literaturkritik vollzieht: Werke werden "autorisiert" - Autoren zugeschrieben, die Autoren werden mit kompensierenden Wesen: Menschen identifiziert, und also wird es möglich, die Werke als Abbilder der Autor-Psychen, als Psychographien, als erstarrte Krankheitsbilder zu lesen.

Psychologie ist wie der ganze Literaturbetrieb *Mortifikation*, und ihr - so fährt Breton in der "confession dédaigneuse" fort - will er widerstehen:

> Toujours est-il que je me suis juré de ne rien laisser s'amortir en moi, autant que j'y puis quelque chose. (*PP*, p.11)

Und zugleich weiß er, daß dieser Widerstand vergeblich ist, sobald er sich dazu entschieden hat, Artikel und Bücher zu schreiben und zu veröffentlichen. Das Schicksal Autor ist unausweichlich, wenn er sich auch weigert, die Verantwortung für es zu übernehmen: "(...) incapable de prendre mon parti du sort qui m'est fait (...)" (*PP*, p. 7/8). Es handelt sich darum, den mortifizierenden Effekt des Literaturbetriebs *hinauszuschieben:*

> (...) A vrai dire, dans cette lutte de tous les instants dont le résultat le plus habituel est de figer ce qu'il y a de plus spontané et de plus précieux au monde, je ne suis pas sûr qu'on puisse l'emporter: Apollinaire, en mainte occasion trés perspicace, était prêt à tous les sacrifices quelques mois avant de mourir; Valéry, qui avait signifié noblement sa volonté de silence, se laisse aujourd'hui aller, autorisant la pire tricherie sur sa pensée et sur son oeuvre. Il n'est pas de semaine où l'on apprenne qu'un esprit estimable vient de "se ranger". Il y a moyen, paraît-il, de se comporter avec plus ou moins d'honneur et c'est tout. Je ne m'inquiète pas encore de savoir pour quelle charrette je suis, jusqu'où je tiendrai. Jusqu'á nouvel ordre tout ce qui peut retarder le classement des êtres, des idées, en un mot entretenir l'équivoque, a mon approbation. (*PP*, p. 12)

Eine "andere Sache" ist es, daß die Bedrohung des Ichs mit Mortifikation oder Fixierung ein allgemeines Lebensgesetz sein könnte, dem es auch mit bestimmten Vorkehrungen und Lebensweisen nicht entgeht:

> (...) Autrefois, je ne sortais de chez moi qu'après avoir dit un adieu définitif à tout ce qui s'y était accumulé de souvenirs enlaçants, à tout ce que je sentais prêt à s'y perpétuer de moi-même. La rue, que je croyais capable de livrer à ma vie ses surprenants détours, la rue avec ses inquiétudes et ses regards, était mon véritable élément: j'y prenais comme nulle part ailleurs le vent de l'éventuel.

> Chaque nuit, je laissais grande ouverte la porte de la chambre que j'occupais à l'hôtel dans l'espoir de m'éveiller enfin du côté d'une compagne que je n'eusse pas choisie. Plus tard seulement, j'ai craint qu'á leur tour la rue et cette inconnue me fixassent. Mais ceci est une autre affaire. (*PP*, p. 11/12)

Der Hymnus auf die Straße, der Wunsch, einer unbekannten Schönen in intimen Umständen zu begegnen, und das Bild der offenen Tür kehren in *Nadja* wieder. Alle drei Themen werden dort in eine explizite Oppositionsbeziehung zur Schrift oder zumindest einer bestimmten Art von Schrift gebracht. Die Straße: "la vie à perdre haleine", steht in Opposition zu dem, was langen Atem braucht: ein Buch zu verfassen (*N*, p. 173); der Wunsch, einer schönen nackten Frau nachts im Wald zu begegnen, ist bedeutungslos, sobald er *ausgedrückt* ist (*N*, p. 44); das Bild des "Schlafs bei offenen Türen" wird in dasjenige des "Buchs mit schlagenden Türen" im Gegensatz zum "geschlossenen" Werk transformiert (*N*, p. 18, p. 185).

Schrift/Schreiben scheint in den frühen Texten Bretons und noch in *Nadja* eins zu sein mit: Sich-Preisgeben an Psychologie (psychologische Regeln), Mortifikation/Fixierung eines beweglichen, vielseitigen, nicht identifizierbaren Ichs. Dieser Zusammenhang in der Theorie Bretons bleibt zunächst recht abstrakt und bedarf der näheren Erläuterung.

Schrift meint hier Prosa, d. i. das Medium, in dem sich Breton selbst aufhält im Augenblick, da er seine Kritik formuliert. Wenn die Poesie der klassischen Definition nach sich den Wörtern, dem Sprachmaterial überläßt ohne Rücksicht auf Bedeutungen/bezeichnete Dinge ("après vous, mon beau langage (...)" sagt der surrealistische Poet), so "ergreift" der Sprecher umgekehrt in der Prosa das Wort, um *etwas* zu sagen, bestimmte Lebensgewohnheiten, Meinungen und Theoreme mitzuteilen oder über Begegnungen mit bestimmten Menschen zu berichten. Er referiert auf *etwas* in der subjektiven oder objektiven Welt. Das impliziert, daß der Rede ein auktoriales Subjekt imputiert wird. Das Ich wird in der Schrift/Prosa mortifiziert, weil es mit dem Subjekt der Rede identifiziert, es für das, was gesagt wird, verantwortlich gemacht und auf bestimmte Meinungen und Theoreme festgelegt oder auf Grund der Äußerungen über sich selbst als fixe psychologische Größe gefaßt werden kann.

Nun braucht man ja in der Prosa nicht stets von sich und von dem, was man selbst erlebt hat, zu erzählen. Kein Romanschriftsteller tut das. Eben die Prosa des Romans, die Erzählfiktion, verwirft aber Breton, wie das Zitat aus dem Manifest andeutete, weil sie, so Breton, ein allgegenwärtiges und allwissendes Autor-Ich nur kaschiert. Konsequent fordert er im "discours sur le peu de réalité":

> Parlez pour vous, (...), parlez de vous, vous m'en apprendrez bien davantage. Je ne vous reconnais pas le droit de vie ou de mort sur des pseudo-êtres humains, (...). Bornez-vous à

me laisser vos mémoires; livrez-moi les vrais noms, prouvez-moi que vous n'avez en rien disposé de vos héros. *(PJ*, p.9)[3]

Wird die Fiktion aus der Prosa ausgeschlossen und wird diese auf "Mémoiren" verpflichtet, dann ist Prosa erst recht Ich-Fixierung: scheint das Ich doch zunächst schlichtweg als grammatisches Subjekt der Rede faßbar, und wird die Rede mit einem Wahrhaftigkeitsanspruch belastet, während die Literatur, die nur bloßer Schein sein will, den Geltungsansprüchen der kommunikativen Alltagspraxis enthoben ist.

Breton reagiert in der "confession" folgendermaßen auf die Gefahr der Ich-Fixierung, die dem Verfasser von Memoiren oder Bekenntnissen bedroht:

> A ceux qui, sur la foi de théories en vogue, seraient soucieux de déterminer à la suite de quel trauma affectif je suis devenu celui qui leur tient ce langage, je ne puis moins faire, avant de conclure, que dédier le portrait suivant (...) *(PP,* p. 15)[4]

Es folgt das Portrait Jacques Vachés. Die Identifizierung des "je" mit dem Ich, die ideale Subjekt-Objekt-Identität der selbstreflexiven Rede (des schreibenden Subjekts und dessen, über den geschrieben wird) wird unterlaufen: Ich ist nicht der, der schreibt, sondern ein Anderer, mit dem es Umgang hatte; zumindest bestimmen wie ungewiß auch immer die Tatsachen der Existenz eines anderen die Idee des Ichs eher als solche der eigenen Existenz oder selbstreflexive Äußerungen.

Die Wendung des Bretonschen Satzes "(...) le portrait suivant, qu'il leur sera loisible d'intercaler dans le petit volume des *Lettres de guerre* de Jacques Vaché (...)" usw. ist um so verblüffender, als der Titel des Artikels auf die Textgattung der Autobiographie anspielt, deren Matrix in der französischen Geistesgeschichte die "Confessions" von Rousseau bilden, wenn auch das Beiwort "dédaigneux" schon auf die Geisteshaltung Vachés verweist: den "umour", zu dessen Bedingung die Indifferenz gehört.

Rousseau wollte auch ein "portrait" geben und war sich, wie Breton, der Leser als Zeugenschaft eines Schicksals bewußt.[5]

Zum ausschließlichen Objekt dieses Portraits hatte er sich selbst erklärt und es mit dem Subjekt der Rede identifiziert:

---

3 Vgl. auch *M,* p. 14 ff.; *N,* p. 17 ff.

4 Breton unterscheidet zum Zeitpunkt der "confession dedaigneuse", wie aus dieser Stelle hervorgeht, nicht zwischen Psychologie (bzw. der psychologischen Denkweise) und Psychoanalyse; er faßt letztere höchstens als modische Aufmachung der ersteren auf. Vgl. auch das "Interview du professeur Freud" im selben Buch pp. 99/100. Bretons Urteil wird sich ändern: In den *Entretiens* rechtfertigt er die "relation dépréciative" über den Besuch bei Freud als "regrettable sacrifice à l'esprit Dada" *(E,* p. 82), aber schon im ersten Manifest, drei Jahre nach dem Besuch, ist er ja, wie bekannt, voller Respekt für Freud.

5 J.-J. Rousseau, *Oeuvres complètes,* Ps: Bibliothéque de la Pléiade 1959, t.I, p. 3.

> Je veux montrer à mes semblables un homme dans toute sa vérité de la nature; et cet homme, ce sera moi. Moi seul.[6]

Er will das Buch mit seiner ganzen Person verantworten, d. h. er erhebt einen unbedingten Wahrhaftigkeitsanspruch, der es gestattet, seine Person mit seinem Werk zu legitimieren, da sie in diesem ja ganz aufgehen soll; und umgekehrt legitimiert der Wahrhaftigkeitsanspruch sein Schreibprojekt:

> Que la trompette du jugement dernier sonne quand elle voudra; je viendrai ce livre à la main me présenter devant le souverain juge. Je dirai hautement: voilà ce que j'ai fait, ce que j'ai pensé, ce que je fus. (...) j'ai dévoilé mon intérieur tel que tu l'as vu toi-même.[7]

Wenn der Wahrhaftigkeitsanspruch ein solcher Geltungsanspruch der Rede ist, den der Sprecher in Sprechhandlungen erhebt, in denen er sich auf etwas in der eigenen subjektiven Welt bezieht *und den er durch konsistentes Handeln einlöst*[8], dann kann man Bretons "confession" als genaue Verkehrung der Rousseauschen bezeichnen:

> (...) le moindre de mes soucis est de me trouver conséquent avec moi-même. *(PP, p. 10)*

Bei Rousseau war wohl schon eine Ahnung davon vorhanden, daß die Rekonstruktion eines mit dem Subjekt der Rede identischen Ichs eine phantasmatische Produktion sei, die es damit zu tun hat, Leerstellen auszufüllen:

---

6 Ebd., p. 5.
7 Ebd., p. 5.
8 Vgl. J. Habermas, *Theorie des kommunikativen Handelns*, Ffm 1981, darin insbes. Kap. 3, 1. Band, p. 367 ff. u. passim. Man könnte einwenden, Rousseau lasse sich nicht auf die Habermas'sche Definition bringen, da er den Anspruch nicht in einer Gesprächssituation erhebe, sondern in einem posthum veröffentlichten Buch. Immerhin kommt er ohne die Fiktion eines Hörers (die gesamte Menschheit, die folgenden Generationen, Gott) nicht aus. Er bestreitet den Wahrheitsanspruch, den seine Feinde mit den Deutungen seines Lebens erheben (Rousseau, a. a. O., p. 3), und ersetzt die seiner Ansicht nach verzerrten Deutungen durch seine eigenen, dabei sich an Gott wendend. Sowie der andere den Wahrheitsanspruch der Selbstdeutung akzeptiert und andere Deutungen verwirft, gelingt es Rousseau, seinen stets bezweifelten Wahrhaftigkeitsanspruch einzulösen (es gelingt ihm, davon zu überzeugen, daß er sich nicht ins rechte Licht rückt, den privilegierten Zugang zu seinen Erlebnissen strategisch im Kampf gegen seine Feinde ausnützt usf.). Das Gelingen bemißt sich an der Konsistenz und Vollständigkeit der Selbstdeutung.
Das meine ich mit Einlösen des Wahrhaftigkeitsanspruches durch konsistentes Handeln. Rousseau erhebt den Wahrhaftigkeitsanspruch im Akt des Bekennens und löst ihn zugleich durch Generierung dieses Redeakts zum lückenlosen Bericht seines Lebens ein. Die Einlösung findet statt als diskursives Ereignis: im autobiographischen Werk, nicht in Handlungszusammenhängen, d. h. über die Grenzen des Diskurses hinaus fortgesetzten Interaktionen, in solchen er nach Habermas allein einlösbar ist.
Allerdings thematisiert Habermas auch eine "ausgezeichnete Kommunikation", in der Wahrhaftigkeitsansprüche eingelöst werden: den therapeutischen Diskurs, das Modell der Selbstreflexion. (Vgl. hierzu die letzten Abschnitte des Aufsatzes "Wahrheitstheorien" in: *Wirklichkeit und Reflexion, Festschrift für W. Schulz*, Pfullingen 1973, p. 211 ff.)
Zieht man in Betracht, daß für Habermas die analytische Kur darin terminiert, den Analysanden in Besitz eines lückenlos hererzählbaren Lebensberichts zu bringen (vgl. *Erkenntnis und Interesse*, Ffm 1973, p. 280 und passim), so lassen sich die Konfessionen Rousseaus als verinnerlichte Analyse mit dem Analytiker Gott oder Nachwelt deuten, der Rousseau selbst ist.

> Je n'ai rien tu de mauvais, rien ajouté de bon, et s'il m'est arrivé d'employer quelque ornement indifférent, ce n'a jamais été que pour remplir un vide occasionné par mon défaut de mémoire (...)[9]

Bei Breton ist das einheitliche Ich als Möglichkeitsbedingung des Wahrhaftigkeitsanspruches zerfallen und als Phantasma durchschaut, das die vielfältigen Möglichkeiten des Ichs bedroht.

Damit ist dem Schreiben zugleich seine Legitimationsgrundlage entzogen. Wenn sich die Rede der Intentionalität eines identifizierbaren Sprecher-Subjekts entzieht, dann läßt sich nichts mehr darüber aussagen, warum und für wen der Autor schreibt. Die tradionellen Legitimationsmuster lehnt Breton denn auch ab: die "vocation" des Dichters (*PP*, p. 9), auf die sich zeitgleich noch Proust bezieht[10], oder Schreiben für die "postérité" (*PP*, p. 13), jenen idealen Hörer, den Rousseau in Anspruch nahm. Zwei Anti-Legitimationen gibt er an: 1. Man schreibt, um die Zeit zu verkürzen oder zu verlängern (*PP*, p. 13). Schreiben bedarf keiner weiteren Legitimation als jeder beliebige Lebensvollzug. - Damit ist die Frage nicht beantwortet, warum man das Geschriebene denn auch veröffentlicht. 2. "on publie pour chercher des hommes, et rien de plus." (*PP*, p. 9) Schreiben wird legitimiert durch einen ihm selbst äußerlichen und zufälligen Effekt, der demjenigen einer Annonce gleicht.

Auf diese Weise "ent-legitimiert" wird aber nur die Prosa. Nur die Prosa hat keinen Sinn mehr, außer: die Zeit verkürzen, Menschen kennenlernen durch ihre Veröffentlichung oder - so könnte man Breton ergänzen, wenn man sein eigenes Beispiel: die "confession dédaigneuse", in Betracht zieht - die Literaturkritik narren, das Ich maskieren, verstecken. Nun gibt es für den frühen Breton auch ein anderes Schreiben als das in Prosa: das automatische Schreiben. Dahin scheint zunächst das ganze Legitimationspotential für Schriftproduktion abzufließen.

Welches sind aber genau die Ansprüche Bretons an die automatische Schrift? - Wie läßt sich eine Schrift jenseits der Psychologie denken, eine Schrift, die das Ich nicht fixiert oder mortifiziert?

2. Jenseits der Schrift: Automatisches Schreiben als Sprachbetrug und Sprachmagie

Im "discours sur le peu de réalité", in dem die Reflexion mit poetischer Sprache und Automatismen verwoben ist, greift Breton nochmals das Problem der Illusion eines einheitlichen Ichs ("le probléme de mon illusion") auf und das damit verbundene Legitimationsproblem. Er läßt die "strengen Mathematiker" die

---

9 Rousseau, a. a. O., p. 5.
10 Marcel Proust, *A la recherche du temps perdu*, Ps: Bibliothèque de la Pléiade 1954, t. III, p. 899.

Rechnung über das, was er auf den vorhergehenden Seiten entwickelt hat, aufmachen:

UN PROBLEME

"L'auteur de ces pages n'ayant pas encore vingt neuf ans et s'étant, du 7 au 10 janvier 1925, date où nous sommes, contredit cent fois sur un point capital, à savoir la valeur qui mérite d'être accordée à la réalité, cette valeur pouvant varier de O à , on demande dans quel mesure il sera plus affirmatif au bout de onze ans et quarante jours. Au cas où la réalité serait positive, dire aussi pour combien de personnes environ il a écrit ceci, sachant que les poètes ont trois fois moins de lecteurs que les philosophes, ceux-ci deux cents fois moins que les romanciers." (*PJ*, p. 18)

Das einheitliche Ich, das im bloßen Lebensvollzug wohl funktioniert, erfährt Breton als Betrug:

Chaque jour que je vis, chaque action que je commets, chaque représentation qui me vient comme si de rien n'était, me donne à croire que je fraude. (ebd.)

Der herrschende Identifikationszwang reduziert seine plurale Rede auf eine einzige:

Allons, quoi qu'on en ait écrit, deux feuilles du même arbre sont rigoureusement semblables: c'est même la même feuille. Je n'ai qu'une parole. (Ebd.)

und die Pluralität seiner Persönlichkeit auf die dem Kriterium der Wiedererkennbarkeit unterstehenden und mit *dem* Identitätsausweis schlechthin: nämlich der Fotografie dokumentierbaren äußeren Erscheinung, die selbst noch scheinhaft ist:

Maintes fois des gens qui regardaient ma photographie ont cru bon de me dire: "C'est vous", ou "Ce n'est pas vous." (Qui pourrait-ce donc être? Qui pourrait me succéder dans le libre exercice de ma personnalité?) Il y en a d'autres qui me dévisagent, prétendant me reconnaître, m'avoir vu quelque part, surtout là ou je n'ai jamais été, - ce qui est bien pis. (PJ, p. 19)

oder auf den Namen, dessen Machtlosigkeit, weil pure Arbitrarität der unheilvolle Witzemacher in der Nähe von Châtelet entlarvt:

Je me rappelle un sinistre farceur qui, un soir, aux environs de Châtelet, arrêtait les passants le long des quais - s'ils n'etaient pas seuls il prenait brusquement l'un d'eux à part - et, à brûle pourpoint: "Comment appelez-vous?" Je suppose que presque tous devaient lui dire leur nom. Il les remerciait brièvement et les quittait. (ebd)[11]

---

11 Über die Arbitrarität des Namens handelt auch jenes Gedicht, veröffentlicht 1923, das nichts als ein signierter Auszug aus dem Telefonbuch ist (CT, pp. 49/50):
PSSTT

Neuilly 1-18	Breton, vacherie modèle, r. de l'Ouest, 12, Neuilly.
Nord 13-40	Breton, (E.), mon. funèbr., av. Cimetière Parisien, 23, Pantin.
Passy 44-15	Breton, (Eug.), vins, restaur., tabacs, r. de la Pompe, 176.
Roquette 07-90	Breton (François), vétérinaire, r. Trosseau, 21, (11e).

oder auf die kontingenten Grenzen des Lebens:

> (...) une vie qui, je l'accorde, ne se distingue pas par essence de toutes les vies passées mais ne doit pas non plus tout à fait en vain se voir assigner de telles limites: André Breton (1896-19..). (*PJ*, p. 8)

Daß Breton den Identitätszwang, die Erfahrung, im Kreis des Immergleichen eingesperrt zu sein, als Erfahrung des Schreibens, des Umgangs mit Sprache thematisiert, geht aus der Struktur des "discours sur le peu de réalité" hervor. Das Problem der Illusion des Ichs, das Breton den strengen Mathematikern in den Mund legt, folgt nämlich auf die sprachlichen Ereignisse, die in der Vorhalle eines Schlosses stattfinden, durch die Breton, eine um die andere Rüstung mit einer Blendlaterne beleuchtend, hindurchschreitet. In *Nadja* greift er diese artifizielle Szenerie wieder auf: er spricht von Männern, die sich nachts in ein Museum einsperren lassen, um in Ruhe ein Frauenportrait zu betrachten, das sie mit einer Blendlaterne erhellen. Es folgt der Satz: "Il se peut que la vie demande à être déchiffrée comme un cryptogramme." (*N*, p. 133)

Das Schloßvestibül oder Museum ist der Ort einer Schrift, in der sich das schreibende Ich nicht stets nur spiegelt.[12]

Ceniral 64-99	Breton frères, mécanicien, r. de Belleville 262, (20ᵉ).
Bergère 43-61	Breton et fils, r. Rougemont, 12, (9ᵉ).
Archives 32-58	Breton (G.), fournit. cycles, autos, r. des Arcives, 78 (3ᵉ).
Central 30-08	Breton (Georges), r. du Marché-Saint-Honoré, 4, (1ᵉʳ).
Wagram 60-84	Breton (M. et Mme G.), bd Malesherbes, 58 (8ᵉ).
Gutenberg 03-78	Breton (H.), dentelles, r. de Richelieu, 60, (2ᵉ).
Passy 80-70.	Breton (Henri), négociant, r. Octave-Feuillet, 22, (16ᵉ).
Gobelins 08-09	Breton (J.), Elix. Combier, ag. gén., butte du Rhône, 21-23.
Roquette 32-59	Breton (J.-L.), député, s.-secr. Etat inv., bd Soult, 81 bis.
Archives 39-43	Breton (L.), hôtel-bar, r. François-Miron, 38, (4ᵉ).
Marcadet 04-11	Breton (Noël), hôtel-rest., bd National, 56, Clichy.
Roquette 02-25	Breton (Paul), décolleteur, r. Saint-Maur, 21, (11ᵉ).
Central 84-08	Breton (Th.), contentieux, r. du fg. Montmartre, 13 (9ᵉ).
Saxe 57-86	Breton (J.), biscuits, r. La Quintinie, 16-18, (15ᵉ).
Archives 35-44	Breton (J.) et Cie, papiers en gros, r. Saint-Martin, 245, (3ᵉ).
Roquette 09-76	Breton et Cie (Soc. an.), charbons gros, q. La Rapée, 60, (12ᵉ).
	Breton (André).

12 Schloß und Museum gehören ein- und derselben Bildvorstellung an. Auch im "discours" ist von den nächtlichen Museen, "spacieux et clairs comme des music-halls", die Rede, aus denen die Masse hinausgespült wurde; statt des Frauenportraits wie in *Nadja* bietet sich der einsamen Kontemplation "le nu chaste et audacieux" (*PJ*, p. 15).
Berühmt ist die Schloßmetapher im ersten Manifest (*M*, p. 26 ff.). Das Schloß meint dort die surrealistische Gruppe, wie Lenk zutreffend interpretiert. (Lenk, a. a. O., p. 61 ff.) Lenk thematisiert zwar nicht die Beziehung der Schloßmetapher im ersten Manifest zur Schrift, ihre Interpreation impliziert aber eine Beziehung, sofern sie an anderer Stelle die Bedeutung der Gruppe als Produktionsbedingung der automatischen Schrift hervorhebt.
Die Bedeutung des Gruppenkollektivs für das automatische Schreiben ist unbestreitbar. Daneben gibt es aber bei Breton auch eine einsame Suche nach der absoluten Schrift, die die automatische Schrift sein soll. Das dokumentiert der verschiedene Kontext der Schloßmetapher: Die Szene im "discours" und in *Nadja* verhält sich zu der im ersten Manifest wie einsamer Traum und

Die Rede der Rüstungen, leerer Hülsen aus fernen Zeiten zerstreut die tautologische Rede, dessen Subjekt das imaginäre Spiegel-Ich ist (eben jenes im Verlauf des organischen Lebens mit seinen fixen Grenzen verhärtete Ich, das mit einem Eigennamen belegt ist und dessen äußere Erscheinung es zum Identifizierbaren, Wiedererkennbaren stempelt). Dennoch ist diese Rede gewissen Gesetzen unterworfen, die Breton theatralisch nennt:

> O théâtre éternel, tu exiges que non seulement pour jouer le rôle d'un autre, mais encore pour dicter ce rôle, nous nous masquions à sa ressemblance, que la glace devant laquelle nous posons nous renvoie de nous une image étrangère. L'imagination a tous les pouvoirs, sauf celui de nous identifier en dépit de notre apparence à un personnage autre que nous-même. (*PJ*, pp. 8/9)

Eben dies Gesetz mißachtet die Romanfiktion; zum Scheine nur *bricht* sie es aber, in Wirklichkeit bleibt sie ganz in ihm (und bestätigt es), daher ist diese Art der literarischen Spekulation, d. h. Spiegelung unstatthaft:

> La spéculation littéraire est illicte dès qu'elle dresse en face d'un auteur des personnages auxquels il donne raison ou tort, après les avoir créés de toutes pièces. (*PJ*, p. 9)

Die Romanfiktion ist ein Akt der Verkennung, die die Romanfiguren für eigenständige Wesen nimmt, während sie stets nur berechenbare Effekte der Ich-Spiegelung sind (der "Psychologie" oder "psychologischen Regel" des Autors).

Breton will das Gesetz betrügen, ohne sich an seinen Grenzen zu verfangen: er will wirklich "auf der anderen Seite" anlangen:

> En écrivant je passe, à la tombée du jour, comme un contrebandier, tous les instruments destinés à la guerre que je me fais. C'est dire si je veux mettre toutes les chances de l'autre côté et que ma défaite vienne de moi. (*PJ*, p. 18)

Ließ sich aus der "confession dédaigneuse" nur eine Art Strategie der Inkonsequenz gewinnen, die den Identitätszwang der Schrift unterläuft, so wird im "discours", in dem die poetische Rede einen größeren Raum gewinnt, ein Jenseits dieses Zwanges angedeutet, und zwar ein in der Schrift herstellbares Jenseits (der Betrug ist ein Akt des Schreibens). Es wird die Auflösung des Widerspruchs zwischen Schrift und dem integralen, der Fixierung stets sich entziehenden Ich thematisiert.

Zunächst scheint Breton diesen Widerspruch zu bestätigen: Das Leben ist nicht unmittelbar gegeben, es findet im Theater statt, das ein Gesetz diktiert und die Struktur der Immergleichheit hat; es findet in einem künstlichen, geisterhaften Ambiente statt; das Theater oder die Schrift ist verstelltes Leben. In diesem Theater wird unaufhörlich das zur festen Form geronnene Ich insze-

---

Erwachen in der Tageshelle des sozialen Raums: Lärm draußen, Autos fahren vor, Gäste kommen.
Die einsame Suche Bretons nach der absoluten Schrift will ich im folgenden nachzeichnen.

niert, sei es bekenntnishaft als fade Selbstreflexion, sei es verdeckt als Romanfiktion. Anders gesagt: dies fixe, einheitliche Ich *ist* das Theater, ein künstlicher Raum, der universale Trug.

Dem Bild des Theaters wohnt zugleich die metaphysische Fiktion eines Außen inne: die Fiktion eines Jenseits aller Fiktionen: eines Lebens, das nicht mehr Theater ist; eines Ichs, das nicht mehr zwanghafte Identität ist, sondern Vieles, eines Schreibens, das nicht mehr narzißtische Spiegelung, sondern dies Leben oder das sich stets wandelnde Ich selbst ist.

Die pure Präsenz entzieht sich aber dem unmittelbaren Zugriff: Das Außerhalb des Theaters ist nicht einfach dadurch zu haben, daß man aus ihm hinaustritt - es gibt nichts als das Theater. Es ist nur zu haben im Rückgriff auf ein verstaubtes Theaterrequisit: die Maske, den Inbegriff der erstarrten Konvention, eine Hohlform wie die Rüstung, die selbst auch Theaterrequisit ist, nämlich zum Dekor des Schloßvestibüls gehört. Das Spiel, das Breton im Begriff ist zu inszenieren, ist also selbst Trug: ein Maskenspiel, die Übertrumpfung des universalen Theatertrugs mit dessen eigenen Mitteln.

Er hebt es ab von der List: "N'allez pas croire à quelque ruse de malfaiteur" (*PJ*, p. 8). Die List betrügt das Gesetz nur subjektiv, um es objektiv genau zu erfüllen. Eine solche List ist die Romanfiktion. Breton aber wendet keine Listen an, er betreibt Magie.

Das Maskenspiel ist ambivalent: es ist nicht nur Effekt des nominalistischen Verfalls: divertierendes Spiel im Register bedeutungsloser Konventionen, d. h. willkürlicher Übereinkunft[13], sondern in ihm bleibt zugleich die Erinnerung an den mythischen Ursprung der Kunst wach.[14] Die Vorhalle des Schlosses durchschreitend und die blinkenden Rüstungen eine um die andere mit einer Blendlaterne beleuchtend, inszeniert Breton ein magisches Ritual, das das uralte Kunststück, dessen Erinnerung verloren ist, zu Wege bringen soll: aus sich, der Ich-Identifikation, "herauszutreten". Vor einer Rüstung meditiert er:

> L'une de ces armures semble presque à ma taille; puissé-je la revêtir et retrouver en elle un peu de la conscience d'un homme du XIVe siècle. (*PJ*, p. 8)

Der magische Effekt des Initiationsritus im Schloßvestibül ist das "colloque des armures", das aus automatischen Sätzen besteht. In der automatischen Schrift oder der Poesie soll der Anspruch, den universalen Theatertrug zu exorzisieren,

---

[13] In diesem buchstäblichen Sinn faßt bekanntlich Nietzsche die künstlerischen Konventionen auf und verteidigt sie.
[14] Vgl. Adorno, *Ästhetische Theorie*, Ffm 1970, p. 302: "Funktionslos geworden, fungieren die Konventionen als Masken. Diese aber rechnen zu den Ahnen der Kunst; jedes Werk mahnt in der Erstarrung, die zum Werk es macht, ans Maskenhafte. Zitierte und verzerrte Konventionen sind ein Stück Aufklärung insofern, als sie die magischen Masken dadurch entsühnen, daß sie sie zum Spiel wiederholen (...)"

eingelöst werden. Im ersten Manifest nennt Breton sie eine magische Kunst ("art magique surréaliste", *M*, p. 42).
Magisch ist die "écriture automatique", weil dazu bestimmt, ein Totes zu vivifizieren. Die künstliche Theaterszenerie ist eine Welt abgestorbener Zeichen aus fernen Zeiten, die ihrer Bedeutung beraubt sind. Die Worte sind wie Masken und Rüstungen abgelegte Formen, in denen einst das Leben erstarrte, unfähig, Präsenz herzustellen, das Leben oder das integrale Ich auszudrücken. Nicht nur die poetischen Klischees gehören zu dieser geisterhaften Formwelt ("quelle débauche de ciels étoilés, de pierres précieuses, de feuilles mortes", *PJ*, p. 22), sondern die konventionelle Sprache überhaupt ist die Hypostasis überholter Wertvorstellungen:

> Les mots sont sujets à se grouper selon des affinités particuliéres, lesquelles ont généralement pour effet de leur faire recréer à chaque instant le monde sur son vieux modèle. Tout se passe alors comme si une réalité concrète existait en dehors de l'individuel; que dis-je, comme si cette réalité était immuable. (*PJ*, p. 21)[15]

Drei miteinander verschränkte Aussagen lassen sich aus dieser Feststellung ableiten:
1. Breton spielt auf die in der Sprache "versteinerten Grundirrtümer der Vernunft" (Nietzsche) an. Das Denken ist in der Sprachform eingesperrt; es läßt sich in ihr nicht das Neue denken, in dessen Begriff die Utopie der ästhetischen Moderne seit Baudelaire eingegangen ist.
2. Da die Sprache Ausdruck vergangener Wertvorstellungen und überholter Erkenntnisse ist[16], ist sie inhaltslos; sie ist zum Zeichensystem degeneriert, dem die Inhalte äußerlich sind. Horkheimer/Adorno haben diesen Vorgang als Übergriff der gesellschaftlichen Arbeitsteilung auf die Sprache charakterisiert, als Instrumentalisierung der Sprache mit komplementärem Effekt:

> Als Zeichen kommt das Wort an die Wissenschaft; als Ton, als Bild, als eigentliches Wort wird es unter die verschiedenen Künste aufgeteilt (...) Als Zeichen soll Sprache zur Kalkulation resignieren, um Natur zu erkennen, den Anspruch ablegen, ihr ähnlich zu sein. Als Bild soll sie zum Abbild resignieren, um ganz Natur zu sein, den Anspruch ablegen, sie zu erkennen.[17]

Breton kritisiert sowohl die Resignation der Sprache in der Kunst zur "bloßen Imitation dessen, was ohnehin schon ist":

---

15 Mit dem "vieux modèle" der Welt meint Breton die "civilisation latine", die er am Schluß des "discours" in abstraktem Gegensatz zum Orient bringt.
16 Man denke etwa an die platonische Ideenwelt, die Nietzsche bereits auf ihre kontingenten Bedingungen hin transparent gemacht hatte und die, wie die vorhergehende Kritik des Platonismus nahelegt, Breton wohl auch meint, wenn er von der Stillstellung des Denkens in der Annahme eines unveränderlichen Seins spricht.
17 Horkheimer/Adorno, *Dialektik der Aufklärung*, Ffm 1971, p. 19.

> Qu'est-ce qui me retient de brouiller l'ordre des mots, d'attenter de cette manière à l'existence toute apparente des choses! Le langage peut et doit être arraché à son servage. Plus de descriptions d'après nature, plus d'études de moeurs. *(PJ,* p. 22/23)

als auch die Arbitrarität des Zeichens überhaupt, denjenigen Sprachzustand, in dem "signifiant" und "signifié" heillos auseinandergetreten sind. Denn die "écriture automatique" erhebt den Anspruch: "de restituer le *fond* à la forme" - wie Breton in der "confession dédaigneuse" formulierte *(PP,* p.15).[18] Da, sowie das Abbild-Wort in der Kunst tautologisch wird, das Zeichen-Wort der Wissenschaft innerhalb einer Tautologie funktioniert, sofern nämlich als verbindliche Erkenntnis nur zugelassen wird, was dem Subjekt identisch ist[19], kann Breton diesen Anspruch zugleich als Erkenntnisanspruch behaupten.[20]

3. Die signifikative Sprache kennzeichnet Breton als utilitaristische Versklavung der Sprache, und d. h.: als kommunikative Versklavung, als Subsumtion der Sprache unter den Verstehensimperativ: "Le but, assure-t-on, en matière de langage, c'est d'être compris." *(PJ,* p. 23) Das versicherte zuletzt noch Habermas: "Der Verständigungsorientierte Sprachgebrauch" sei der "Originalmodus" der Sprache und er ziele auf "ein Einverständnis, welches den Bedingungen einer rational motivierten Zustimmung zum Inhalt einer Äußerung genügt."[21] Nicht nur setzt kommunikatives Handeln die Intentionalität der Rede, d. h. identifizierbare Subjekte, *die* etwas meinen und Geltungsansprüche erheben, voraus (eine Voraussetzung, die, wie ich zu zeigen versuchte, für Breton hinfällig ist), sondern auch die propositionale Struktur der Rede: die Subjekte meinen *etwas* in ihren Äußerungen, das selbst nicht der Diskurs ist, d. h. die Rede ist an eine referentielle Ordnung gebunden. Sie reproduziert die Welt stets gemäß ihrem alten Modell, weil sie auf Propositionen, über die man sich verständigen kann, reduziert wird. Daher bezieht sich die Subversion der Sprache durch die "écriture automatique" auf die Fügungsgesetze der Wörter (diejenigen Gesetze, die sie zu begründbaren Aussagen fügen), nicht auf die Worte selbst:

> Rien ne sert de les (les mots) modifier puisque, tels qu'ils sont, ils répondent avec cette promptitude à notre appel. Il suffit que notre critique porte sur les lois qui président à leur assemblage. *(PJ,* p. 22)

und nicht, wie die Futuristen es forderten, auf die Syntax, die grammatische Struktur der Sprache, die Breton im Gegensatz zur propositionalen nicht als Zwang erfährt:

---

18 Der Ausdruck impliziert zugleich die sprachmetaphysische Auffassung eines Sprachverfalls, des Verlustes einer ursprünglichen Einheit von "signifié" und "signifiant". Sprachtheologisch gesprochen: Die konventionelle Sprache ist Sprache im Stande nach dem Sündenfall. Bekanntlich wurde diese Auffassung von den deutschen Frühromantikern formuliert.
19 Vgl. Horkheimer/Adorno, a. a. O., passim.
20 Vgl. z. B. *CC,* p. 85: "(...) le surréalisme n'a cessé de faire valoir l'*automatisme* (...) comme première instance en vue d'une révision générale des modes de connaissance."
21 Habermas, *Theorie des kommunikativen Handelns,* Ffm 1981, Bd. I, p. 387.

(...) j'observe *naturellement* la syntaxe (la syntaxe qui n'est pas, comme le croient certains sots, une discipline). *(PJ*, p. 23)

Der kommunikativen Funktion entzogen, ist die "écriture automatique" Sprache, die sich selbst spricht, oder autoreferentielle Rede; sie schafft eine Wirklichkeit, entbunden der Referenz auf die Wirklichkeit, über die sich alle verständigen (= le peu de réalité).

*

"Écriture automatique" ist Sprachbetrug und Sprachmagie. Das sind zwei Momente einer Produktion, legitimiert sich der Betrug doch durch seinen magischen Effekt. Sie sind aber analytisch unterscheidbar in der poetologischen Theorie Bretons. Ihrer analytischen Unterscheidung dient die folgende Zwischenreflexion, die ich in meinen Kommentar des "discours" einschiebe.

1) *"écriture automatique" = Sprachbetrug; Betrug am konventionellen Sprachsystem, insbesondere unter dem Aspekt seiner kommunikativen Funktion.*

Diese Bestimmung mag zuerst vielleicht zu weit oder allgemein erscheinen. Barthes etwa hat Literatur überhaupt als Sprachbetrug charakterisiert - und zwar als Betrug, der den heimlichen Machtanspruch des Sprachsystems hintergeht.[22] Breton würde gegen diese Bestimmung einwenden, daß sich ein heimlicher Machtanspruch auch noch etwa im fiktionalen Roman durchsetzt, sofern dieser die Subjekte identifizierbar macht. Ihn interessiert aber das Sprachsystem nicht so sehr unter dem Aspekt der Macht, sondern vielmehr unter dem Aspekt der Entfremdung vom "wahren Leben". Breton kritisiert Sprache als leere, tote Form, ob sie sich literarisch gibt oder nicht. Und unter diesem Aspekt betrifft seine Sprachkritik auch die Poesie, deren traditionelle Bestimmung die Subversion der kommunikativen Alltagssprache, die die "écriture automatique" beansprucht, schon einschließt. Novalis etwa bestimmt "Wesen und Amt der Poesie" als Entbindung der Sprache vom Zwang des Verstehens und der Bedeutung von Intentionalität und referentieller Ordnung.[23] Die spezifische Differenz der "écriture automatique" liegt darin, daß sie sich gegen die Hypostasierung des Formkalküls in der Poesie wendet, die in der spätsymbolistischen Lyrik ihren Höhepunkt findet. Ich erwähnte schon Bretons Kritik der poetischen Klischees, die insbesondere auf die leere, fabrizierte Ornamentik spätsymbolistischer Lyrik zielt.[24]

Gegen die kalkulierte, verfügte Ausstreuung der Signifikanten in der traditionellen Poesie setzt Breton die zufällige Ausstreuung der Signifikanten. Gegen

---

22 Vgl. Barthes, *Leçon*, Ps 1978. "(...) la langue (...) est (...): fasciste; car le fascisme, ce n'est pas d'empêcher de dire, c'est d'obliger de dire." (Ebd., p. 14)
23 Vgl. Novalis, "Monolog" in: Ders., *Dichtungen*, Hamburg 1963, p. 5.
24 Vgl. dazu auch Lenk, a. a. O., 1. Kapitel.

die symbolistisch-ornamentale poetische Rede setzt er das zufällige, willkürliche "surrealistische Bild".

Positiv gewendet ist der Sprachbetrug der "ecriture automatique" Bejahung des Zufalls: Würfelwurf.[25] Die Spielfläche ist die konventionelle Sprache als differentielles elektrisches Feld, wie Breton im ersten Manifest definiert:

> C'est du rapprochement en quelque sorte fortuit des deux termes qu'a jailli une lumière particulière, *lumière de l'image*, à laquelle nous nous montrons infiniment sensibles. La valeur de l'image dépend de la beauté de l'étincelle obtenue; elle est, par conséquent, fonction de la différence de potentiel entre les deux conducteurs. (*M*, p. 51)

Die Terme erhalten verschiedene elektrische Ladungen, bilden Pole. Der Würfelwurf ist der Augenblick, da das latente elektrische Potential aktualisiert wird und es zu schönen Funken kommt. Breton hebt hervor, daß diese Funken nicht berechenbar sind (er hebt den *einen* Würfelwurf vom Wahrscheinlichkeitskalkül ab):

> (...) les deux termes de l'image ne sont pas déduits l'un de l'autre par l'esprit *en vue* de l'étincelle à produire, (...) ils sont les produits simultanés de l'activité que j'appelle surréaliste, la raison se bornant à constater, et à apprécier le phénomène lumineux. (Ebd.)

2) "ecriture automatique" = Sprachmagie.

Deleuze hat im kontrastiven Vergleich von Nietzsche und Mallarmé herausgestellt, daß Mallarmé den Zufall, so sehr er ihn in den Vordergrund seiner Poetik rückt, keineswegs bejaht, daß Zufall und Notwendigkeit bei ihm nicht eins sind, sondern oppositiv gedacht werden, daß er den Zufall auf die reine Idee oder eine ewige Essenz überschreiten will und so wieder durchstreicht.[26]

Ähnlich verhält es sich in Bretons Theorie der "ecriture automatique". Der ästhetische Schein reicht Breton nicht. Die zufällig ausgestreuten Signifikanten sind nur Transgressionsmedium auf ein in der Schrift herstellbares Jenseits, das "wahre Leben", einen ursprünglichen Gehalt, der verloren war. Der Sprachbetrug wird magisch funktionalisiert oder teleologisiert. Die "ecriture automatique" soll Inhalte restituieren, die toten Formen wiederbeleben, die Präsenz des Ausgedrückten in die Sprache einholen.

Breton transzendiert den spielerischen Sprachbetrug auf "Wahrheiten", auf die Präsenz des "wahren Lebens" in der Schrift hin. Und eine Metapher der Wahrheit bei Breton ist die Liebe, wie im Weiteren noch zu explizieren ist. Die Liebesmetapher führt Breton in dem Artikel "Les mots sans rides" (wie die "confession" in der Anfang 1924 erschienenen Textsammlung *Les pas perdus* enthalten) in seine poetologische Theorie ein, und zwar setzt er sie explizit von

---

25 Vgl. zu diesem Begriff Deleuze, *Nietzsche et la philosophie*, Ps 1962 und meine Darstellung dieses Begriffs von Nietzsche/Deleuze im zweiten Kapitel des zweiten Teils.
26 Vgl. Deleuze, ebd., p. 36 ff.

der Metapher des (Zufalls-)Spiels ab, die die Aussagen über das surrealistische Bild im ersten Manifest beherrschte:

> Et qu'on comprenne bien que nous disons: jeux de mots, quand ce sont nos plus sûres raisons d'être qui sont en jeu. Les mots du reste ont fini de jouer. Les mots font l'amour. (*PP*, p. 140)

*

Auf die Liebesmetapher greift Breton auch im "discours" zurück, allerdings nicht auf der Ebene poetologischer Theorie, sondern in der automatischen Schrift selbst. Tatsächlich thematisiert sich die automatische Schrift im "discours" selbst, und zwar unter dem Aspekt des Wechsels vom Sprachbetrug zur Sprachmagie.

Das "colloque des armures" hebt an: "J'entends, entendez-vous? (...)" Zwischen zwei Frauen-Stimmen wird im folgenden der Satz eingeschoben: "Un être peut-il être present pour un être?" Der magische Effekt des Rituals im Schloßvestibül ist selbst wieder Ritual: beschwörende Rede. Breton versucht, mittels der Stimmetapher die reine Präsenz herzustellen: "la pure lumière: l'amour de l'amour". Der Versuch mißlingt: Die beschwörende Rede (in Anführungsstrichen) wird unterbrochen von der Reflexion, die mit einem Ausdruck der Enttäuschung beginnt: "Tout cela n'anéantit rien." Die Zerstörung oder Verflüchtigung der existierenden, sensiblen, sprachlich ständig reproduzierten Welt wäre zugleich die poetische Realisierung einer anderen Welt. Die Rede bleibt wirkungslos, weil sie dem "wahren Denken", das allen Lebensäußerungen präsidiert, äußerlich und nicht es selbst ist. In der "suite des prodiges" unterhalten sich nicht mehr die Rüstungen, sondern *Breton* spricht und richtet das Wort an das wahre Denken, das von ihm abgespalten ist und das er als "madame" personifiziert, wobei er sich darüber bewußt ist, daß es vergebens ist, "madame la pensée" in seiner Rede ganz einzuholen; sie ist absent:

> (...) c'est en vain que je cherche à l'occuper toute de ce qui a l'air de se passer très loin, en son absence, de ce que je lui dis être une suite de prodiges (...) (*PJ*, p. 12).

Die poetische Rede, die folgt, hat zum Gegenstand die Unmöglichkeit der reinen Präsenz. Breton berichtet von einem Schiffbruch, von der Zerstörung, die zuerst nicht gelang. Die poetische Welt der reinen Möglichkeit ersetzt die existierende Welt; diese Metamorphose vollzieht sich allerdings im Rahmen des psychologischen Kompensationsmechanismus, den Breton auf der folgenden Seite kritisiert, nämlich um den Preis der Erfahrung von Leiden oder Verzweiflung:

> Nos cris, notre désespoir quand nous sentîmes que tout allait nous manquer, que ce qui pourrait exister détruit à chaque pas ce qui existe, que la solitude absolue volatilise de pro-

che en proche ce que nous touchons, vous me saurez gré, madame, de vous les épargner. *(PJ, p. 13/14)*

Der Schiffbruch, die Selbstentäußerung, die geschieht, da sich "génie" und "grâce" verbinden, ist nur zum Scheine die Dispensierung der kontingenten Lebensbedingungen. Das unbekannte Land namens Poesie ("nouveau paradis terrestre", *PJ*, p. 25) entzieht sich fortwährend, es ist verstellt von einer ganz und gar künstlichen Welt: dem zerbrochenen Glasmeer.

> Par quelle latitude nous apparut-il que cette terre vers laquelle nous nous hâtions se dérobait à mesure et que nous eussions, plutôt que de l'atteindre, brisé la mer de verre? *(PJ, p. 13)*

So bleibt Breton nur übrig, mit den Romantikern vom künftigen poetischen Zeitalter zu träumen, in dem die Poesie das Brot der Welt bricht, wie es im Manifest heißt (*M*, p. 28), in dem die Dinge magisch produziert werden, in dem daher das Neue endlich realisiert sein wird:

> Le prodige encore, c'est que l'engloutissement de toute cette splendeur soit une question de temps, disons presque d'âge, et qu'un jour nous puissions découvrir une épave sur le sable où nous sommes sûrs que la veille il n'y avait rien. *(PJ, p. 14)*

Poesie ist das Versprechen der Präsenz, das gebrochen wird. Sinnbild dieses Versprechens ist die Schmuckkassette, die Breton unter dem imaginären Strandgut gefunden hat und die er "madame la pensée" zuträgt:

> Dans ce coffret dont je n'ai pas la clé et que je vous livre dort l'idée désarmante de la présence et de l'absence dans l'amour. *(PJ, p. 14)*

Die "suite des prodiges" (in Anführungsstrichen) endet mit diesem Satz; es schließt sich aber nicht eine Reflexion an, wie an das "colloque des armures", sondern die Automatismen setzen sich außerhalb der direkten Rede fort: "Ici, l'aiguille aimantée devient folle (...)" Die Rede wird selbstsuggestiv. War "madame la pensée" zuvor absent, so ist nun ihr Bild - die archaische Rede läßt an ein hieratisches Bild denken - heraufbeschworen: "(...) Homme, je regarde maintenant cette femme dormir." Unterbrochen wird die Magie einmal noch durch die Reflexion auf "la terrible loi psychologique des compensations", das Breton aufheben möchte mit Berufung auf die Indifferenz. Die Indifferenz ist die Bedingung der Realisierung der Poesie: der "compensation parfaite" (*M*, p., 28), d. i. Aufhebung der Kompensation.

Es gibt aber noch eine andere als die psychologische Abhängigkeit, von dieser war vorher schon die Rede:

> Je sais qu'à Paris, sur les boulevards, les belles enseignes lumineuses font leur apparition. Ces enseignes tiennent une grande place dans ma vie quand je me promène et pourtant elles ne traduisent en vérité que ce qui m'importune. *(PJ, p. 10)*

Die moderne Lebenswelt verhindert den romantischen Traum. Daher richtet sich die Zerstörungsphantasie Bretons nunmehr auf Paris: "Paris s'est écroulé hier (...)" *(PJ, p. 17)* Das Schloßvestibül verdichtet sich zur Grabeskammer unter Trümmern, in der sich Breton mit einer Frau wiederfindet.

"Es träumt sich nicht mehr recht von der blauen Blume"[27], dies Bewußtsein von der Geschichtlichkeit des Träumens schrieb Benjamin den Surrealisten zu. Der Versuch, wie Heinrich von Ofterdingen die zukünftige Geliebte in der Traum-Poesie zu beschwören und das geschriebene Wort in reines Signifikat zu verwandeln, muß in diesem Bewußtsein scheitern. Die Beschwörung der reinen Liebe ist keineswegs ursprüngliches Traumerlebnis, sondern wird ersichtlich transportiert von einer Bildungsreminiszenz, dem Radamus-und-Aida-Motiv, das dem künstlichen Medium Oper entstammt - und kaum etwas dürfte der intellektuellen Beschäftigung Bretons ferner gelegen haben als die Oper.[28] Der kulturellen Überfremdung der Ereignisfolge entspricht der immanente Zwang, der immer deutlicher an der beschwörenden Rede hervortritt und sie aushöhlt:

> Vous êtes à moi pour la première fois peut-être (...) Inutile, c'est fermé de tous les côtés (...) Mais viens plus prés, encore plus prés. C'est toi? L'avons-nous assez désirée, rappelle-toi, cette ignorance du reste! *(PJ, p. 17)*[29]

bis sie sentimental verpufft (und ausgerechnet einen klassischen Alexandriner bildet):

> Quoi, vous pleurez? Je crains que vous ne m'aimiez pas. *(PJ, p. 17)*

"Madame la pensée" ist nur zum Scheine leibhaftig erschienen, sie war nur Spuk, ein Gespenst:

> Histoires de revenants, contes à faire peur, rêves terrifiants, prophéties, je vous laisse. *(PJ, p. 17)*

3. Theorie des Scheiterns der "écriture automatique" und surrealistische Prosa

Ich fasse zusammen: Das "moi profond" ist keine psychische Entität, die "écriture automatique" kein psychologisches Erkenntnismittel, sondern sie zielt

---

27 Benjamin, "Traumkitsch" in: *Ges. Schrift.* Bd. II 2, p. 620.
28 Gérard Legrand hat sicherlich recht, wenn er sagt: "L'écriture automatique ne peut être pratiquée (...) que par des gens disposant d'un peu de culture" (*Entretiens sur le surréalisme* sous la direction de F. Alquié, Ps 1968, p.29), mögen sich die Surrealisten auch nicht dafür interessieren: "Je n'ai pas grande estime pour l'érudition ni même, à quelque raillerie que cet aveu m'expose, pour la culture."(*PP*, p. 9).
29 Der Wechsel in der Anrede - von "vous" nach "toi" und wieder nach "vous" - ist Gradmesser der Distanz; in *Nadja* kehrt dieser Wechsel wieder.

gerade auf die Transgression des psychologischen Gesetzes qua Sprachbetrug, der die sprachliche Hypostase eines einheitlichen, psychologisch determinierten Ichs aufsprengt und es allererst ermöglicht, die "véritable pensée" sprachlich zu realisieren. Die sprachliche Realisierung der "véritable pensée" wäre zugleich die reine Präsenz des "signifié" in der Sprache, ist doch, Bretons Sprachmetaphysik zufolge, das konventionelle Sprachsystem mit seinen inhaltslosen, toten, liebesunfähigen Worthülsen zu solcher Präsenz nicht fähig.

Die inhaltliche Analyse des "discours" ergibt, daß die magische Praktik der "écriture automatique" scheitert. Sie bleibt innerhalb des psychologischen Kompensationsmechanismus. Zumindest befürchtet Breton, daß sich das phantasmatische Glück, eine schlafende Frau in der Grabeskammer Paris vorzufinden, als Kompensation realer Versagung auslegen ließe; die "perfekte Kompensation" bleibt uneingelöstes romantisches Versprechen. Zum anderen unterschlägt die Grabkammer-Phantasie die spezifische Erfahrung der Modernität; sie ist romantisierende Regression. Die Unterschlagung tritt gleichsam nach außen als Zwanghaftigkeit der Rede.

Mit der Verführungstheorie von Baudrillard[30] im Hinterkopf kann man dieses Scheitern noch genauer beschreiben: So sehr Breton die Indifferenz als der Psychologie entzogene Geisteshaltung preist, gibt er sie doch auf, um der Präsenz in der Liebe willen. Dem Preislied auf die Indifferenz folgt der Satz: "Et *pourtant*, homme, je regarde maintenant cette femme dormir." *(PJ, p. 16,* Hervorhebg. von mir) Das Pathos der Vereinigung, der exklusiven, die übrige Welt vernichtenden Liebe, ersetzt das Pathos der Distanz - in Analogie zur poetologischen Aussage, daß die Worte nicht mehr den Spielregeln des weitmöglichsten Abstandes, sondern dem Gesetz der Liebe unterworfen sind. Die Liebe, die jenseits allen Trugs sein will, ist aber selbst noch Trug, der sich am artifiziellen Arrangement ausweist - allerdings gleichsam ein unproduktiver Trug, der hinter das Spiel der Transgression zurückfällt und in das Gesetz zurückkehrt. In der Liebe werden die Gegensätze illusorisch versöhnt, die Differenzen sublimiert oder unterdrückt, während die Indifferenz die ästhetische Bedingung für die Intelligibilität der Differenzen ist. Unter diesem Aspekt gehört die Liebe demselben Paradigma an wie die Vorstellung, die Breton im ersten Teil des "discours" schreckt: die totale Differenzlosigkeit, die Kompensation, die Diffusion (im chemischen Sinne), d. h. die gleichmäßige, statistisch berechenbare, wahrscheinliche Verteilung etwa der Pariser Menschenmassen in den Kinosälen und Metros ("l'absence de coincidences" *[PJ*, p. 11] - ein Leben, das aus Koinzidenzen zusammengesetzt ist, ist aber ein kristallines, intelligibles Gebilde.

---

30 Vgl. Baudrillard, *De la séduction*, Ps 1979; ders., *Laßt euch nicht verführen*, Bln: Merve-Verlag, o. J.

Zunächst wahrt Breton Distanz gegenüber der "véritable pensée", die zwar als souveräne Macht jede seiner Handlungen bestimmt und der er sich hingeben möchte, die zugleich aber absent ist, der er in Abwesenheit Geschichten erzählt. Der Schein der Präsenz in der Liebe wird erzeugt um den Preis der Verheimlichung der Differenz zwischen der zur Schrift geprägten Rede und der "véritable pensée". Ich erwähnte, daß Breton sich der Stimmetapher bedient, um die reine Liebe zu beschwören und diese Differenz zu sublimieren. Mit Derrida gesprochen: Die Theorie der "écriture automatique" funktioniert noch innerhalb der okzidentalen Metaphysik, gegen die sie sich explizit wendet, insofern Phono- und Logozentrismus in einem immanenten Zusammenhang stehen.[31] Augenfällig wird dieser illusorische Aspekt an der Bretonschen Metapher vom "appareil enregistreur" im ersten Manifest (*M*, p. 40), die die ideale Gleichzeitigkeit der "voix surréaliste" und der automatischen Schrift, des wahren Denkens und des Diktats unterstellt.

Es sind aber andere Bestimmungen der "voix surréaliste" bei Breton inkompatibel mit der logozentrischen Tradition, in der die Stimmetapher dazu diente, die Illusion unmittelbarer Gewißheitserlebnisse zu erzeugen: Die "voix surréaliste" als Metapher der "véritable pensée" ist absente, verborgene, unhörbare Stimme. Ich habe darauf hingewiesen, daß Breton im Augenblick, da er den Schein der Präsenz erzeugt, ihn als solchen auch durchschaut. Er wird sich selbst des Zwanges der Rede, an dem sich die Scheinhaftigkeit ausweist, inne, denn der distanzierte Blick enthüllt ihm die Wesen, die er in der Rede beschwor, als Phantome, als bloßen Schein der Leibhaftigkeit; er wird sich bewußt, daß sie nur die illusorischen Produkte seiner Verführungskünste waren, die sich psychologisch berechnen lassen. Die surrealistische Verführung funktioniert nur solange, als er indifferentes Verführungsobjekt von "madame la pensée" ist, und sie versagt, sobald er sich als Subjekt der Verführung wähnt, das die "véritable pensée" sich unterwirft. Schließlich regrediert er nicht schlichtweg in den romantischen Mythos der Einheit von "signifiant" und "signifié", sondern thematisiert die ursprüngliche Präsenz stets unter dem Gesichtspunkt der Verstellung. Verstellt ist sie durch eine künstliche Welt, die aus Glassplittern, aus den Spiegeln der Music-halls und Lichtreklamen gebildet ist. - Kurz: Die Theorie der "écriture automatique" ist nicht eine in metaphysischen Präsuppositionen befangene Theorie, sondern Theorie ihres Scheiterns.

Die Praxis kann von diesen theoretischen Einsichten nicht unbeschadet bleiben. Breton fordert sie in seinen programmatischen Schriften wohl immer wie-

---

31 Vgl. Derrida, *De la grammatologie*, Ps 1967. Die Kritik an der "écriture automatique" auf der Grundlage der Derrida'schen Dekonstruktionen wurde bereits verschiedentlich geäußert: Vgl. z. B. den zitierten Aufsatz von Abastado.

der als originäre surrealistische Praxis. Bezeichnenderweise fügt er ihr aber im zweiten Manifest als Korrektiv die "auto-observation", also ein distanzierendes Prinzip bei (vgl. *M*, p. 119)[32] und setzt ihr so gleichsam ein Siegel des Mißtrauens auf. Später gesteht er auch ihre bloß transitorische Bedeutung für die Schreibpraxis der Surrealisten ein.[33]

Im "discours" hatte er schon eine alternative Schreibpraxis angedeutet, die den Anspruch der "écriture automatique", das Neue zu artikulieren, mit anderen Mitteln realisierte:

> Dans l'ordre de la constatation pure et simple, si tant est que nous l'envisagions, il nous faut une certitude absolue pour avancer quelque chose de neuf, quelque chose, qui soit de nature à heurter le sens commun. *(PJ,* p. 21/22)

Lenk hat von einer surrealistischen "Entdeckung" gesprochen, die für Breton spätestens in *Nadja* zur "absoluten Gewißheit" wurde: "(...) daß die Poesie und mit ihr die Schönheit außerhalb der Kunst als eine Objektivität existieren".[34]

Diese Entdeckung, so Lenk, sei das Ergebnis der Entwicklung der poetischen Form bei Breton von den frühen, vom Spätsymbolismus inspirierten lyrischen Versuchen bis zum Automatismus, dem Lenk eine "lediglich negative Funktion", die Zersetzung von Bildungsreminiszenzen zuschreibt. Die der Entdeckung Bretons entsprechende Form sei die Prosa, die statt Realität zu schaffen, wie die Lyrik, "sich auf eine außer ihrer existierende Realität lediglich bezieht".[35]

Das hieße zunächst, daß Breton mit der poetologischen Auffassung einer der referentiellen Ordnung entzogenen Sprache in seiner Schreibpraxis radikal bricht. Nun relativiert Lenk ihre Aussage über die Bretonsche Prosa und macht, v. a. in Anlehnung an Gracqs Stiluntersuchungen zu Breton, Elemente der reinen Sprachimmanenz geltend: "Statt dokumentarische Ereignisse wiederzugeben, beginnt diese Prosa ihrerseits, neue, diesmal sprachliche, Ereignisse zu

---

32 Vorgezeichnet ist die komplementäre Beziehung "inspiration" (= automatisches Schreiben) - "auto-observation" im ersten Manifest: "(...) il y a tout intérêt à les capter (les étranges forces de l'inconscient, G. H.), à les capter d'abord, pour les soumettre ensuite, s'il y a lieu, au contrôle de notre raison" *(M,* p. 19). Der Akzent liegt allerdings im Gegensatz zum zweiten Manifest eindeutig auf "capter", auf der "inspiration". Zum Begriff der "inspiration" als gruppenkollektivem Mechanismus der Textproduktion vgl. Lenk, a. a. O., p. 56; zur Funktion Selbstbeobachtung in den Prosatexten vgl. den III. und insbes. IV. Teil meiner Arbeit.
33 Vgl. z. B. "Du surréalisme en ses oeuvres vives" (1953): "Le tout, pour le surréalisme, a été de se convaincre qu'on avait mis la main sur la 'matière première' (au sens alchimique) du langage: on savait, à partir de là, *où* la prendre et il va sans dire qu'il était sans intérêt de la reproduire à satiété; ceci pour ceux qui s'étonnent que parmi nous la *pratique* de l'écriture automatique ait été délaissée si vite." *(M,* p. 181) Zugleich wird der ursprüngliche Anspruch der "écriture automatique": "de restituer le *fond* à la forme" aufgegeben, wird sie nunmehr doch, im nachhinein, als Operation legitimiert, bei der es sich darum gehandelt habe "de se reporter d'un bond à la naissance du signifiant" *(M,* p. 182).
34 Lenk, a. a. O., p. 44.
35 Ebd., p. 44.

produzieren."[36] Insbesondere nennt sie das "poetische Bild", das ein Effekt der Reibung von Reflexion und Faktum sei.[37] Nichtsdestoweniger steht im Zentrum ihrer Breton-Monographie dessen "poetischer Materialismus". Dabei bleibt außer Acht, daß das Konstatieren der Tatsachen, entgegen dem Anspruch Bretons, niemals "rein und einfach" ist, sondern selbst schon sprachliches Ereignis: Breton vermöchte nicht, so sehr er es wollte, das ontische Substrat der poetischen Materialien in den Text einzukleben (und darin unterscheiden sich allerdings seine Texte von den Ready-mades Duchamps, mit denen sie Gracq, den Lenk zitiert, verglich[38]). Zuerst fällt auf, daß Breton sich der Fakten *erinnert*.[39] "Je me bornerai, cette fois, à dévider quelques souvenirs clairs." (*PP*, p. 16), hieß es in der "confession dédaigneuse", in der Breton nicht nur die Prosa thematisiert, wie ich oben darlegte, sondern auch mit dem Portrait Jacques Vachés das erste, vorausweisende Beispiel seiner Praxis der Prosa gibt.[40] Selbst wenn man berücksichtigt, daß das Konstatieren der Tatsachen durch die Erinnerung gebrochen ist, bleibt die Frage, wie die erinnerten Tatsachen in Text verwandelt werden, und wenn man diese subjektive Brechung zugibt, stellt sich allererst die Frage, in welchem Verhältnis das sich erinnernde Subjekt zum Text steht: Fixiert es der Text nicht als über das Erinnerungsmaterial verfügende Instanz, als identisches Substrat der Erinnerungen? - Wie soll sich das "moi profond" in einem Text mit identifizierbarem Subjekt ausdrücken? Die These vom poetischen Materialismus löst die Aporien der Prosa nicht, die Breton in der "confession dédaigneuse" thematisierte.

Meine These lautet nun, daß sich in *Nadja* die Spuren einer Theorie der Schrift fortschreiben, die sich mit diesen Aporien weiterhin beschäftigt. Sie geht aber über den Reflexionsstand der "confession dédaigneuse" hinaus, insofern sie die Theorie der automatischen Schrift bzw. ihres Scheiterns in sich aufnehmen konnte. Keineswegs ist sie mit dem Anspruch Bretons der "constatation pure et simple" - poetischer Materialist zu sein - abgedeckt.

---

36 Ebd., p. 45.
37 Der Begriff "Reibung" ("frottement") stammt übrigens aus der Theorie der "écriture automatique" und bezeichnet den Antagonismus zwischen reinem Automatismus und unvermeidbaren steuerbaren Eingriffen. (*PJ*, p. 96) Der Wortgebrauch bei Lenk verweist allein darauf, daß Automatismus und Prosa nicht so radikal geschieden sind, wie sie behauptet. Allerdings wird die Reibung - in der Theorie der "écriture automatique" als Störfaktor beschrieben - erst in der Prosa produktiv.
38 Lenk, a. a. O., p. 45.
39 Lenk gebraucht zwar das Wort "Erinnerung", ohne allerdings den Vorgang der Erinnerung zu thematisieren.
40 Vgl. dazu Lenk, a. a. O., p. 47: "Im Portrait Jacques Vachés hat zum ersten Mal Bretons Prosa die eigentümliche, dem Stummfilm vergleichbare Wirkung des Surrealen. Statt zu reden, mimt sie (...)".

Dieser Anspruch wird mit solcher Insistenz behauptet, weil er sich mit dem surrealistischen Anspruch der Anti-Literarizität verbindet. Am prägnantesten wird er vielleicht im späten Vorwort zu *Nadja* formuliert. Das Werk habe zwei antiliterarischen Imperativen gehorcht, heißt es dort:

> (...) de même que l'abondante illustration photographique a pour objet d'éliminer toute description - celle-ci frappée d'inanité dans le *Manifeste du surrealisme* - le ton adopté pour le récit se calque sur celui de l'observation médicale, entre toutes neuropsychiatrique, qui tend à garder trace de tout ce qu'examen et interrogatoire peuvent livrer, sans s'embarrasser en le rapportant du moindre apprêt quant au style. (*N*, p. 6)

An Nadja weist denn Lenk auch v. a. den poetischen Materialismus Bretons nach (im zweiten Kapitel: "Lebendes Material"), und auf *Nadja* bezieht sich die mythologische Deckfigur, die sie für Breton gewählt hat und die ihrer Monographie den Titel gibt: der Narziß, der springt, aus dem Spiegelverhältnis der Kunst auszubrechen sucht und dem dies doch nicht gelingt: Die Sprunggeste erstarrt zur schönen Geste.[41]

Kaum deutlicher könnte der anti-literarische Charakter des dokumentarischen, poetisch-materialistischen Anspruches (Ersetzbarkeit der Prosa in ihren beschreibenden Teilen durch die Photographie, Verzicht auf den Stil) hervortreten als im kontrastiven Vergleich mit dem etwa zeitgleich formulierten literarischen Selbstverständnis Prousts, in dessen "recherche" die große französische Erzähltradition des 19. Jahrhunderts sich sowohl vollendet als auflöst:

> Si la réalité était cette espèce de déchet de l'expérience à peu près identique pour chacun, parce que quand nous disons: un mauvais temps, une guerre, une station de voitures, un restaurant éclairé, un jardin de fleurs, tout le monde sait ce que nous voulons dire; si la réalité était cela, sans doute une sorte de film cinématographique de ces choses suffirait et le "style", la "littérature" qui s'écar-teraient de leurs simples données seraient un hors-d'oeuvre artificiel. Mais était-ce bien cela, la réalité?[42]

Freilich nicht. Die Realität, die Wahrheit, das wahre Leben usw. ist innere Realität:

> Ce que nous appelons la réalité est un certain rapport entre ces sensations (parfums, sons, projets, climats, G. H.) et ces souvenirs (Kindheitserinnerungen) qui nous entourent simultanément - rapport que supprime une simple vision cinématographique, laquelle s'éloigne par là d'autant plus du vrai qu'elle prétend se borner à lui - rapport unique que l'écrivain doit retrouver pour en enchaîner à jamais dans sa phrase les deux termes différents.[43]

Diese Zitate verweisen auf die tiefe Übereinstimmung Breton-Proust: So wenig Breton den Kult der Sensationen und die traditionelle ästhetische Exklusivie-

---

41 Lenk, a. a. O., p. 76 ff.
42 Proust, a. a. O., p. 890.
43 Proust, a. a. O., p. 889.

rung des Schreibvorgangs bei Proust teilt, so stimmt er mit ihm überein in der Kritik des tautologischen Moments der konventionellen Sprache, die auf die äußere Realität fixiert und dem Verstehensimperativ unterworfen ist. Ebenso wie Proust polemisiert er gegen den realistischen Roman als zum Abbild resignierte Kunst.[44] Ebenso wie Proust schließlich bezieht er den Schreibakt auf die innere Realität eines psychologisch oder abstrakt unfaßbaren "moi profond".

An den Übereinstimmungen mit Proust wird auch der Selbstwiderspruch bei Breton zwischen Sprachkritik des "discours" und dokumentarischem Anspruch deutlich. Dieser kann wörtlich nicht aufrecht erhalten werden, wenn man jene nicht wieder durchstreicht.

Zunächst steht bei Breton selbst gegen den antiliterarischen Anspruch ein hohes Bewußtsein von den Problemen der "Literarizität": der Schrift - ein Bewußtsein auch, daß diese Probleme nicht mit einem Schlag zu lösen sind - auch nicht durch eine absolute Gewißheit.

Theseus scheint mir als mythologische Deckfigur für Breton geeigneter als Narziß: "Thesée enfermé pour toujours dans son labyrinthe de cristal" (PJ, p. 7). Theseus hat dem springfreudigen Narziß voraus, daß er sein künstliches Schicksal, im Kristall-Labyrinth - oder Glashaus - zu leben, bejaht und die Spiegeleffekte, die die durchsichtigen Materialien von Zeit zu Zeit erzeugen, *durchschaut*, während Narziß, noch wenn er springt, der Illusion des Spiegelbildes verfällt.

Voraussetzung für die Theorie der Schrift jenseits der automatischen Schrift ist die Subjekttheorie in *Nadja*, die an die Frage nach dem Ich in der "confession dédaigneuse" und im "discours" anschließt und zunächst dargestellt werden soll.

---

[44] Den literarischen Realismus meint Proust, wie aus dem größeren Zusammenhang hervorgeht, mit der "vision cinématographique". Während die Surrealisten das neue Medium Film für ihre eigene Produktion nutzen und es mit dem Montageprinzip auch für die Schreibpraxis fruchtbar machten, lehnt Proust es als plumpen Realismus ab und macht es für den Verlust einer ursprünglichen, integralen und nur durch den Schreibakt restituierbaren Erfahrung mitverantwortlich.

II. Zur Subjekttheorie Bretons[1]

> "Qui vive?" Qui vive?
> *N*, p. 172

1. Phänomenologie des Unheimlichen: die phantomatische Struktur des Ichs

Wie in der "confession dédaigneuse" und dem "discours sur le peu de réalité" geht Breton in *Nadja* von einer sprachlichen Hypostase aus. Zitierte er in den früheren Prosatexten feststehende Wendungen oder Lokutionen ("le plomb dans la tête" in der "confession dédaigneuse", "sans fil" im "discours"), so bezieht er sich nunmehr auf ein Sprichwort:

> Qui suis-je? Si par exception je m'en rapportais à un adage: en effet pourquoi tout ne reviendrait-il pas à savoir qui je "hante"? (*N*, p. 9)

---

[1] Dieses Kapitel ist ein Kommentar des schwierigen, oft rätselhaft formulierten Einleitungsabschnitts von *Nadja* (*N*, pp. 9-11). Nur gelegentlich werde ich auf die folgenden 180 Seiten des Buches vorweggreifen.

Der Einleitungsabschnitt ist einer der am häufigsten zitierten/interpretierten surrealistischen Texte. In fast jeder Arbeit über Breton findet er Erwähnung. Allein diese Besetzung/Entstellung durch die Rezeption macht eine so minutiöse Lektüre, wie ich sie im folgenden vorschlage, erforderlich.

Trotz aller Kommentierung ist das Reflexionspotential dieses Abschnitts noch keineswegs ausgeschöpft. Die vorliegenden Kommentare nehmen den Text entweder theoretisch gar nicht ernst, oder sie begnügen sich mit einer Paraphrase. - Zwei repräsentative Beispiele aus der deutschen Breton-Literatur für diese beiden Kommentarformen:

Bürger (*Der französische Surrealismus*, a. a. O.) will mit seiner "syntaktischen Analyse" die Hypothese bestätigt wissen, daß es in *Nadja* ausschließlich (?) darum ginge, die ästhetische Lesererwartung überhaupt zu schockieren. "Das Ergebnis (der Syntax des Einleitungsabschnitts, G. H.) ist schließlich die völlige Verflüchtigung dessen, was es zu bestimmen galt (das Ich, G. H.)" (a. a. O., p. 128) - Warum soll dieses Ergebnis, das keins ist, eine *ästhetische* Erwartung schockieren? U.U. schockiert es eine theoretische, allerdings auch nur unter Voraussetzung eines bestimmten Begriffs von Theorie. Theoretische Bestimmungen kommen aber in der Argumentationsbewegung durchaus vor, so kompliziert die Syntax ist.

Lenk (a. a. O.) geht überhaupt zuerst auf die besondere Wendung am Schluß der Einleitungsreflexion ein: "Die Surrealisten hatten den Dingen ihre 'natürliche' Bedeutung geraubt. (...) Die Kehrseite aber ist, daß nun die Dinge, als beseelte, sich am Ich rächen. (...) Breton sucht seine Macht, die an die Objektwelt übergegangen ist, zurückzuerobern. Das 'Qui', nach welchem er fragt, ist nicht das über Zeit und Raum erhabene transzendentale Subjekt, sondern ein Bündel von Partikularitäten, die er als seine wiedererkennen muß und auf eine Art Ich-Idee, ein allgemeines Individuelles hin interpretieren muß (...)" (a. a. O., p. 83) Was ist aber ein allgemeines Individuelles? Auf welche Art Ich-Idee hin interpretiert Breton das Subjekt? - Eben darüber gibt Breton ausführlich Auskunft.

Im Sprichwort ist der vom Surrealismus so geschmähte "gesunde Menschenverstand" geronnen, und so war sein Satzduktus und seine Bildlichkeit ein bevozugter Anlaß für die surrealistischen Wortspiele gewesen.[2] Der erste Satz des Manifests ist auf der Folie des bekannten "Tant va la cruche à l'eau qu'à la fin elle casse" gebildet. Statt das Sprichwort aber gleichsam zu persiflieren oder wie Eluard/Péret zu zerschneiden und collagieren, zitiert es Breton in *Nadja* unversehrt und entfaltet aus ihm seine Reflexion. Er entdeckt in ihm theoretisches Potential und legt die Idee der radikalen Fremdbestimmung, die es harmlos ausspricht, nur frei, indem er auf den Doppelsinn des Wortes "hanter" aufmerksam macht (1. Jemand hat Umgang mit bestimmten Leuten, 2. Gespenster gehen um).[3] Das Ich ist bloße Funktion der anderen und existiert selbständig gar nicht: Es ist immer schon die anderen, ein Phantom, das nur sein kann, weil das Original (aus Fleisch und Blut) verstarb:

> (le mot "hanter", G. H.) me fait jouer de mon vivant le rôle d'un fantôme, évidemment il fait allusion à ce qu'il a fallu que je cessasse d'être, pour être *qui* je suis. (*N*, p. 9)

Und zugleich steht das Phantom doch in einem Abhängigkeitsverhältnis zum Original, das es selbst nicht durchschaut:

> il (le mot "hanter", G. H.) me donne à entendre que ce que je tiens pour les manifestations objectives de mon existence, manifestations plus ou moins délibérées, n'est que ce qui passe, dans les limites de cette vie, d'une activité dont le champ véritable m'est tout à fait inconnu. (*N*, pp. 9/10)

Zunächst scheint Breton die Argumentation der früheren Prosatexte wiederaufzugreifen: Das selbstgewisse, sich selbst durchschaubare einheitliche Ich ist eine Illusion, verschoben von einem "moi profond", das verloren, absent ist oder zumindest der Identifikation sich stets entzieht. Das einheitliche Ich, das sich aus eigenen Mitteln, kraft Selbstreflexion, zu objektivieren vermeint, ist nur ein Verkennungseffekt, der, wie im "discours" ausgeführt, seine Persistenz kontingenten Merkmalen wie dem Namen, der äußeren Erscheinung oder den durch Geburt und Tod gesetzten Grenzen des Lebens verdankt. Im "discours" hatte Breton auch das Ergebnis des Versuchs, in der "écriture automatique" die Ich-Objektivation aufzubrechen, eine "histoire de revenants" genannt: Die sprachlich erzeugten Wesen waren Phantome wie das Ich selbst, Effekte der Selbstbespiegelung. Während Breton im "discours" aber die undurchschaubare Abhängigkeit vom Unbewußten emphatisch bejaht hatte und der "désespoir" negativ an das Versprechen glückhafter Präsenz gebunden war, so wird in *Nadja* die

---

2 Vgl. Eluard/Péret, "152 proverbes mis au goût du jour par Paul Eluard et Benjamin Péret" (1925) in: Eluard, *Oeuvres complètes*, Ps: Bibl. de la Pléiade 1968, p. 153 ff.
3 Die Argumentationsfolge ist also nicht bloß assoziativ, wie vielfach geschrieben wird, sondern im Sprichwort schon angelegt.

phantomatische Existenz als perpetuierte Leidenserfahrung, die kein Versprechen mehr birgt, artikuliert:

> La représentation que j'ai du "fantôme" avec ce qu'il offre de conventionnel aussi bien dans son aspect que dans son aveugle soumission à certaines contingences d'heure et de lieu, vaut avant tout, pour moi, comme image finie d'un tourment qui peut être éternel. (N, p. 10)

Das selbstgewisse Ich ist Bild: imago, imaginär. In der Dimension des Imaginären - in einer Linie der Fiktion ("dans une ligne de fiction") - situiert auch Jacques Lacan das "autonome" Ich ("l'instance du moi"). Auf experimentelle Ergebnisse der Kinderpsychologie und der Verhaltensforschung gestützt, beschreibt er das "moi" als den für den Menschen spezifischen Effekt homomorpher Identifikation, der Identifikation mit einem Ähnlichen als totaler Gestalt, als solche das junge Lebewesen sein eigenes Bild im Spiegel perzipiert.[4] Artspezifisch ist die Prägnanz der Gestalt, die Hypostase des Spiegelbild als "moi", weil dieses die biologische Frühgeburt des Menschen, also einen ursprünglichen Mangel oder eine ursprüngliche Ohnmacht, konkret die Erfahrung des zerstückelten Körpers, kompensiert und die instrumentelle Macht körperlicher Totalität antizipiert. Das Ich ("moi") ist also nicht es selbst, sondern die anderen ("les autres" - in der Mehrzahl, weil es die ihm ähnlichen mit sich identifiziert), ein ihm Äußerliches, die Objektivation seiner selbst ("l'objet petit a"), das gespenstische Produkt der Spiegelung oder Reflexion.

Zugleich bildet das Spiegelstadium die Funktion des "je" aus, die charakterisiert ist als *Schicksal der Entfremdung*: Die Hypostase des narzißtischen Ichs entfremdet das Subjekt seinem wahren Sein. Diesem ontologischen Sachverhalt entspricht der erkenntniskritische, daß das "me connaître" stets ein "méconnaître" ist. Das Subjekt, das in der Illusion befangen ist, sich selbst zu erkennen, verkennt das "je", seine Andersheit außerhalb der Spiegelbeziehung ("le grand Autre"), das wahre Subjekt ("le sujet vrai"), das in ihm spricht, ihm transzendent ist und das Sprechen doch begründet. Die Funktion des "je" entzieht sich der Objektivation und aller Bewußtseinstätigkeit; sie ist eine Tätigkeit "dont le champ véritable m'est tout à fait inconnu".

So sehr das "je" sich seiner Aufhebung im Selbstbewußtsein widersetzt, so ist es doch *negativ bestimmt* kraft einer Doppeldeutigkeit, die dem "moi" anhaftet. Das "moi" entfremdet das "je" nicht nur seinem wahren Sein, zugleich *bezeugt* es die Erfahrung des ursprünglichen Mangels, der Spaltung ("Discorde") oder der Zerstückelung, sofern es fixiert ist auf die *Einheit* mit sich selbst. Die Funktion des "je" ist gebunden an die Ich-Hypostase.

---

4 Vgl. dazu und zum Folg. Jacques Lacan, "Le stade du miroir comme formateur de la fonction du Je" in: *Ecrits*, Ps 1966, p.93 ff und passim.

Auf diesen Sachverhalt zielt folgender Satz aus dem Aufsatz über das Spiegelstadium, in dem Lacan auch auf das Bild des Phantoms rekurriert:

> (...) cette *Gestalt* (das dem Subjekt Äußerliche, das Andere seiner selbst, das Spiegel-Bild, G. H.) (...) symbolise la permanence mentale du *je* en même temps qu'elle préfigure sa destination aliénante; elle est grosse encore des correspondances qui unissent le *je* à la statue où l'homme se projette comme aux fantômes qui le dominent, à l'automate enfin où dans un rapport ambigu tend à s'achever le monde de sa fabrication.[5]

Die Theorie des Spiegelstadiums erlaubt es, die ganzheitliche Physis der Gestalt als lauter anti-physische Zwitter- und Scheinwesen zu lesen - solche, die den objektiven Schein des Lebendigen erzeugen: Die Statue imitiert die erstarrte äußere Erscheinung eines lebendigen Wesens; das Phantom reproduziert ein verstorbenes Leben; der Automat schließlich simuliert die Lebensfunktionen, so daß er sich von einem lebendigen Wesen nicht mehr unterscheiden läßt. Der technische Schein, den der Mensch in seiner Eigenschaft als Ingenieur herstellt, ist nur die Perfektion des ästhetischen und magischen Scheins. Das Ich ("moi") ist Schein, zu solcher Perfektion gebracht, daß es als künstliches, zusammengesetztes, ursprünglich zerstückeltes Subjekt notwendig verkannt wird.

Statue, Phantom und Automat referieren nicht auf ein ursprüngliches Ich, dessen Leben sie jeweils imitieren, reproduzieren oder simulieren. Die Funktion des "je" ist kein Original des "moi", sondern hat ihren Ort in der Zerstückelung selbst. Statue, Phantom und Automat sind Reflexe ihrerselbst, Objektivationen einer ursprünglichen Spaltung, die die Einheitsfiktion des Ichs verdrängt; sie sind Doppelgänger des Ichs, von ihm selbst als solche verkannt. Der *Doppelgänger*, den Lacan im nächsten Absatz erwähnt, ist Chiffre dieser ursprünglichen Spaltung. Seine Erscheinung erinnert das Moment des räumlichen Trugs: der Objektheit und der Äußerlichkeit bei der Identifikation mit dem Spiegel-Ich.

Der Automat (die belebt erscheinende Puppe) und der Doppelgänger sind auch Motive, die Freud neben dem Motiv des Sandmanns in seine am Beispiel Hoffmannscher Erzählungen und Romane entworfene Phänomenologie des Unheimlichen aufnimmt.[6] Das Motiv des Sandmanns, der den kleinen Kindern die Augen ausreißt, liest Freud wiederum als Kastrationsdrohung, die die metonymische Beziehung von Auge und Phallus ins Spiel bringt, stellt es also in Zusammenhang mit dem Phantasma der Zerstückelung.[7]

In der Erzählung Hoffmanns "Der Sandmann" bringt Klara einmal die Subjektproblematik bei Freud, Lacan und Breton recht genau auf den Punkt. In einem Brief an Nathanael, ihren Geliebten, findet sie folgende Erklärung für das infantile Sandmann-Phantasma, von dessen Wiederkehr in seinem aktuellen

---

5 Ebd., p. 95.
6 Freud, "Das Unheimliche" (1919) in: Freud-*Stud.-Ausg.*, Bd. IV, Ffm 1972, pp. 241 - 274.
7 Vgl. auch Kittler, "Das Phantom unseres Ichs' und die Literaturpsychologie: E.T.A. Hoffmann - Freud - Lacan" in: Kittler/Turk (Hg.), *Urszenen*, Ffm 1977, pp. 139 - 166.

Leben Nathanael, ihr Geliebter, berichtete: Die "dunkle Macht, die feindlich uns in unserem eigenen Selbst zu verderben strebt", sei "fremd" und zugleich eine "Gestaltung, die unser eignes Spiegelbild sein sollte". Zusammenfassend: "Es ist das Phantom unseres eigenen Ichs, dessen innige Verwandtschaft und dessen tiefe Einwirkung auf unser Gemüt uns in die Hölle wirft, oder in den Himmel verzückt."[8] Doppeldeutig ist der Genitiv: Liest man ihn als subjectivus, so wird das Phantom (des Sandmanns) als Projektion eines ursprünglichen Ichs psychologisiert. Zugleich könnte man verstehen, das "eigene Ich" gehöre ursprünglich zur Gattung der Phantome, der Spiegelbilder oder fremden Mächte.

Die Lacansche Theorie des Spiegelstadiums macht das Ich als Phantom lesbar und ruft den Doppelgänger zum Zeugen seines phantomatischen Charakters auf. Freud hat den Doppelgänger in seinem Unheimlichkeitseffekt beschrieben. Seine Analyse des Unheimlichen scheint mir geeignet, die mit Hilfe der Lacanschen Theorie gewonnenen Einsichten in die Subjekt-Theorie Bretons weiter zu vertiefen; sie legt eine Spur aus, die zum Bretonschen Text zurück- und in ihn hineinführt.

Wäre man sich nicht der Verachtung Bretons für die Etymologie gewiß[9], so hätte die Etymologie des Wortes "hanter" schon früher einen Hinweis geben können. Nach Diez kommt es aus dem Altskandinavischen *heimta*, germanisch *heim* (dt. *Heim*, engl. *home*) und verdankt seine Doppeldeutigkeit, die Breton entfaltet, einer Bedeutungsentlehnung zu Beginn des 19. Jahrhunderts aus dem Englischen, in dem das etymologisch entsprechende Wort "to haunt" die Bedeutung von "spuken" ("this house is haunted") bereits besaß.[10] Eben diese Bedeutungsambivalenz stellt Freud am deutschen Wort "heimlich" bei der semantischen Auswertung seiner peniblen Wörterbuch-Exzerpte fest. Wie in "hanter" ist in "heimlich" der Bedeutung des Vertrautseins oder vertrauten Umgangs, von "heimelig, zum Hause gehörig", die Bedeutung von unheimlich, unvertraut, fremd, gespenstisch konnotiert. "Also heimlich ist ein Wort, das seine Bedeutung nach einer Ambivalenz hin entwickelt, bis es endlich mit seinem Gegensatz unheimlich zusammenfällt. Unheimlich ist irgendwie eine Art von heimlich."[11] In der Terminologie von Freuds Artikel über die Verneinung: Der Negationspräfix in "unheimlich" ist ein "Merkzeichen" oder "Ursprungszertifikat" der Verdrängung und vordergründig nur eine logische Funktion, die den konträren Gegensatz bezeichnet.[12] Die psychoanalytische Auflösung des Unheimlichen in den Hoffmannschen Erzählungen vorwegnehmend, erweist die semantische Analyse von "heimlich" das Unheimliche als etwas "wiederkehrendes Ver-

---

8 E.T.A. Hoffmann, *Poetische Werke* in sechs Bänden, Berlin 1958, 2. Bd., p. 383.
9 Vgl. *PP*, p. 138 (Aber vielleicht ist diese Verachtung nur eine "façon de parler".)
10 Vgl. Littré, Dictionnaire de la langue française, Ps 1881, Art. "hanté, ée", "hanter".
11 Freud, a. a. O., p. 250.
12 Vgl. Freud, "Die Verneinung" in: Freud-*Stud.-Ausg.*, Bd. III, Ffm 1970, pp. 373 - 77.

drängtes"[13], "etwas dem Seelenleben von alters her Vertrautes, das ihm nur durch den Prozeß der Verdrängung entfremdet worden ist".[14] "Hanter" hängt nicht nur etymologisch mit "heimlich" zusammen, beide Worte verweisen in ihrer Bedeutungsambivalenz auf den von Freud psychoanalytisch ausgelegten Sachverhalt, daß Vertrautes und Unvertrautes austauschbar sind: Das Vertraut-Sein, der vertraute Umgang mit den anderen, das Zu-Hause-Sein, ist nur ein trügerischer Schein, da es unterminiert wird von unbewußten Kräften und das Unvertraute in ihm aufbricht; das Unvertraute ist vertraut, insofern es ein Wiederkehrendes ist und dem Schein der Vertrautheit im Sinne häuslicher Sicherheit vorherging.

In die Vertrautheit mit sich selbst, die im vertrauten Umgang mit den anderen gewonnen wurde, bricht auch bei Breton das Unheimlich-Gespenstische ein als ein Wiederkehrendes. Das Ich fühlt sich nicht mehr als Herr im eigenen Haus und wird sich selbst unheimlich, da es eine Ahnung bekommt, daß es einem geheimen Wiederholungszwang gehorcht:

> Il se peut (...) que je sois condamné à revenir sur mes pas tout en croyant que j'explore, à essayer de connaître ce que je devrais fort bien reconnaître, à apprendre une faible partie de ce que j'ai oublié. (*N*, p. 10)

Wenn Breton von einer prinzipiell undurchschaubaren Wiederholungsstruktur spricht, bestreitet er noch die minimalisierte hermeneutische Voraussetzung, die M. Frank (im Rückgriff v. a. auf Schleiermachers "unmittelbares Selbstbewußtsein" und Sartres "präreflexives cogito") gegen die poststrukturalistische Dekonstruktion der neuzeitlichen Subjektivität in der Tradition Heideggers aufrechthält:

> (...) daß *ich* es bin, den ich im Akt der Reflexion - der Selbstbespiegelung - gegenwärtige, kann nicht das Produkt eines Erkennens, es muß vielmehr das Ergebnis eines *Wieder*-Erkennens sein, die Rückidentifikation eines schon Bekannten, eben meiner selbst. Wenn das so ist - und es *ist* so -, dann muß Selbstbewußtsein anders als aus Reflexion erklärt werden, nämlich als ein vor jeder Reflexion bestehendes Mit-sich-vertraut-Sein (...)[15]

Nicht nur auf die illusionäre Gewißheit der (Selbst-)Reflexion verzichtet Breton, sondern noch auf das vertraute Milieu eines präreflexiven oder der Ichheit vorhergehenden Bewußtseins, in dem sich das Ich wiederfindet.

Das Ich ist unheimlich, "re-venant" in diesem radikalen Sinne, daß es immer wieder an denselben Ort zurückkehrt, *ohne* ihn als vertrautes Milieu wiederzuerkennen. Dieser Ort ist ebenso wie die Stunde, zu der das Phantom dort erscheint, kontingent: Raum und Zeit sind nicht Konstitutiva eines notwendigen Grundes der Erkenntnis, sondern die in der Kantischen Tradition als unhinter-

---

13 Freud, "Das Unheimliche", a. a. O., p. 263.
14 Ebd., p. 264.
15 Frank, *Was ist Neostrukturalismus?*, Ffm 1984, p. 252.

gehbar ausgewiesenen Erkenntnisgründe werden auf Abgründe hin transparent. Es verhält sich mit ihnen wie "mit einem zugegrabenen Brunnen oder einem ausgetrockneten Teich. Man kann nicht darüber gehen, ohne daß es Einem immer ist, als könnte da wieder einmal Wasser zum Vorschein kommen. Wir nennen das un-heimlich."[16] Wenn Kant mit dem transzendentalen Subjekt der Erkenntnis einen sicheren Grund zu geben wähnte, es als Ort auszeichnete, an dem sich das Ich wiederfindet und zur Einheit fügt, und ihm die Eigenschaft zusprach, daß es sich nicht mehr zum Objekt des Denkens machen könne[17], so liest Breton das Ich als radikal Grundloses, Vieles, Objektales, Fremdes, Anderes. Das einheitliche, die Erkenntnis bedingende, reflexive Ich zerfällt in das, was es vormals war - bevor es sich vor dem Spiegel mit sich selbst identifizierte und sich dann immer wieder darin verkannte. Bei diesem Ich-Zerfall bleibt aber auch kein "Mit-sich-vertraut-Sein" mehr übrig. Auch außerhalb der Spiegelbeziehung ist nichts wiederzuerkennen. Das Ich ist unheimlich *als* Wiederkehrendes, als Ich, das immer wieder vor den Spiegel zurückkehrt, weil es sich weder außerhalb noch in ihm wiedererkennt, weil die trügerische Identifikation mißlingt.

Das Phantom, so behauptete ich, ist Bild des "moi" und verweist auf dessen imaginären Status oder spiegelbildlichen Charakter. Bild der Qual ist es, sofern es das Ich als ein ursprünglich vom wahren Denken Abgetrenntes auszeichnet. Als Bild der Qual enthüllt es sich um so mehr, als es auf den Zustand deutet, in dem die phantomatische Bildung des "moi" nicht mehr funktioniert. Diese Mehrschichtigkeit des Bildes hat einen Halt daran, daß dem Phantom in der Tradition der Gespenstergeschichte nicht nur die Eigenschaft zugesprochen wird, etwas so Imaginäres und Irreelles wie das Spiegelbild zu sein, sondern es auch als ein Wesen gekennzeichnet wird, das des Spiegelbilds beraubt ist.[18] Die radikale Identitätslosigkeit verurteilt es dazu, *umherzuirren*, zu verschiedenen Zeiten an denselben Ort zurückzukehren und als denselben zu verkennen.

Die labyrinthische Erfahrung des Umherirrens weist voraus auf die psychotische Erfahrung, auf Nadja, die sich einmal auf die Frage hin, *wer sie sei*, antwortend, "l'âme errante" nennt (*N*, p. 82). Nadja ist auch derjenige andere, mit dem Breton Umgang hatte. Sich mit dem Psychotiker identifizierend, wird das Ich auf seine ontologische Struktur hin transparent, auf seine ursprüngliche Andersheit und Gespaltenheit, auf seinen psychotischen Charakter. Die phantomatische Bildung des einheitlichen Ichs zerfällt in das, was es ursprünglich war: eine Vielheit von Phantomen, die nur zum Schein das Ich spiegeln und Eines sind. Das Bild des Phantoms spielt auf das an, was ich aufhören mußte zu sein,

---

16 Gutzkow, zit. nach D. Sander, *Wörterbuch der dt. Sprache*, 1860, zit. nach Freud, "Das Unheimliche", a. a. O., p. 247; Freud hebt das Zitat durch Sperrdruck hervor.
17 Vgl. Kant, *Kritik der reinen Vernunft*, Stuttgart: Reclam 1966, p. 426 ff. und passim.
18 Populärstes Beispiel: Bram Stockers Dracula.

um der zu sein, der ich bin. Diese vorgängige Existenz ist aber nicht glückseliger Ursprung, ein ehrwürdiges *originales Sein*, sondern eine "Qual, die ewig währen könnte". Die Freudsche Regel, daß die Unheimlichkeit auf der Wiederkehr eines Verdrängten beruht, liest sich nun folgendermaßen am Bretonschen Text: Als wiederkehrendes, umherirrendes Phantom ist das Ich unheimlich, weil in diesem Bild die Erfahrung ursprünglicher Zerstückeltheit wiederkehrt, deren Verdrängung sich das identische Ich verdankt.

Die Erscheinung des Doppelgängers ist nur eine andere Chiffre für die Wiederkehr der verdrängten Ich-Vielheit. Als solche wird sie allerdings erst mit der Lacanschen Theorie des Spiegelstadiums lesbar. Von der Unzulänglichkeit der Freudschen Erklärung zeugen die Schwierigkeiten, in die Freud gerät, als er das Doppelgängermotiv der Hypothese zu subsumieren sucht, daß das Unheimliche auf der Wiederkehr eines Verdrängten beruhe, also aus infantilen Quellen ableitbar sei. Während das Sandmann-Motiv in einer Erzählung vorkam, die sich zur klinischen Fallstudie mit Verlaufsgeschichte und Kindheitserinnerungen stilisieren ließ, so "leidet das Verständis" unheimlicher Effekte in dem "verwirrenden" Roman *Elixiere des Teufels*, unter dessen hervorstechendsten unheimlichen Motiven Freud als erstes das Doppelgängertum bemerkt. Daß die Wiederkehr infantiler Kastrationsangst Unheimlichkeit bewirke, war wohl verständlich, für das Doppelgängermotiv reicht die Ursachenerklärung aus infantilen Quellen nicht mehr hin, da Freud es auf den primären Narzißmus zurückführt und als infantile "Versicherung gegen den Untergang des Ichs" deutet (also als Wunsch- und nicht Angstbildung). Er sieht sich daher gezwungen, seine Gesetzesannahme durch eine Zusatzhypothese zu erweitern: Nicht nur die Wiederkehr *verdrängter* infantiler Komplexe, sondern auch die Wiederkehr *überwundener* primitiver Überzeugungen, das sind animistische Vorstellungen, produzieren den Unheimlichkeitseffekt.[19] "Der Charakter des Unheimlichen kann doch nur daher rühren, daß der Doppelgänger eine den überwundenen seelischen Urzeiten angehörige Bildung ist, die damals allerdings einen freundlicheren Sinn hatte. Der Doppelgänger ist zum Schreckbild geworden, wie die Götter nach dem Sturz ihrer Religion zu Dämonen werden."[20] Das Unheimliche des Doppelgängers glaubt Freud erst dadurch erklären zu können, daß er den primären Narzißmus, d.i. die Phase, in der sich das Ich im Stande absoluter Gottheit befindet, mit dem primitiven Glauben an die Allmacht des Gedankens korreliert und dieses urgeschichtliche Moment in Konstellation zur Kulturgeschichte bringt. Die Kulturgeschichte unterstellt Freud dem Progressionsmodell der Aufklärung, und so wird das Unheimliche, Bedrohliche des Doppelgängers, sowie es in die Kulturgeschichte eingetragen wird, auch immunisiert. "Wer im

---

19 Freud, "Das Unheimliche", a. a. O., p. 271.
20 Ebd., p. 259.

Gegenteil diese animistischen Überzeugungen bei sich gründlich und endgültig erledigt hat, für den entfällt das Unheimliche dieser Art."[21] Im Namen psychologischer Korrektheit substituiert Freud den Terminus "Verdrängung" durch den des "Überwundenseins" und setzt den aufgeklärten Kulturmenschen wieder als Herr im Haus ein.

Lacan hat die idealistische Voraussetzung eines ursprünglichen Ichs in der Freudschen Theorie des primären Narzißmus aufgespürt. Bezeichnet Freud in der Entwicklungsgeschichte des Ich-Gefühls als primären Narzißmus den Zustand des Kindes, "qui se prend lui-même comme objet d'amour avant de choisir l'objet extérieur"[22], so ist für Lacan das Ich erst ein Effekt der Identifikation mit einem äußeren Objekt: der Spiegelgestalt. (Der Begriff Narzißmus erhält so erst wieder seinen terminologischen Sinn, den er bei Freud nur als Begriff des sekundären Narzißmus hat.) Und mit Lacan läßt sich der Doppelgänger - statt als Spaltung eines ursprünglichen Ichs, die dieses vor dem Untergang versichert - als ursprüngliche Spaltung deuten, die wiederkehrend das Ich mit dem Untergang bedroht und zum Phantom verflüchtigt.

In phänomenologisch-deskriptiver Hinsicht gerät Freud nichtsdestoweniger das Doppelgängermotiv recht genau in den Blick. Seine Phänomenologie scheint mir um so beachtenswerter, als sie einen Aspekt des motivischen Apparats in *Nadja* aufzuschlüsseln vermag. Daß der Schlüssel so genau auf das Schloß paßt, bezeugt einmal mehr, daß Breton in *Nadja* und Freud in seiner Hoffmann-Interpreation denselben subjekt-theoretischen Sachverhalt vor Augen haben.

Freud listet folgende "Abstufungen und Ausbildungen" des Doppelgängertums auf:

> (...) das Auftreten von Personen, die wegen ihrer gleichen Erscheinung für identisch gehalten werden müssen, die Steigerung dieses Verhältnisses durch Überspringen seelischer Vorgänge von einer dieser Personen auf die andere - was wir Telepathie heißen würden -, so daß der eine das Wissen, Fühlen und Erleben des anderen mitbesitzt, die Identifizierung mit einer anderen Person, so daß man an seinem Ich irre wird oder das fremde Ich an die Stelle des eigenen versetzt, also Ich-Verdoppelung, Ich-Teilung, Ich-Vertauschung - und endlich die beständige Wiederkehr des Gleichen, die Wiederholung der nämlichen Gesichtszüge, Charaktere, Schicksale, verbrecherischen Taten, ja der Namen durch mehrere aufeinanderfolgende Generationen.[23]

Ein Beispiel für Telepathie sind die vor einem Brunnen in den Tuilerien gesprochenen Worte Nadjas, die nahezu wörtlich ein Werk zitieren, das Breton soeben las und Nadja nicht kennen konnte. Die Wirkung des Unheimlichen ("l'étrangeté inquiétante") bezeugt Bretons spontane Reaktion: "Je m'écrie: 'Mais, Nadja, comme c'est étrange!'" (*N*, p. 100) Zudem spielt die Szene zu un-

---

21 Ebd., p. 270.
22 Laplanche/Pontalis, *Le vocabulaire de la psychanalyse*, Ps 1967, p. 264.
23 Freud, "Das Unheimliche", a. a. O., p. 257.

heimlicher Stunde: um Mitternacht, und an einem Ort, der für Nadja Ort der
Wiederkehr eines bestimmten Mannes ist:

> (...)elle est au manège d'un homme qui passe à plusieurs reprises devant nous et qu'elle
> croit connaître, car ce n'est pas la première fois qu'elle se trouve à pareille heure dans ce
> jardin. (*N*, p. 102)

Es handelt sich wohl um eine der "Personen, die wegen ihrer gleichen Erscheinung für identisch gehalten werden müssen".

Dem Motiv "Ich-Verdoppelung, Ich-Teilung, Ich-Vertauschung" können insbesondere zwei paronymisch verknüpfte Bilder zugeordnet werden. In dem Film "L'étreinte du pieuvre", den Breton im 1. Teil von *Nadja* erwähnt, multipliziert sich ein New Yorker Chinese in eine Reihe von Ich-Erscheinungen, die sich unabhängig voneinander - ohne Bezug auf ein originales Zentrum - im Raum bewegen. (*N*, p. 38) In eine Vielzahl von Ich-Phantomen zerfällt auch M. Delouit - zwar nicht in simultan, sondern nacheinander existierende. Folgende Geschichte erzählt Breton im letzten Teil von *Nadja* über jenen Herrn: M. Delouit bittet den Portier des Hotels, in dem er Quartier bezieht, ihm jedesmal, wenn er heimkehre, die Zimmernummer zu wiederholen, da er kein Gedächtnis habe. Als er kurz darauf zum Hotel zurückkommt, fragt er tatsächlich den Portier nach der Zimmernummer und steigt dann hinauf. Einige Minuten später tritt ein blutverschmierter Herr ein, der sich M. Delouit nennt und dieselbe Frage stellt, M. Delouit sei soeben hinaufgestiegen, empört sich der Portier. Nein, das sei er, erwidert der Herr, er sei aus dem Fenster gefallen. (*N*, p. 183 f.) M. Delouit ist eine Deckfigur für Breton selbst, hatte es am Ende der "confession dédaigneuse" doch geheißen:

> Et c'est assez, pour l'instant, qu'une si jolie ombre danse au bord de la fenêtre par laquelle
> je vais recommencer chaque jour à me jeter. (*PP*, p. 22)

In der "confession dédaigneuse" verbildlicht der Fenstersturz eine Lebensweise, in der sich das Ich der Identifikation, der Festlegung auf eine psychologische Regel stets entzieht, nichts in sich mortifizieren läßt. In *Nadja* kehrt das Bild wieder als Bild der Qual. "Die nämlichen Gesichtszüge" werden als solche nicht wiedererkannt. Mit dem Totalausfall des Gedächtnisses gelingt nicht mehr die lebensnotwendige Einheit der in der Zeitfolge unterscheidbaren Ich-Erscheinungen. So wie der New Yorker Chinese in das Zimmer des Präsidenten Wilson eintritt, "suivi de lui-même, et de lui-même, et de lui-même", so erscheint M. Delouit vor dem Portier in einigem Zeitabstand als verstümmeltes Duplikat seinerselbst - de lui-même[24] -, als ein ihm selbst Fremdes, Äußerliches. Allein der Name stiftet noch Einheit, er ist aber gar kein Name, sondern das Personal-

---

24 Breton merkt in einer Fußnote an, daß ihm die Schreibweise des Eigennamens unbekannt sei.

pronomen der dritten Person in Genitiv-Funktion, genauer: in der Funktion des genitivus objectivus, denn "lui" ist pures Objekt ohne alle Referenz auf ein Subjekt, das zu ihm in Relation stünde.

Qua Homonymie ist die Geschichte von M. Delouit mit der Geschichte des französischen Königsgeschlechts verbunden: Eben die Herrschaftszeit von Louis VI und Louis VII beschäftigt Breton zur Zeit der Begegnung mit Nadja. (*N*, p. 111 ff.)[25] - "Wiederholung der Namen durch mehrere aufeinanderfolgende Generationen". Und noch die vielleicht am entlegendsten anmutende Variante des unheimlichen Doppelgängermotivs: "Wiederholung der nämlichen verbrecherischen Taten", findet sich in *Nadja*. Im Theaterstück "Les Détraquées", dessen Handlung Breton ausführlich schildert, bringen die Leiterin eines Mädchenpensionats und eine befreundete Lehrerin alljährlich eine besonders charmante Schülerin um. Verstärkt wird die Unheimlichkeitswirkung des Dramas noch dadurch, daß in den "Fall des zirkulären und periodischen Wahns"[26] zwei weitere Unheimlichkeitsmotive eingewoben sind: das Motiv des zerstückelten Körpers - am Ende des Dramas fällt der blutige Körper des Kindes kopfüber aus dem Verbandskasten - und das Motiv des Automaten: "comme un automate" bewegt sich Solange, die Freundin der Schulleiterin, und im Traum Bretons, der "die starken Eindrücke" des Dramas verarbeitet (*N*, p. 55 ff.), werden die verbrecherischen Frauen metonymisch mit dem Geldautomaten verknüpft.

2. Ich ist Wiederholung der Differenz ("différenciation")

Daß das einheitliche Ich ("moi") ein Phantom und ursprünglich abgespalten von der "véritable pensée" sei, ist ein gedanklicher Gehalt, der auch schon in den früheren Prosatexten Bretons artikuliert wird. In der Einleitung von *Nadja* reflektiert Breton aber erst auf die Entstehung dieses Ichs und entdeckt die Identifikation mit den anderen als konstitutiven Mechanismus. Das, was dem Verkennungsakt des sich spiegelnden Ichs vorherging, ist die Vielzahl der anderen, mit denen Breton Umgang hatte. (Die Zerspellung des Ichs in ein ursprünglich Vieles entspricht wiederum der Erfahrung *des* anderen, mit dem er Umgang hatte: der psychotischen Erfahrung Nadjas.) Den Reflexionsstand der frühen Prosatexte überschreitend, verabschiedet Breton den Mythos einer harmonischen und ganzheitlichen Existenz, die der Hypostasierung des Ichs vorausging. Denn diesen Ursprungsmythos impliziert ja die Theorie der "écriture automatique". Die Präsenz der "véritable pensée" in der Schrift hatte Breton als

---

25 Butor hat auf den Ähnlichkeits- bzw. Gleichklang von "de lui-même"/Delouit/Louis VI, VII aufmerksam gemacht. (Vgl. Lenk, a. a. O., p. 82 f./p. 215, Fußnote 154).

26 So der Autor Palau zum Stoff seines Stücks in einem 1956 in *Le surréalisme, même* veröffentlichten Nachwort, vgl. *N*, p. 54, 1962 hinzugefügte Fußnote.

ein *Wieder*herstellbares thematisiert und mit der Liebesmetapher beschrieben: Der Einheit von "signifiant" und "signifié" entspricht die reine Präsenz des anderen = die Aufhebung der Andersheit, der Entfremdung von der "véritable pensée".

In *Nadja* ist von der "perfekten Kompensation", die die Poesie versprach, nicht mehr die Rede. Die Phantom-Metapher spielt wohl wiederum auf den leidvollen Erfahrungsverlust an, den die selbstreflexive Ich-Gewißheit als Preis fordert. Die dem Ich ("moi") vorgängige Existenz wird nun aber selbst als leidvolle Erfahrung angesprochen statt als Kompensation allen Leidens. Diesen Aspekt des perpetuierten Leidens habe ich mit Freud/Lacan als Unheimlichkeitserfahrung beschrieben.[27]

Folgerichtig schaltet Breton im folgenden Satz des Einleitungsabschnitts denjenigen konnotativen Gehalt des Phantom-Bildes aus, der an die Vorstellung einer vormaligen vollen Existenz - eines Originals aus Fleisch und Blut - appelliert:

> Cette vue sur moi-même ne me paraît fausse qu'autant qu'elle me présuppose à moi-même, qu'elle situe arbitrairement sur un plan d'antériorité une figure achevée de ma pensée qui n'a aucune raison de composer avec le temps, qu'elle implique dans ce même temps une idée de perte irréparable, de pénitence ou de chute dont le manque de fondement moral ne saurait, à mon sens, souffrir aucune discussion. (*N*, p. 10)

Das dem Wiederholungszwang unterworfene, umherirrende Phantom kehrt nicht an den Ort ursprünglicher Identität zurück; wollte das Ich den "champ véritable" - den Bereich des Unbewußten - als einen solchen Ursprungsort *wieder*erkennen und die verlorene Vertrautheit mit sich selbst außerhalb der Reflexion wiederfinden, so erläge es wiederum einem Verkennungsakt.

In der Ablehnung der präformistischen Ich-Theorie trifft sich Bretons Gedankengang mit dem Lacanschen Denken. Freud hatte das Ich aus einer ursprünglichen, "vollen", nämlich lustvollen Erfahrung abgeleitet, in der es "sich noch nicht scharf von der Außenwelt und von anderen" abgrenzt.[28] Lacan macht dagegen eine "negative Libido" geltend. Negativ ist sie, weil sie die Ener-

---

27 In den Anmerkungen zu *Nadja* in de *OeC*, p. 1523 bringt Bonnet den Satz "Il se peut (...) que je sois condamné à revenir sur mes pas (...) à essayer de connaître ce que je devrais fort bien reconnaître (...)" in Verbindung mit folg. Stelle aus dem ersten Manifest:
"(...) il m'est arrivé d'employer surréellement des mots dont j'avais oublié le sens. J'ai pu vérifier après coup que l'usage que j'en avais fait répondait exactement à leur définition. Cela donnerait à croire qu'on n' 'apprend' pas, qu'on ne fait jamais que 'réapprendre'". (*M*, p. 47)
Bonnet unterstellt eine Analogie, tatsächlich bezeichnen die beiden Zitate die Verschiedenheit der Bretonschen Theorie im Manifest und in *Nadja*. Im früheren Text vollzieht Breton eine anamnetische, platonische Erfahrung und affirmiert sie. In *Nadja* ist der Platonismus bloßes Postulat: Breton *sollte* wiedererkennen, was er *tatsächlich* nicht wiedererkennt. Und in der weiteren Argumentation wird der Platonismus dekonstruiert; dazu im folg.
28 Freud, "Das Unheimliche", a. a. O., p. 259.

gie darstellt, kraft derer das Ich eine ursprüngliche Unlust oder organische Verwirrung integriert:

> A l'*Urbild* de cette formation (der Formation des "moi", G. H.), quoique aliénante par sa fonction extranéisante, répond une satisfaction propre, qui tient à l'intégration d'un désarroi organique originel, satisfaction qu'il faut concevoir dans la dimension d'une déhiscence vitale constitutive de l'homme et qui rend impensable l'idée d'un milieu qui lui soit préformé, *libido* "négative" qui fait luire à nouveau la notion héraclitienne de la Discorde, tenue par l'Ephésien pour antérieure à l'harmonie.²⁹

Freud teilt mit der idealistischen Gedankenbildung, daß er die Vielfalt der Erscheinungen (die im Antagonismus von Lust- und Realitätsprinzip ausdifferenzierten psychischen Formationen und deren pathologische Konstellierungen) auf eine ursprüngliche Totalität bezieht und sie also nur in den Termini von Verlust oder Verzicht zu beschreiben vermag.³⁰ Bretons Gedankenfolge richtet sich gegen die idealistische Tradition. Wie bei seiner Sprachkritik im "discours" spielt er mit dem Begriff einer der Zeit enthobenen "vollendeten Denkfigur" auf die platonische Sistierung des Werdens in einem idealen Sein an, das den einzelnen (gespenstischen) Realisationen vorhergeht.

Das moralische Implikat dieser Vorstellung, das Breton insbesondere denunziert, hat Nietzsche genealogisch untersucht. Bei der Oppositionsbildung einer "Welt des Seienden, Verharrenden, Gleichwertigen"³¹ und einer Welt des Scheins (der Phantome) werden, so Nietzsche, "Moral-Kategorien" "ins Spiel gebracht"³²: "(...) - man hat die 'wahre Welt' aus dem Widerspruch zur wirklichen Welt aufgebaut: eine scheinbare Welt in der Tat, insofern sie bloß eine *moralisch-optische* Täuschung ist."³³ Breton nennt an solchen "Moral-Kategorien": den irreparablen Verlust, den Fall, die Buße. Die Leidenserfahrung verführt zur religiösen Lehre: Das Leben wird als Strafe in Folge einer Sünde ("chute") vorgestellt, für die der Einzelne verantwortlich zeichnet, und als Buße ("penitence") legitimiert.³⁴ Die Vorstellung der "vollendeten Figur des Denkens" wird nur nachträglich in diese Konzeption eingebaut und bezeichnet die verlorene/-verspielte Unschuld ("perte irreparable") des Daseins.

---

29 Lacan, *Ecrits*, a. a. O., p. 116.
30 Deutlich wird dies z. B. an Freuds Erklärung des "ozeanischen Gefühls": "Ursprünglich enthält das Ich alles, später scheidet es eine Außenwelt von sich ab. Unser heutiges Ichgefühl ist also nur ein eingeschrumpfter Rest eines weitumfassenderen, ja - eines allumfassenden Gefühls, welches einer innigeren Verbundenheit des Ichs mit der Umwelt entsprach." (Freud, *Abriß* (...), Ffm 1972, p. 68)
31 Nietzsche, *Werke* in drei Bänden, hrsgeg. von Karl Schlechta, München 1966, Bd. III, p. 895.
32 Ebd., p. 727.
33 Nietzsche, a. a. O., Bd. II, p. 960.
34 Zur Konzeption der "existence fautive et responsable" vgl. Deleuze, *Nietzsche et la philosophie*, Ps 1962, p. 22 ff.

Der Interpretation Deleuze' zufolge setzt Nietzsche gegen die christliche Auffassung des sündig-verantwortlichen Daseins wie gegen die griechisch-titanische Auffassung des frevlerisch-schuldigen Daseins die schöne Unverantwortlichkeit[35] und die Unschuld des Daseins. Die Unschuld, so Deleuze-Nietzsche, sei die Wahrheit des Vielen oder die Einheit des Vielen und des Einen oder - entsprechend - die Einheit des Werdens und des Seins. Den Mythos von der ewigen Wiederkehr deutet Deleuze als diese spielerisch-kindlich-artistische Korrelierung von Einem und Vielem, Sein und Werden. "Revenir est l'être de ce qui devient."[36] Die ewige Wiederkehr ist die "Wiederholung der Differenz", die "Reproduktion des Diversen"[37], das Sein des Werdens. Das Existentialurteil ist die einzige Bestimmung des Werdens, das Eine, das sich über das Viele aussagen läßt. Alle weiteren Bestimmungen stellten es als ein Seinsmäßiges still, verkennten die wiederkehrende Differenz als wiederkehrendes Ununterschiedenes, Eines, Selbiges, als (logische) Identität, (mathematische) Gleichung oder (physikalisches) Gleichgewicht. Diese tendenziell von Anbeginn die okzidentale Kultur bestimmende Verkennung ist zugleich Verneinung des Werdens ("Verleumdung des Lebens", Triumph der reaktiven Kräfte, Wille zur Verneinung oder Nihilismus).

Zu Folgerungen, die dieser lebensphilosophischen Konzeption recht nahe kommen, gelangt auch Breton im letzten Teil des Einleitungsabschnitts, wenn er der Argumentation, die von der Leidens- und Unheimlichkeitserfahrung einer gespenstischen Existenz ausging, folgende Wendung ins Affirmative gibt:

> L'important est que les aptitudes particulières que je me découvre lentement ici-bas ne me distraient en rien de la recherche d'une aptitude générale, qui me serait propre et ne m'est pas donnée. Par-delà toutes sortes de goûts que je me connais, d'affinités que je me sens, d'attirances que je subis, d'évènements qui m'arrivent et n'arrivent qu'à moi, par-delà quantité de mouvements que je me vois faire, d'émotions que je suis seul à éprouver, je m'efforce, par rapport aux autres hommes, de savoir en quoi consiste, sinon à quoi tient, ma différenciation.

Die Unheimlichkeitserfahrung, die ursprüngliche Zerstückeltheit wird nicht verdrängt, sie erscheint nun in einem anderen Licht. Die Satzeinleitung "L'important est que (...)" indiziert einen Perspektivwechsel (keine Verschiedenheit des Themas). Ein solcher Perspektivwechsel ist nach Deleuze auch konstitutiv für das Verständnis des nietzscheanischen Gedankens von der "ewigen Wiederkunft".[38] Sein und Werden treten in Konstellation, weil sich zwei Momente ("temps") des *einen* Spiels (das der Spieler, das Kind, der Künstler spielt) unterscheiden lassen. Das Werden entspricht einem ersten Moment, einem aktiven;

---

35 "L'irresponsabilité, le plus noble et plus beau secret de Nietzsche", ebd., p. 25.
36 Ebd., p. 28 u. p. 54.
37 Ebd., p. 52.
38 Zum folg. vgl. Deleuze, a. a. O., p. 28 ff.

im Bildapparat Nietzsches: dem Würfelwurf, der Mitternacht. Das Sein des Werdens entspricht einem zweiten, kontemplativen Moment: dem Würfelfall, dem Mittag. (Da das Sein des Werdens Wiederkunft ist, nicht nur als Verschiedenes vom Werden, sondern zugleich als Wiederkunft *des* Werdens, entspricht es zugleich einem dritten Moment, das erstes und zweites in sich befaßt.) Beim Würfel*wurf* bejaht der Spieler den Zufall, und daher bejaht er auch die Notwendigkeit der Augenzahl, die die Würfel beim *Fall* ergeben, denn die Notwendigkeit (das Schicksal, die Glückszahl) ist das Produkt des Zufalls: die *eine* Kombination des vom Zufall verstreuten *Vielen* - und erlaubt die Wiederholung des Wurfes.

Diese Interpretation Deleuze' interessiert im Zusammenhang einer Breton-Lektüre, insofern der Zufall eine zentrale Kategorie der Nadja-Episoden ist. Breton nennt ihn später objektiv. Das theoretische Konstrukt des objektiven Zufalls ist genau der Versuch, Zufall und Notwendigkeit nicht ausschließend, sondern als Einheit zu denken. Die Streuungen des Zufalls im Lebensvollzug werden aufgefangen durch eine Interpretationspraxis, die dem Zufälligen Objektivität verleiht, indem sie das Viele in der einen schicksalshaften Kombination stillstellt. Die Zufallskombinatorik im Sprachspiel der "écriture automatique" scheiterte, weil die Würfel ins Leere fielen. Geistergeschichten ("histoires de revenants") waren der Effekt. Entspricht die Unheimlichkeitserfahrung dem Würfel*wurf* um Mitternacht, so bringt Breton im Schluß des Einleitungsabschnittes das zweite, kontemplative, auf die Interpretationspraxis vorausweisende Moment ins Spiel. Er führt nämlich eine Distanz zu sich selbst ein, die es erst ermöglicht, die Notwendigkeit im zufällig Verstreuten zu lesen. Durch das Reflexivpronomen ("[...] je me découvre [...] que je me connais [...] que je me sens [...] que je me vois faire [...]") wird eine Instanz der Selbstbeobachtung insinuiert, die erst im weiteren Text deutlicher hervortritt und näher zu charakterisieren sein wird (nämlich mit Bezug auf die Theorie der Schrift).

Nun wird bei Nietzsche die "Entäußerung an das Leben" (der Zufall, das Viele) selbst schon bejaht, oder ist die Bejahung die gründende Wertschätzung, die die perspektivische Streuung hervorbringt. Bei Breton wird die Unheimlichkeitserfahrung zunächst verneint; der Perspektivwechsel ist zugleich "Umwertung aller Werte", Übergang von der Verneinung zur Bejahung, die ihrerseits Zufall und Notwendigkeit als perspektivisches Spiel, als Nähe und Distanz, aufzufassen erst ermöglicht.

Dieser Übergang läßt sich am Begriff der Wiederholung oder der Wiederkehr entfalten.[39] Implicite war von einer Wiederholung schon die Rede, als

---

39 Dem Begriff der Wiederholung, der im Zentrum der Nietzsche-Interpretation Deleuze' stand, hat dieser eine eigene philosophische Untersuchung gewidmet: *Différence et répétition*, Ps 1968, der die folgenden Abschnitte vieles verdanken. Vgl. auch die Darstellung bei Frank, a. a. O., 23. Vorlesung, p. 455 ff.

Breton in Anlehnung an das Sprichwort das Sein des Ichs ("moi") als Existenzmodus der Andersheit interpretierte. Wenn ich nur stets der andere bin, mit dem ich mich identifiziere, so ist damit das allgemeine Gesetz und also die Wiederholungsstruktur derjenigen Erkenntnis ausgesprochen, die in einer synthetischen Bewußtseinsleistung gründet/ die die Differenz des Subjekts sublimiert/ in der Reflexionsbeziehung des Ichs ("moi") auf sich selbst verfängt/ nur das dem Subjekt Identische als legitime Erkenntnis zuläßt/ in der sich Ein- und dasselbe stets wiederholt (...) Den anderen stets als mich verkennend, bestätige ich eine allgemeine Regel, die den besonderen Lebensvollzug (die besondere Fähigkeit, das besondere Ereignis, die besondere Begegnung) vorherbestimmt und das Besondere als Wiederholung des Allgemeinen entwertet. Die Unheimlichkeitserfahrung bezeichnet dagegen die Wiederkehr (Wiederholung) ursprünglicher Vielheit, die das Phantom-Ich auf seine Zusammengesetztheit aus vielen Phantomen transparent macht. Die Wiederholung des Verschiedenen spricht die Wahrheit des Subjekts als ursprünglicher Gespaltenheit an. Zwar demontiert Breton den Mythos vom vollen, glückseligen Ursprung, wenn er das der Ich-Hypostase Vorhergehende als Leidenserfahrung artikuliert. Ein verneinender Gestus setzt sich nichtsdestoweniger durch, insofern er die ursprüngliche Vielheit mit Bezug auf eine ideale Einheit denkt. Wie anders ließe sich verstehen, daß er das, was er de facto nicht wiedererkennt (weil nichts wiederzuerkennen *ist*), charakterisiert als das, was er eigentlich wiedererkennen *müßte*? - So wie die Einheitsfiktion des Ichs ("moi") die ursprüngliche Spaltung bezeugt, so bezeugt umgekehrt auch Bretons Phänomenologie des Unheimlichen noch die Wirksamkeit dieser Fiktion.

Der Verlust wird noch nicht radikal als Ursprüngliches gedacht, sondern als Verlust eines allgemeinen Gesetzes, das sich in der Wiederholung des Besonderen bestätigt und das Verschiedene in seiner Verschiedenheit verneint. Der Beschreibung des umherirrenden Phantoms (die im Grunde aber noch an der Vorstellung eines *ver*irrten Nicht-Phantoms festhält) folgte die Ablehnung jeglichen Präformismus. Darin bahnt sich der Perspektivwechsel ("L'important est que [...]") an. Wiederholung wird nunmehr nicht als Be(s)tätigung eines den Einzelphänomenen vorhergehenden, sie vorherbestimmenden allgemeinen Gesetzes aufgefaßt, sondern - radikal - als Wiederholung des Verschiedenen, die die logozentrische Subsumtions-/Identifikations-/Repräsentatiospraxis subvertiert - als Gegensatz zum Allgemeinen.

Man wird einwenden, daß die Bretonsche Gedankenkonstruktion ja auf dem Begriffspaar Allgemeines-Besonderes ("aptitudes particulières" - "aptitude générale") beruhe, und in der philosophischen Tradition das Besondere als Funktion des Allgemeinen aufgefaßt worden sei, eben als das, was konstant, regelmäßig, selbig wiederkehrt und dem Allgemeinen Konsistenz verleiht. Gegen die tradionelle philosophische Terminologie bestimmt Breton aber das Besondere *als Individuelles* (Einzelnes, Differentielles), das Allgemeine *als allgemeines Individuelles*[40]: 1) Das "Allgemeine" ("aptitude générale") ist das, was Breton zu *eigen wäre* und ihm *nicht* gegeben *ist* ("qui me serait propre et ne m'est pas donné"). Das "Eigene", "Eigentümliche", radikal Private, "Idiotische" (das Private = grch. tò ídion) ist in der philosophischen Tradition das, was dem Allgemeinen, dem Gesetzmäßigen, der (öffentlichen, austauschbaren, kommunizierbaren) Bedeutung inkommensurabel ist. Und da es nicht öffentlich und kommunizierbar ist, sich der vernünftigen (es unter Gesetze fassenden, verallgemeinernden) Bestimmung entzieht, ist es ein mangelhaftes Sein, oder mit Bezug auf das, was bestimmt werden kann und also *ist*, ein Nicht-Seiendes.[41] 2) Die "aptitude générale" ist gerade nicht das, was die Differenzen sublimierte, was das je Einzelne, Individuelle, indem es sie repräsentierte, unterdrückte, sondern sie ist selbst Differenzierung ("différenciation"), wiederkehrende Differenz, Artikulation des Individuellen. Sie ist nicht der andere (die Reflexion des Ichs), sondern das, was das Individuelle ermöglicht, die Verschiedenheit vom anderen, die Differenz, die sich in die duale Beziehung des Ichs auf das Ich hineinschiebt und alle Identifikationen unterläuft. Anders gesagt: Sie ist das wahre Subjekt, das sich in der Differenz verbirgt.[42]

3. Ich ist Träger einer einzigartigen Botschaft

In den frühen Prosatexten entwarf Breton die Fiktion eines integralen/ganzheitlichen, ursprünglichen Ichs ("moi profond"), das von der Hypostase des Spiegel-Ichs verstellt wird. Alles, was man als Schriftsteller vorläufig erwirken könne, so Breton in der "confession", sei der *Aufschub* der Ich-Fixierung. In *Nadja* bestimmt er das "wahre Subjekt" als diese aufschiebende Bewegung selbst, als "différenciation". Derrida kritisiert am Begriff der "différenciation", daß er ein Ganzheitliches, Ursprüngliches voraussetze, das sich differenziere, und ersetzt ihn durch den Neologismus "différance".[43] Eben die Idee eines

---

40 Lenk übersetzt "aptitude générale" denn auch mit "allgemeines Individuelles" (Lenk, a. a. O., p. 83) Es bleibt aber bei der Intuition. Die Übersetzung wird überhaupt nicht kommentiert oder begründet, der Gedanke nicht entfaltet.
Den Begriff des Individuellen machen, wie M. Frank zeigt, Schleiermacher und Sartre ebenso wie Deleuze gegen die logozentrische, das Individuelle exkommunizierende Tradition geltend. (Vgl. Frank, a. a. O., 23. Vorlesung.)
41 Vgl. Frank, a. a. O., p. 461 ff.
42 In Übereinstimmung mit der traditionellen philosophischen Tradition befindet sich Breton z. B. in einem Brief vom 27. Sept. 1920 an seine zukünftige erste Frau Simone, in dem er seine Vorliebe für die Anekdote so begründet: "(...) elle est le contraire du phénomène général, elle est ce qui échappe à la loi." (zit. nach *OeC*, p. 1524, n. 3.)
43 Vgl. Derrida, *Marges de la philosophie*, Ps 1972, p. 14.

"vorgängigen Plans" verwirft Breton in *Nadja*. Seine "différenciation" ist also präziser die "différance". D. h. das Ich ist pure (Entzugs-)Bewegung, die das Allgemeine (kommunizierbare Bedeutungen) oder das Gesetz ("la loi psychologique"/Bildung des "moi" qua Identifikation mit den anderen) unterläuft.

Zum Begriff der "différenciation" gelangt Breton über eine Ausarbeitung des Wiederholungsbegriffs, den ich mit der Philosophie von Deleuze lesbar gemacht habe. Das Ich ist das radikal Individuelle, das sich in der Bewegung der wiederkehrenden Differenz verbirgt. Dieses "véritable sujet de la répétition"[44] steht in Gegensatz zum imaginären Ich ("moi"), das aus der Subsumtion des sich wiederholenden Besonderen unters Gesetz des Allgemeinen, anders gesagt: der Repräsentation des Besonderen als Allgemeines hervorgeht.

Diesen Subsumtions- oder Repräsentationsakt beschreibt Lacan als Identifikation des Ichs mit seinem Spiegelbild. Von ihm stammt auch die Unterscheidung von "sujet vrai"/"je" und imaginärem (Spiegel-)Ich ("moi"), die Bretons Überlegungen implizieren (- das war der Ausgangspunkt meiner Interpretation). Das wahre Subjekt ist bei Lacan das Subjekt des Unbewußten, nämlich opponiert dem kartesischen Selbstbewußtsein. "Je pense où je ne suis pas, donc je suis où je ne pense pas."[45] Das Denken des Unbewußten heißt in der Einleitung von *Nadja*: "une activité dont le champ véritable m'est tout à fait inconnu". Breton und Lacan stimmen gegen Freud darin überein, daß dieses Feld (des Denkens) nicht ein Undifferenziertes, Einheitlich-Homogenes (Ozeanisches) ist, aus dem sich das Ich (schmerzvoll) differenziere, sondern umgekehrt ein Differenziertes/Differenzierendes, desses Unterdrückung sich das einheitliche Ich ("moi") verdankt (und bei diesem Akt jubiliert das kleine Kind).[46]

Soweit kommen Bretons Argumentation und die poststrukturalistischen Theorien überein; sie trennen sich im letzten Satz der Einleitung.

Deleuze kontrastiert die beiden Modi der Wiederholung - Wiederholung Desselben und Wiederholung der Differenz - u. a. so: "L'une est développée, expliquée; l'autre est enveloppée, et doit être interprétée."[47] Die eine ist enthüllt, ent-faltet, nämlich selbst nur begriffliche Hülle, der Differenz äußerlich;

---

44 Deleuze, *Différence et répétition*, a. a. O., p. 29.
45 Lacan, *Ecrits*, a. a. O., p. 517.
46 Diese Lesart der Einleitung von *Nadja* desavouiert die These von Steinwachs, es sei Breton um Entdifferenzierung der Kultur gegangen; er habe das berühmte Freudsche Diktum ; "Wo Es war, soll Ich werden" verkehrt. "Wo Ich war, soll Es werden" sei die surrealistische Devise . (Vgl. Steinwachs, *Mythologie des Surrealismus oder die Rückverwandlung von Kultur in Natur*, Neuwied/Bln 1970.)
So griffig und oft reproduziert diese Formel ist, so wenig paßt sie. - Allerdings paßt auch nicht Lacans raffinierte Übersetzung des Freudschen Diktums: "La où c'était (où s'etait), c'est mon devoir que je devienne à être." (*Ecrits*, a. a. O., p. 417) Dazu weiter unten.
47 Deleuze, *Différence et répétition*, a. a. O., p. 36.

die andere ist verhüllt - auch die Interpretation vermag sie nicht zu enthüllen - erkennt die konstitutive Unenthüllbarkeit der Differenz aber an und produziert schöne (artistische, nicht begriffliche/wissenschaftliche) Hüllen, der Differenz äußerlich, aber ihr mimetisch angepaßt. Breton wird später zu einem ähnlichen Interpreationsbegriff gelangen. Am Ende der Einleitung von *Nadja* spricht er aber von einer möglichen *Enthüllung*, die durch die "différenciation" geschieht:

> N'est-ce pas dans la mesure exacte où je prendrai conscience de cette différenciation que je me révélerai ce qu'entre tous les autres je suis venu faire en ce monde et de quel message unique je suis porteur pour ne pouvoir répondre de son sort que sur ma tête? (*N*, p. 11)

Die Bewegung der wiederkehrenden Differenz befindet sich in einem magischen Gleichlauf mit der Bewegung, die die Enthüllung der einzigartigen Botschaft ist und selbst in einer anderen Ordnung als der des unschuldigen und unverantwortlichen Daseins liegt ("dans la mesure exacte où [...]"). Breton überinterpretiert gleichsam die wiederkehrende Differenz als Enthüllungsprozeß, in dem ein Transzendentes *zur Erscheinung* gebracht wird. Das Nicht-Seiende ist dann nicht nur "dunkler Urgrund", der sich fortwährend entzieht, sondern transzendent im emphatischen Sinne: Noch-nicht-Seiendes, Utopie, nicht nur sich selbst überschreitender Augenblick, sondern *der* Augenblick, an dem das ewige Würfelspiel stillsteht und die notwendige Konstellation des Zufälligen, die das Würfelspiel in Gang hält, magisch mit einer Konstellation, die auf einer anderen Spielfläche sich einzeichnet, zusammenfällt.

Das Theorem der enthüllten Differenz paktiert mit deren Unterdrückung. Unverhüllt soll die Differenz *ein*-malige Botschaft sein, ein Originales und Originäres, ersehnte ursprüngliche *Ein*heit. Im Gegensatz zur zuletzt entfalteten Argumentation Bretons, die sich als Interpretation der verhüllten Differenz zusammenfassen ließe, bezeugt die antizipierende Wendung am Schluß wiederum die unterschwellig fortdauernde Wirksamkeit der Einheitsfiktion, von deren Demontage ausgehend Breton doch zur Anerkennung der Differenz gelangt war.

Stammt die Kunst von der Religion ab[48], so bekennt der ästhetische Diskurs Bretons seine Abkunft ohne Weiteres ein: Die Beiwörter im Schluß des Einleitungsabschnittes wie "ici-bas" und "en ce monde" sind manifest theologisch motiviert. Die Frage am Ende der Nadja-Episoden "Est-il vrai que l'*au-delà*, tout l'au-delà soit dans cette vie?" (*N*, p. 172) stellt in trivialer Form *die* Frage der Kunst "nach dem Sturz der Theologie".[49]

Breton vollzieht unzweideutig die Trennung von Kunst und Theologie, sofern er anerkennt, daß das wahre Subjekt in der wiederkehrenden Differenz verbor-

---

48 Adorno, *Ästhetische Theorie*, Ffm 1970, p. 201 und passim.
49 Ebd., p. 403 f.

gen ist. Ein theologischer Rest bleibt bestehen, sofern er schließlich einen utopischen Fluchtpunkt konstruiert, an dem das Individuell-Einzigartige *erscheint* (und nicht mehr bloß unerkennbare Ursache des Scheins ist) und die unverantwortlich-unschuldige Existenz in individuelle Verantwortbarkeit umschlägt ("[...] pour ne pouvoir répondre de son sort que sur ma tête [...]")

Auf den theologischen Ursprung dieser ästhetischen Utopie verweist der Ausdruck: "(...) de quel message unique je suis porteur". Einzigartige Botschaft ist das Wort Gottes und deren Träger die Welt und die Menschen insbesondere. So impliziert etwa die mittelalterliche Rede vom "Buch der Natur" eine solche zeichentheoretische Interpretation des Schöpfungsmythos: Die Welt ist eine Welt aus Zeichen, in denen sich das eine göttliche Wort ausdrückt.[50] - Zeichen wird als Einheit von Träger (Ausdruck) und der einen Botschaft (des Ausgedrückten) vorgestellt, im Gegensatz zum modernen Zeichenbegriff, der die Einzigartigkeit des im Ausdruck präsenten, göttlichen Wortes durch die Vielheit der Bedeutungen ersetzt, mit denen die Ausdrucksträger nurmehr arbiträr verknüpft sind. Das Zeichen als arbiträre Verknüpfung von "signifiant" und "signifié" bezeichnet sprachtheologisch genau den Zustand, in den die Dinge und Menschen (die nach der alten Auffassung wie Dinge behandelt werden) ihrer Trägerfunktion verlustig gehen und zu sinnlosen Zeichen werden. Die Vielheit der Bedeutungen, die die Menschen in die Dinge legen, indiziert die Absenz des göttlichen Wortes bzw. die Vergeblichkeit des Versuchs, das eine Wort in die Sprache einzuholen. Arbitrarität ist nur ein anderer Ausdruck für die Verantwortungslosigkeit der Menschen, deren Rede des göttlichen Garanten beraubt ist. Unverantwortbar geworden, ist die Sprache freigegeben für den Gebrauch, ihre Benutzung als Mitteilungsinstrument, für Kommunikation.[51]

Der metaphysische Gehalt des Ausdrucks "message unique" ruft Erinnerungen an die Theorie der "écriture automatique" wach. Breton nennt sie später auch einmal *"message* automatique".[52] "Restituer le fond à la forme" war ja deren Anspruch: Wiederherstellung/-naturalisierung der Sprache, die zum Kommunikationsinstrument verkommen ist. Die einzigartige Botschaft, der Einheits- "signifié", hieß allerdings nicht Gott, sondern "moi profond". Der Anspruch scheiterte, weil die Theorie die Bedingung der Schrift, die "différance" unterschlug, die die Vergegenwärtigung des "wahren Ichs" unterläuft.

Jenseits dieses Phonozentrismus fängt Breton an, *Nadja* zu schreiben. Eben nicht als wiederherstellbare, volle Präsenz, sondern als "différance"/"différenciation" bestimmt er in der Einleitung das "moi profond", und als *enthüllter*

---

50 Vgl. Custius, *Europäische Literatur und lateinisches Mittelalter*, Bern 1978 (9), p. 323ff.
51 Vgl. dazu auch den frühen Aufsatz Benjamins: "Über Sprache überhaupt und über die Sprache des Menschen" in: *Ges. Schriften*, Bd. II 1, Ffm 1977, p. 140 ff.; allerdings ist Benjamins Gedankengang nicht vom mittelalterlichen Christentum, sondern von jüdischer Mystik inspiriert.
52 In dem Aufsatz mit dem gleichlautenden Titel von 1933 in: *PJ*, p. 164 ff.

(vergegenwärtigter) "message unique" bleibt es utopisch verschlossen, aufgeschoben/aufschiebend. Vorläufig läßt sich nur über es aussagen, daß es irgendwie an einen "message": eine *schriftliche Sendung* gebunden ist, die noch unterwegs, noch nicht angekommen und gut versiegelt ist. Das Ich ("le sujet vrai") ist *Schriftfunktion* - wie in der "écriture automatique"; da sollte der "message" aber immer schon geöffnet und angekommen sein, er sollte die "véritable pensée" immer schon repräsentieren, offenbaren.

Wer ist *Träger* dieser Sendung, "le porteur" oder (mit Derrida gesprochen) "le facteur (de la vérité)"? Der Argumentation in der Einleitung nach, ist es das in die Vielheit zerspellte, phantomatisierte, herumirrende Ich. Die Sendung wird transportiert in der Reihe der Wiederholung der Differenz. Die Phantom-Serie ist eine Signifikantenkette. Diese Reihe wird regiert von einem absoluten Zeichen, d. h. einem nicht negativ definierten, aus den Differenzen zu den anderen ("signifiants"/"signifiés") hervorgegangenen "signifiant"/"signifié" ("message unique"/"sujet vrai").

Soweit eine vorläufige, metaphysisch noch belastete zeichentheoretische Version der Bretonschen Subjekttheorie. Sie enthält Beziehungen zu Lacans linguistisch gewendeter Psychoanalyse: Lacan versenkt das "sujet vrai", das Subjekt des Unbewußten, in der "chaîne articulée" (d. h. der zerstückelten Kette) der Signifikanten. Die symbolische Ordnung, "le champ de la parole et du langage" ist der "champ véritable" des Unbewußten. Von dort aus werden die imaginären Ich-Bildungen, die Subjekte, regiert. Sie folgen passivisch den Gesetzen, den zirkulären und triangulären Strukturen der symbolischen Ordnung. Vermeintlich stiften sie nur Sinn und werden tatsächlich signifiziert von den Signifikanten (Sie werden "signifiés").

Nun gibt es bei Lacan, wie Derrida gezeigt hat[53], auch so eine metaphysische oder idealistische Vorstellung einer "message unique", eines transzendentalen Signifikanten, der eins ist mit seinem Signifikat, dem Signifikat aller Signifikate. Das ist der Phallus der Mutter. Diesen absoluten "signifiant"/"signifié" illustriert Lacan an Poes Erzählung "The Purloined Letter".[54] Der Brief/Buchstabe, der verhüllt/unverhüllt (versteckt/offenbar) zwischen den "Kaminschenkeln" hängt, ist der Phallus der Mutter, der Mangel (das Fehlende), der das Begehren/die Subjekte steuert. (Die vergebliche Suche der Polizei findet in der Ordnung des Imaginären statt. Die Suchprinzipien des Präfekten *spiegeln* nur dessen eigenen Intellekt und verfehlen die Ordnung des Symbolischen.) Der Brief ("la lettre")/der "signifiant" erhält bei Lacan unversehens Absolutheitsstatus, weist Derrida nach, dadurch, daß Lacan ihn unbeschadet von seinem Zirkulieren an seinem

---

53 Derrida, "Le facteur de la vérité" in: Ders., *La carte postale*, Ps 1980, p. 441 ff.
54 Vgl. Lacan, "Le séminaire sur'la Lettre volée'" in: ders., *Ecrits*, a. a. O., p. 19 ff.

Ursprungsort, seinem "eigentlichen" Ort ("lieu propre") wieder ankommen läßt. Der "signifiant" in seiner Materialität ist unzerstörbar, unteilbar (unzerstückelbar); das kann er nur sein in seiner Arretierung durch den "signifié", als ideale Einheit von "signifiant" und "signifié". Und diese Idealisierung gelingt Lacan, fährt Derrida fort, über eine Interpretation der "lettre" als "phonè"/Stimme. Lacan unterschlägt die Bedingung der Schrift; er vergißt, daß der Brief verhüllt ist: in einen zerstörbaren Umschlag, daß er auf zerstörbarem Papier *geschrieben* ist; er vergißt den Text als Text, der disseminiert, mutiert, sich verdoppelt, vervielfältigt, phantomatisiert, der niemals geschickt wurde und niemals ankommt, der Wiederholung der Differenz ist. "L'instance de la lettre lacanienne est la relève de l'écriture dans le système de la parole."[55]

Der Ausdruck "message" in der Einleitung läßt zumindest vermuten, daß für Breton der "champ véritable" der unbewußten Tätigkeit der "champ de l'écriture" ist (und nicht der "champ de la parole" im Lacanschen Sinne), wenn diese Vermutung auch durch die antigrammatologische, schriftvergessene Rede von der *enthüllbaren, einzigartigen* Botschaft irritiert wird.

Ich möchte meine Vermutung vorläufig durch ein Zitat aus den letzten Seiten von *Nadja* stärken. Dort nimmt Breton die Erwartung der Enthüllung der einzigartigen Botschaft zurück - und spricht dabei explizit vom Unbewußten:

> (...) s'il faut attendre, s'il faut vouloir être sûr (...) je m'y refuse absolument. Que la grande inconscience vive et sonore qui m'inspire mes seuls actes probants dispose à tout jamais de tout ce qui est moi. Je m'ôte à plaisir toute chance de lui reprendre ce qu'ici à nouveau je lui donne. Je ne veux encore une fois reconnaître qu'elle, je veux ne compter que sur elle et presque à loisir parcourir ses jetées immenses, fixant moi-même un point brillant que je sais être dans mon oeil et qui m'épargne de me heurter à ses ballots de nuit. (*N*, p. 183)

Emphatischer als in der Einleitung bejaht und *anerkennt* Breton die "différenciation". Deren Prinzip nennt er hier "große lebendige und tönende Unbewußtheit". Das erinnert an die metaphysische "voix surréaliste" der frühen Texte, an die stimmliche Selbstrepräsentation. Aber die große Unbewußtheit ist doch abwesend, verhüllt, verborgen in der Nacht (Mitternacht: Würfelwurf), sie gibt keine (Selbst-)Gewißheit.

Sie ist auch keine Instanz wie *das* Unbewußte, sie erläßt nicht Gesetze oder eine ideale symbolische Ordnung.

Der Ausdruck "große Unbewußtheit" appelliert vielmehr an die Vorstellung einer Maschine. Das Tönen ist deren Geräusch. Breton spricht in *Nadja* auch vom großen Maschinenerwachen auf dem verwüsteten Feld der bewußten Möglichkeiten. (*N*, p. 16)[56]

---

55 Derrida, a. a. O., p. 493.
56 Programmatisch bringt Breton die Vorstellung vom Unbewußten als Maschine in einem Text zum Ausdruck, der im Jan. 1925 in *La Révolution surréaliste* No 2 unter dem Titel "Le Bouquet sans fleurs" erschien: "Avec le surréalisme nous avons la prétention d'établir au centre du

Diese Maschine ist nicht nach dem Modell der Dampfmaschine zu denken, mit der Freud die psychische Apparatur verglich. Freud propagierte mit diesem Vergleich das kulturelle Ideal einer (fast) restlosen Umsetzung der affektiven Energie in kulturell funktionale Akte.[57] Das Dampfmaschinenmodell bringt die Kompensation ins Spiel, "la terrible loi psychologique des compensations".

Der Dampf-/Kompensationsmaschine mit ihrem berechenbaren Effekt opponieren Nietzsche/Deleuze die heraklitische Feuermaschine: "La machine à affirmer le hasard, à faire cuire le hasard, à composer le nombre qui ramène le coup de dés, la machine à déclencher des forces immenses sous de petites sollicitations multiples, la machine à jouer avec les astres (...)".[58]

Daß die große Unbewußtheit eine dieser Maschinenkonzeption entsprechenden Maschine ist, das ist erst noch zu erweisen. Daß diese Maschinenproduktion eine von Text/Schrift/Signifikantenreihen ist, darauf verweist aber schon die Szene, die Breton im Kontext der Rede von der großen Unbewußtheit entwirft: Bei Nacht irrt er, nur mit einer Lampe im Auge versehen, auf verlassenem Gelände zwischen obskuren Gegenständen (Hafengut) umher. Das ist eine *Szene der Schrift*, wie ich in Teil I gezeigt habe und in Teil III meiner Untersuchung weiter ausführen möchte.

EXKURS: Über den Zusammenhang von Subjekt und Schrift bei Proust

Der Begriff der "message unique" ist theologischen Ursprungs, als säkularisierter, ästhetischer Begriff ist er spätestens mit der Romantik geläufig. Der Dichter ist Träger einer einzigartigen Botschaft, Postbote und Empfänger in einem oder: Empfänger einer Nachricht über eine postlagernde Sendung: Berufener. Das Geschicktsein und das Berufen-werden ("la vocation") sind austauschbar. Der Besitz der Botschaft ist wesentlich, nicht der Ursprung, denn der ist nicht mehr göttlicher Natur, sondern die Botschaft ist die Seele des Dichters selbst.

Wie sehr der Begriff der "message" in der Literaturkritik und in Dichterbekenntnissen verschlissen und korrumpiert wurde, bezeugt Sartres Polemik gegen ihn in *Qu'est-ce que la littérature?*. Für ihn ist der Begriff Inbegriff der Musealisierung und der psychologischen Verdinglichung von Literatur. "Le message est, au bout de compte, une âme faite objet."[59]

---

monde et de nous-mêmes une inquiétante machine qui suppléera à la force intellectuelle comme toute autre à la force physique. Nous travaillons à son perfectionnement et ne doutons pas qu'elle soit un jour en mesure de pourvoir à toutes nos dépenses d'énergie."
57 Vgl. dazu Freud, *Darstellungen der Psychoanalyse*, Ffm 1969, p. 100.
58 Deleuze, *Nietzsche et la philosphie*, a. a. O., p. 35.
59 Sartre, *Qu'est-ce que la littérature?*, a. a. O., p. 42.

In einem ähnlichen Tenor machte Breton in der "confession dédaigneuse" den Begriff der "vocation" als Legitimationsmuster des Schreibens lächerlich. Wenn die "vocation" derjenige Akt ist, in dem jemand eine einzigartige Botschaft erhält, dann scheint Breton aber in *Nadja* dieses Legitimationsmuster wieder aufzugreifen. Er weiß allerdings nicht, welcher Botschaft Träger er ist, und gesteht dies just in der Einleitung seines Buches ein. Er hat in diesem Sinne nichts zu sagen.

Eben diese Bestimmung des Träger-einer-Botschaft-sein findet sich bei Proust wieder, dessen *Temps retrouvé* ein Jahr vor *Nadja* erscheint (1927). Proust bringt das "wahre Leben"/das Subjekt, die Schrift/das Werk und die "vocation" in eine sehr aufschlußreiche Konstellation. Tatsächlich impliziert der Begriff der "vocation" den der "message" als *schriftliche* Nachricht, da Proust die "vocation" ihres etymologischen Sinnes beraubt, also nicht als Stimmwerdung der Botschaft auffaßt, sondern an die Bedingung der Schrift knüpft.

Bei Proust ist die "vocation" nicht der Literaturproduktion vorhergehender, sie motivierender und legitimierender divinatorischer Vorgang. Erst im letzten Teil des letzten Buches, bei der Matinée der Princesse de Guermantes, gelangt der Erzähler zur Einsicht, daß er Träger eines Werks ist: "porteur d'une oeuvre"[60] - keineswegs Träger als selbiges Subjekt, das im Werk sich zur lebensgeschichtlichen Ganzheit aufspreizt, sondern Träger als sterbliches Subjekt, das sich im überdauernden Werk auslöscht bzw. in das Werk auf Kosten des zerfallenden, "mondänen Ichs"[61] sich transformiert. Eben diese Trägerfunktion meint die "vocation":

> Comme la graine, je pourrais mourir quand la plante se serait développée, et je me trouvais avoir vécu pour elle sans le savoir, sans que ma vie me parût devoir entrer jamais en contact avec ces livres que j'aurais voulu écrire et pour lesquels, quand je me mettais autrefois à ma table, je ne trouvais pas de sujet. Ainsi toute ma vie jusqu'à ce jour aurait pu et n'aurait pas pu être résumée sous ce titre: Une vocation. Elle ne l'aurait pas pu en ce sens que la littérature n'avait joué aucun rôle dans ma vie. Elle l'aurait pu en ce que cette vie, les souvenirs de ses tristesses, de ses joies, formaient une réserve pareille à cet albumen qui est logé dans l'ovule des plantes et dans lequel celui-ci puise sa nourriture pour se transformer en graine (...)[62]

Die "vocation" als Akt, der der Literatur vorhergeht, als Legitimation des Vorsatzes, Bücher zu schreiben, ist steril. Im Sinne Prousts ist sie nicht projektiv und vorsätzlich, sondern "rejektiv", nachträglich.

Das Leben, auf das sie sich bezieht, ist aber selbst schon Schrift; es ist:

---

60 Marcel Proust, *A la recherche du temps perdu*, Ps: Bibliothèque de la Pléiade 1954, t. III, p. 1036.
61 a. a. O., p. 1040.
62 a. a. O., p. 899.

> (le) livre intérieur de signes inconnus (de signes en relief, semblait-il, que mon attention, explorant mon inconscient, allait chercher, heurtait, contournait, comme un plongeur qui sonde) (...)[63]

Der künstlerische Akt besteht nicht darin, ein Buch zu "verfassen", sondern ein bereits geschriebenes Buch lesbar zu machen: zu entziffern, zu übersetzen, zu interpretieren.[64] Das Buch wiederum, das die Übersetzung des inneren Buches wäre und das der Erzähler Marcel zu schreiben erst noch plant, hat sich gleichsam hinter seinem Rücken schon selbst geschrieben: Es ist die "recherche" Prousts. Die Suche ist das, was zu finden war - diesen Gedanken resümiert der Titel "vocation". Die Einsicht ("intelligence") folgt paradoxerweise auf das Werk, das Produktion und Interpretation der unbekannten Zeichen in einem ist, nämlich sich als intelligibles Gebilde in dem Maße hervorbringt, als Sinneszeichen und Gedächtniszeichen in Konstellation treten.[65] Dem direkten Zugriff der "intelligence" (oder einer dem Werk vorhergehenden "intelligence") bleibt das "wahre" Leben verschlossen.

Die "intelligence" operiert mit Begriffen (Abstrakta, "idées"), die die Dinge gleichsam verstellen oder sich vor ihnen aufgebaut haben. Zu ihnen gehört der Begriff der "vocation" selbst; seinen Sinn versteht der Erzähler erst ganz, da er weiß, was das Alter ist:

> Et maintenant je comprenais ce que c'était la vieillessse - (...) je comprenais ce que signifiaient la mort, l'amour, les joies de l'esprit, l'utilité de la douleur, la vocation, etc. Car si les noms avaient perdu pour moi de leur individualité, les mots me découvraient tout leur sens. La beauté des images est logée à l'arrière des choses, celle des idées à l'avant. De sorte que la première cesse de nous émerveiller quand on les a atteintes, mais qu'on ne comprend la seconde que quand on les a dépassées.[66]

Sowie die Namen sich von den Körpern (der Personen, die auf der Matinée der Princesse de Guermantes versammelt sind) ablösen, wird der Bann des identifizierenden und repräsentierenden Denkens[67] gelöst und die Abstraktheit der Worte durchbrochen: Das, was sie abstrakt bezeichnen, tritt an den Dingen oder Körpern nach außen. In dem Maße, in dem die Körper intelligibel werden, "versteht man" die Begriffe. Der Begriff der Zeit, die für gewöhnlich unsichtbar ist, weil mit ihr als meßbarer Größe gehandelt wird[68], wird z. B. am Körper des gealterten D'Argencourt sichtbar[69], und gleichzeitig mit dieser Einsicht tritt sie

---

63 a. a. O., p. 879.
64 "transcrire", "déchiffrer", "interpréter", vgl. insbes. a. a. O., p. 878 f.
65 Vgl. ebd.
66 a. a. O., p. 932, Fußnote.
67 Das (willentliche, intelligente) Gedächtnis ist die Instanz dieses Denkens: "(...) la mémoire, en introduisant le passé dans le présent sans le modifier, tel qu'il était au moment où il était le présent, supprime précisément cette grande dimension du Temps suivant laquelle la vie se réalise." (a. a. O., p. 1031).
68 a. a. O., p. 1046.
69 a. a. O., p. 924.

a posteriori am Text-Korpus: dem Werk, als dessen Form nach außen.[70] Gleiches gilt für den Begriff der "vocation": Er bemächtigt sich des Text-Korpus: der produktiven und interpretierenden Schrift, um sich im nachhinein mit Sinn zu erfüllen.

Diesen Text-Korpus beschreibt Proust mit Organismus-Metaphern ("graine", "plante", "albumen"): Ebenso wie die Pflanze, die sich aus dem Samenkorn entwickelt, ist das Werk das zur Ausfaltung gebrachte Leben. Die Objektivation im Werk bedeutet aber Tod: Das Buch ist "ein großer Friedhof", und die Zeichen, die der Verfall der identifizierenden Macht des Namens freisetzt, - jene unbekannten, räumlichen Zeichen ("signes en relief") - erweisen sich als die verwitterten und unlesbaren Zeichen auf Grabsteinen.[71] Paradoxerweise "versteht man" so den Organismus des "wahren Lebens" erst im Zustand der Erstarrung oder der Mortifikation, gleichsam im vergreisten Zustand, in der Projektion auf den verwesten Leib oder das Skelett. Das organische Leben wird erst intelligibel in dem Augenblick, da die Personen auf der Matinée, zu denen ja der Erzähler selbst gehört, durch die Oberfläche des mondänen Lebens hindurch im Werk "raumpsychologisch"[72] anschaubar werden, da sie - auf enormen lebenden Krücken aufgestellt, höher als Kirchtürme[73] - sich nur noch schwankend aufrechthalten und einzustürzen drohen. (Daß der Erzähler beim Treppensteigen beinahe dreimal gestürzt wäre, ist ein Erlebnis, das einen breiten Raum auf den letzten Seiten der "recherche" einnimmt.[74])

Auch Breton wird in *Nadja* die erkenntnisproduktive Funktion der Mortifikation des Lebens in der Schrift thematisieren. Das "wahre Leben", das durch den Akt der Verschriftung intelligibel wird, erklärt er aber nicht wie Proust zum Werkorganismus. *Wie* Proust bezeichnet er es als das, was aus dem organischen Verlauf des Lebens herausfällt. (Der organische Verlauf entspricht dem Proustschen "mondänen Ich", das sich als Gegenstand der "Oberflächenpsychologie" konstituiert.) Konsequenterweise (und im Gegensatz zum Anspruch Prousts) wird das Buch, das dieses nicht-organische Gebilde produziert und interpretiert, selbst ein nicht-organisches Gebilde und den Metaphern organischen Wachstums inkommensurabel sein.

---

70 a. a. O., p. 1044.
71 a. a. O., p. 903.
72 a. a. O., p. 1031.
73 a. a. O., p. 1045.
74 a. a. O., p. 1039.

Der Vergleich Proust - Breton ist wohl erhellend[75]; hier kam es aber nur darauf an, eine Einsicht in den Zusammenhang von Schrift und Subjekt ("wahres" Leben) zu eröffnen, die ihre Produktivität an *Nadja* bewährt.

---

[75] Etwa verweist dieser Vergleich auf die Möglichkeit, den von Bürger in die Diskussion eingeführten Begriff des nicht-organischen (avantgardistischen) Werks - im Gegensatz zum organischen (ästhetizistischen, klassischen) Werk - in einen anderen und, wie ich meine, plausibleren Begründungszusammenhang zu stellen als den von diesem Autor gewählten. Bürger begründet den nicht-organischen Charakter des avantgardistischen Werks als "Zerstörung der Institution Kunst im Werk". (Bürger, *Theorie der Avantgarde*, Ffm 1974, p. 98). Diese Eigentümlichkeit ergibt sich, wie ich zeigen werde, aus der Schrift-Theorie Bretons: Die Artikulation der Differenz setzt einen antiphysischen, nicht-organischen Raum - einen Schrift-Raum - voraus, in dem sie sich artikuliert.
Einen solchen Raum setzt eben auch das Intelligibel-Werden der "vocation"/des Werks usf. voraus: Die Organismus-Metapher ist demnach nur ein überlebter, ästhetizistischer Überbau, von dem sich die tatsächliche Vorgehensweise Prousts - eher allegorisch, montierend denn konstruierend - abgelöst hat. So wird auch der Bruch zwischen Ästhetizismus und Avantgarde, den Bürger konstruiert, relativiert: Einerseits knüpft Breton an eine "ästhetizistische" Problematik an, andererseits wird implicite das organische Kunstwerk schon bei Proust negiert.

III. Theorie des kryptogrammatischen Schreibens

> Le surréalisme vous introduira dans la mort qui est une société secrète. Il gantera votre main, y ensevelissant l'M profond par quoi commence le mot Mémoire.
>
> M, p. 46

Es handelt sich bei den "aptitudes particuliéres" um Geschmacksvorlieben, Ereignisse, Begegnungen (...) Von der Schrift ist also noch gar nicht die Rede. Meine These lautet, 1) daß der Text die Schrift Nadja die Artikulation der "aptitudes particulières" *ist*, 2) daß der Text sich *als* Text selbst thematisiert - auch da, wo es nicht offensichtlich ist, z. B. in Bildern oder Szenen -, anders gesagt: daß Breton nicht nur den Text = Artikulation der "aptitudes particulières" *praktiziert*, sondern eine *Theorie dieser Textproduktion* mitliefert.

Der erste Teil der These klingt vielleicht banal: Breton schreibt halt besondere Ereignisse seines Lebens auf, in denen er von den anderen sich unterscheidet/differiert. Aber aus dieser Formulierung ergeben sich gleich allerhand Fragen: Was heißt es, ein Ereignis aufzuschreiben? - Welche sollen aufgeschrieben werden? - Wer schreibt? - Differiert das schreibende Ich nicht? usw. Tatsächlich impliziert die Schrifttheorie die gesamte Subjekttheorie Bretons. Es stellt sich die Aufgabe, das (verhüllte, differierende) Subjekt als *Schriftfunktion oder genauer als Vielzahl von Schriftfunktionen* zu beschreiben.

In Anlehnung an Foucault, der den Begriff der FUNKTION in die literaturwissenschaftliche Diskussion eingebracht hat[1], verstehe ich unter Schriftfunktionen die Leerstellen oder Lücken der Schrift, die nach dem Verschwinden eines die Schrift verfügenden, einheitlichen Subjekts sichtbar und von dem in die Vielheit zerstreuten Subjekt besetzt werden. Die Schriftfunktionen sind die verschiedenen POSITIONEN, die das differierende Subjekt vorübergehend einnimmt. (Foucault gebraucht den Begriff Position eher nebenläufig im Zusammenhang mit Text und Funktion).

Fundamental bei Breton ist die Schriftfunktion Überleben (Erwachen, Auftauchen) (Kap. 1). Von der Überlebensposition aus besetzt das schreibende Ich verschiedene Schriftfunktionen/schiebt sich in verschiedene Positionen hinein: z. B. Funktion Theoretiker (Kap. 1-6), Funktion Leser (Kap. 1/2), Funktion Geschichtsschreiber/Erinnerung (Kap. 2), Empfangsposition (Kap. 3). Die Überlebensposition nährt sich immer aus der Illusion, der zu sein, der schreibt. Diese Illusion kann sozusagen expandieren, die Position in "starken" (metaphysischen)

---

1 Vgl. Foucault, "Was ist ein Autor?" in: Ders. *Schriften zur Literatur*, München 1974, pp. 7-31.

Annahmen oder Gewißheiten erstarren: Position des (Geschichten-)Erzählers, Funktion Geschichtsvernichtung (Kap. 3), Position des Verliebten (Kap. 4). Eine gewisse Starrheit könnte dem Begriff der Position immer schon konnotiert werden. Die Positionen sind aber energetisch besetzt und stehen in einem Spannungsverhältnis zu anderen Positionen. Sie stoßen ab und ziehen an. Sie sind Empfangsstationen, die von verschiedenen Sendern angefunkt werden. Ich werde daher oft den Begriff Position gegen den Begriff POL[2] auszuwechseln. Pole spannen RÄUME auf, Senderäume (Kap. 3), Verführungsräume (Kap. 1), Geschichts-, Erinnerungsräume (Kap. 2) oder sie spannen Netze aus: Schriftnetze, Nachrichtennetze (Kap. 3), Pole schließlich, die energetisch zu stark besetzt sind, schlucken andere Pole und vernichten Räume (Kap. 3/4).

1. Die Überlebensfunktion des Schreibens und die Funktion Entzifferung: Das Leben im Glashaus

Wiedergänger ist auch der Schreibende, der imaginär und real[3] an die Orte des Geschehens zurückkehrt und dieses zu Schrift fügt. Das Erzähler-Ich ist ebenso wie die Einheitsfiktion des Ichs ("moi") ein Phantom: Es hängt von dem ab, was es aufhören mußte zu sein, um der zu sein, der *schreibt*. Diese vorgängige Existenz ist aber selbst phantomatisch (Vielheit von Phantomen), und daher läßt sich das Erzähler-Ich zu den Ichs des aktuellen Erlebens nicht in ein Verhältnis von Kopie und Original bringen, von Erscheinung und Ursprungsidee. Das, was traditionell als eine ausgezeichnete "objektive Manifestation" des Autor-Ichs galt: das Werk, die Aufschreibung eines realen Erlebnisses oder dessen malerische Fixierung, gleicht dem realen Erleben selbst (etwa dem Überraschungseffekt, den eine bestimmte Ding-Konstellation auf das frühere Ich ausübte) nur sehr entfernt: "à la façon étrange dont se ressemblent deux frères", wie es im Chirico-Zitat in *Nadja* heißt (*N*, p. 15). Das tertium comparationis: der Elternteil, der gemeinsame Ursprung, dem die Brüder ihre Ähnlichkeit verdanken, fällt aus. Oder der Augenblick der Überraschung und seine Fixierung im Werk gleichen sich wie eine reale Person und deren geträumtes Bild. (*N*, ebd.) Es geht auch in diesem Vergleich nicht um ein Ableitungsverhältnis (reales Erlebnis als Ursprung des Werks); denn nach surrealistischer Auffassung hat der Traum denselben Objektivitätsgrad wie die Wirklichkeit.[4] Es geht vielmehr um

---

[2] Annäherungen an den Begriff POL versucht Theweleit in: *Buch der Könige I, Orpheus und Eurydike*, Basel/Ffm 1988, p. 388 ff.
[3] D. h. in der Zeit, in der Breton den letzten Teil des Buches schreibt: "J'ai commencé par revoir plusieurs des lieux auxquels il arrive à ce récit de conduire (...)" (*N*, p. 177).
[4] Das ist das Thema des ersten Teils der *VC*.

eine unbestimmte, oszillierende Ähnlichkeitsbeziehung.[5] "C'est, en même temps ce n'est pas la même personne." (*N*,ebd.) Die Unbestimmtheit rührt daher, daß sich die Vergleichsgegenstände nicht auf eine identische Substanz als deren Urbild beziehen lassen: So wenig das Werk "höherer (sublimierter) Ausdruck" eines diffusen Gefühlszustandes ist, so wenig ist es dessen zweitrangiges Abbild.

Dem Schreiben, als einem bestimmten Lebensvollzug, einer bestimmten "aptitude particulière" oder einem bestimmten Ort des Ichs, kommt dennoch ein privilegierter Status zu. Es ist der Fluchtpunkt der fortlaufenden Ich-Spaltungen im Lebensvollzug, ein wie auch vager Einheits- oder Bezugspunkt. Huysmans ist Breton zu Dank verpflichtet "de m'énumérer avec patience, dans l'ombre, les minimes raisons tout involontaires qu'il se trouve encore d'être, et d'être, il ne sait trop pour qui, celui qui parle!" (*N*, p. 17) Und so sehr die Ich-Identität im voraus bestritten wurde, so wird zu Beginn der Episoden, die der Nadja-Erzählung vorausgehen, in einer Nebenbemerkung doch eine unerschütterliche Ich-Konstanz ausgesprochen: "Je prendrai pour point de départ l'hôtel des Grands Hommes, place du Panthéon, où j'habitais vers 1918, et pour étape le Manoir d'Ango à Varengeville-sur-Mer, où je me trouve en août 1927 *toujours le même décidément* (...) " (*N*, p. 24, Hervorhebg. von mir) Das "hôtel des Grands Hommes" und der "Manoir d'Ango" sind Wohnorte Bretons und *Orte des Schreibens*, die Orte, an denen er das, was ihm das Leben zugetragen hat, sammelt, die Orte, an denen sich die Rede ereignet und so die Fiktion eines Ichs erzeugt wird. Das Schreiben ist an den Selbsterhaltungstrieb geknüpft; als Schreibender unterscheidet sich Breton von Nadja, von der nichts übrig bleibt als lose Zeichnungen, *der der Selbsterhaltungstrieb abgeht.* Mit einem gewissen Zynismus notiert Breton am Ende der Nadja-Geschichte, nachdem er erfahren hat, daß Nadja interniert wurde: "(...) je n'ai jamais supposé qu'elle pût perdre ou eût déjà perdu la *faveur* de cet instinct de conservation (...) qui fait qu'après tout mes amis et moi, par exemple, nous nous *tenons bien.*" (*N*, p. 169) Die Schreibposition ist eine *Überlebensposition.* Bretons Selbsterhaltungstrieb markiert die Grenze zwischen surrealistischem Objekt und ihm selbst, die zu verwischen drohte. Und diese Grenzziehung vollzieht er, *indem er Nadja in ein Buch verwandelt.*

Die Verschriftung Nadjas ist die Bedingung der Verführung, der sich Breton unterwirft, oder sie markiert deren Grenzen. Der Bretonsche Begriff der "mentalen Verführung" (*N*, p. 128) bezeichnet einen Schriftraum.

---

5 Mit Foucault/Magritte müßte man von einer Gleichartigkeit ("similitude") statt Ähnlichkeit ("ressemblance") sprechen. Vgl. Foucault, *Dies ist keine Pfeife*, Ffm/Bln/Wien 1983.

Laut Baudrillard heißt Verführung ja Verführung *durchs* Objekt, Nicht-Aufgehen des Objekts im subjektiven Begehren, Herausforderung im Sinne höfischer Minne. Breton erwähnt die mittelalterlichen "Liebeshöfe"[6] und schreibt Nadja in einer Fußnote des letzten Teils "une puissance extrême de défi" zu. Das Beispiel für die Herausforderung, das er in derselben Fußnote anfügt, erhellt auch die Grenze der Verführung:

> Il ne m'avait pas été donné de dégager jusqu'à ce jour tout ce qui, dans l'attitude de Nadja à mon égard, relève de l'application d'un principe de subversion totale, plus ou moins conscient, dont je ne retiendrai pour exemple que ce fait: un soir que je conduisais une automobile sur la route de Versailles à Paris, une femme à mon côté qui était Nadja, mais qui eût pu, n'est-ce pas, être toute autre, et même *telle autre*, son pied maintenant le mien pressé sur l'accélérateur, ses mains cherchant à se poser sur mes yeux, dans l'oubli que procure un baiser sans fin, voulait que nous n'existassions plus, sans doute à tout jamais, que l'un pour l'autre, qu'ainsi à toute allure nous nous portassions à la rencontre des beaux arbres. Quelle épreuve de l'amour, en effet. Inutile d'ajouter que je n'accédai pas à ce désir.(*N*, p. 179)

Unnötig, das hinzuzufügen, weil Breton ja *schreibt, also überlebt hat.* Die Projektion auf den Tod bleibt ein mentales schriftliches Ereignis, und die verführerische Kraft findet ihre Grenzen der Wirksamkeit am Subjekt, das zwischen mentalem Bereich und Realität wohl zu unterscheiden weiß. In dem Augenblick, in dem Nadja ihren Plan in die Tat umsetzt, wird die Verführung sistiert. D. h. die verführerische Kraft des Objekts entfaltet sich in einem abgegrenzten Raum.[7]

Einlaßstelle in diesen Raum ist genau die Stelle, an der das verführerische Objekt Nadja sich dem Begehren des Subjekts Breton unterwirft, als sie ihm nämlich vorhersagt, er werde einen Roman über sie schreiben. Im Moment ihrer Schriftwerdung verliert sie ihre Objektheit und wird zum Produkt des (Buchautor-)Subjekts. Und Breton überlebt, weil er sie in ein Buch verwandelt. Verführerische Objektheit behält sie nurmehr als Schriftzeichen. Als solches ist sie tatsächlich dem subjektiven (Schreib-)Begehren unverfügbar.

Ort der Verwandlung Nadjas in Schrift (der Ort ihrer "Ver-buchung") ist der bekannte Schauplatz der Schrift: der Echoraum nächtlicher, leerer Schloßsäle:

> (...) soudain, se plaçant devant moi, m'arrêtant presque, avec cette manière extraordinaire de m'appeler, comme on appellerait quelqu'un, de salle en salle, dans un château vide:

---

6 Benjamin hebt diese historische Referenz in *Nadja* hervor, um die surrealistische Verführung von der (bürgerlichen) Liebe abzusetzen. (Benjamin, "Der Sürrealismus (...)", a. a. O., p. 298 f.).

7 Nicht nur die tödliche Realisation der surrealistischen Tat liegt außerhalb dieses Verführungsraums, sondern auch etwa die Tatsache, daß sich Nadja zur Hure macht. Breton bricht mit ihr: Die Beziehung ließe sich nur aufrechterhalten, wenn Nadja, sofern sie nicht mehr mental verführt, in der Konzeption der "amour fou" aufginge, die Breton in Kategorien bürgerlicher Produktion charakterisiert: vom Objekt der "amour fou" wünsche man nicht mehr zu erhalten als was es gibt. (*N*, p. 158) Die Hure Nadja gibt aber zuviel oder zuwenig.

"André? André? (...) tu écriras un roman sur moi. Je t'assure. Ne dis pas non. Prends garde: tout s'affaiblit, tout disparaît. De nous il faut que quelque chose reste (...) (*N*, p. 117)

Am Ende der Nadja-Geschichte verhallt das Echo und kehrt in seine Zeuger-Stimme zurück:

> Si sophismes c'étaient (die Wahrnehmungen, Verhaltensweisen, Sätze Nadjas, G. H.), du moins c'est à eux que je dois d'avoir pu me jeter à moi-même, à celui qui du plus loin vient à la rencontre de moi-même,le cri, toujours pathétique, de "Qui vive?" Qui vive? est-ce vous, Nadja? Est-il vrai que l'*au-delà*, tout l'au-delà soit dans cette vie? Je ne vous entends pas. Qui vive? Est-ce moi seul? Est-ce moi-même? (*N*, p. 172)

Die Fragen verweisen zurück auf die Initialfrage des Buches. Das Ende der Nadja-Geschichte und die Einleitung des Buches fügen sich zu einer Szenenfolge mit filmischem Effekt zusammen: *Aufwachen* aus einem beunruhigenden Traum oder *Überleben* nach einer tödlichen Gefahr. Die diffusen, subjektlosen Echos, in denen die Stimmen Nadjas und Breton unterscheidbar sind, werden allmählich ausgeblendet, sie verstummen ganz, es setzt ein die Niederschrift des Buches mit einer argumentativ ausgefeilten, kühlen "Reflexion" über das Ich, das allein mit sich - schreibend - übrig bleibt. Tatsächlich inszeniert Breton diese Überlebensfunktion der Schrift am Ende der Nadja-Geschichte in einer Spiegelszene: Er kommt sich selbst von ferne entgegen (in der angeschlagenen Spiegelwand eines spärlich beleuchteten Schloßsaals?). Die Identifikation mit dem Spiegel-Ich ist das Überleben als Schreibender. Das schreibende Ich erinnert und analysiert die phantomatische Verwirrung der Begegnung mit Nadja.[8]

Die Schloßszene verweist auf eine andere Szene der Schrift: das Museum, und das Museum ist in *Nadja* der Ort, an dem der Surrealist sich anschickt, das Leben, das Schrift wurde, zu entziffern:

> J'aime beaucoup ces hommes qui se laissent enfermer la nuit dans un musée pour pouvoir contempler à leur aise, en temps illicite, un portrait de femme qu'ils éclairent au moyen d'une lampe sourde. Comment, ensuite, n'en sauraient-ils pas de cette femme beaucoup plus que nous n'en savons? Il se peut que la vie demande à être déchiffrée comme un cryptogramme. (*N*, p. 132 f.)

1. Funktion des Schreibens: Überlebensfunktion (Schreiben ist Erzeugung einer Ich-Fiktion, Stillstand der Echo- und Phantomverwirrung, Verwandlung Nadjas in ein Buch.)
2. Funktion: Funktion Lesen. Schreiben ist Entzifferung des Lebens.

Daß das Leben (vielleicht) wie ein Kryptogramm entziffert werden soll, heißt (1), daß es selbst noch nicht Kryptogramm ist, aber doch schon etwas prinzipiell

---

8 Einen allgemeinen Zusammenhang zwischen Überleben und Schreiben/(Geschichts-) Aufschreibung hat Theweleit im Rückgriff auf Canetti hergestellt. Vgl. Theweleit, a. a. O., p. 204 ff.

Entzifferbares/Lesbares: Text, aus Zeichen gebildet. Diesen Lebenstext gilt es nicht abzuschreiben, zu protokollieren, sondern wie ein Kryptogramm zu entziffern oder zu lesen. D. h. (2) der Akt der Lektüre des schon vertexteten, verschrifteten Lebens ist nicht ein purer Rezeptionsakt, sondern zugleich Produktions-, Schreibakt. Das Frauenportrait wird erst lesbar unter Voraussetzung eines äußerst aufwendigen und artifiziellen Arrangements. Die Begebnisse mit Nadja werden erst lesbar in dem Maße, als sie sich zum Kryptogramm *Nadja* prägen. Entzifferung des Kryptogramms ist zugleich Produktion des Kryptogramms.

Die Textproduktion/-entzifferung faßt Breton in ein Bild, das vom Leben im Glashaus. Es verweist zurück auf das Bild vom "kristallenen Labyrinth", in dem Theseus für immer eingeschlossen ist, und auf das vom Glasmeer, das die Unmöglichkeit der Präsenz, des (sprachlichen) Zugriffs auf ein "Leben an sich" zum Ausdruck brachte:

> Pour moi, je continuerai à habiter ma maison de verre, où l'on peut voir à toute heure qui vient me rendre visite, où je repose la nuit sur un lit de verre aux draps de verre, où *qui je suis* m'apparaîtra tôt ou tard gravé au diamant.

Vordergründig meint dieses Bild ein Schreiben, das sich auf das "Leben unmittelbar" hin transparent macht, nichts verheimlicht und jede noch so nichtige Bewegung registriert. (Und so wird dieses Bild auch traditionell interpretiert.) Das Glashaus ist aber ganz aus künstlichem Baustoff, aus Text. Durch und durch gläsern, macht es auf nichts hin transparent, das *nicht* gläsern wäre (eine lebendige Substanz o. ä.). Das, was erscheint, liegt in einer anderen Ordnung als der des Blicks, der durch das Glas hindurchdringt und ein Ursprüngliches im Innersten sucht. Im bloßen Vollzug des Glashauslebens, d. h. in dem Maße, in dem Breton seine "aptitudes particulières" sammelt: Begebnisse, Geschmacksvorlieben usw. *aufschreibt* und konstelliert, ritzt sich in einer Art prästabilierter Harmonie in das Glas mit einem Diamanten eine *Schrift* ein, ein "message", der, wenn er vollständig wäre oder wenn es gelänge, ihn zu dechiffrieren, Breton sagte, *wer* er ist.

Dieser "message" ist offensichtlich die Geheimtextfassung des öffentlichen (gläsernen) Lebenstextes. Der Glas-Text ist vollkommene Transparenz, die Wahrheit, die Totalität der Lebensvollzüge. Der Geheimtext ist Verhüllung, fortschreitende Verschriftung des Lebens. Aber er allein trägt den "message unique" in sich. Indem er sich in das Glas einzeichnet/-ritzt, es zerritzt und sich aus Glas(text)bruchstücken zusammenfügt, artikuliert er den "message unique", d. h. er zerstückelt ihn. Als unversehrte Einzigartigkeit kommt die Botschaft nie an. Eine unendliche Schrift ritzt sich ins Glas. Das Kryptogramm ist nicht lösbar.

Entzifferung heißt Fortschrift und nicht Lösung des Kryptogramms.

"Tout l'au-delà est dans cette vie." Anders gesagt: Das Leben ist ein totaler Verschriftungszusammenhang. Es gibt kein Jenseits der Schrift. Utopie als Befreiung von der Schrift, als Enthüllung der "message unique", als Lösung des Kryptogramms, als Stillstand der unendlichen Zeichenproduktion, bringt Breton einmal zur Sprache, als er die Begegnung mit einer schönen nackten Frau nachts im Walde imaginiert: "Il me semble que *tout* se fût arrêté net, ah! je n'en serais pas à écrire ce que j'écris." (*N*, p. 45) Im Augenblick, da dieser Wunsch aber nieder*geschrieben* ist, ist der Traum von der paradiesischen Schriftlosigkeit auch ausgeträumt. "(...) un tel souhait une fois exprimé ne signifiant plus rien, je regrette incroyablement de ne pas l'avoir rencontrée." (*N*, p. 44)

2. Drei Stufen der Verschriftung; die Produktion der Produktion des Kryptogramms; zur Erinnerungsfunktion des Schreibens

Das Bretonsche Theorem, Schreiben sei Entzifferung/Produktion eines Kryptogramms, opponiert dem im Vorwort der Neuausgabe von *Nadja* 1963 und an anderen Stellen formulierten *positivistisch-materialistischen* Anspruch (Vorbild des medizinischen/neuropsychiatrischen Berichts, Aufzeichnung von *allem*, was die "Untersuchung" hergibt, ohne Rücksicht auf den Stil). Diesem Anspruch zufolge wäre ja der Text *Nadja* bloße *Abschrift/Reproduktion* des Lebens. Die Photographien sollen die Beschreibungen ersetzen, die Berichte sollen quasi die Ereignisse abfilmen.

In dem Ideal einer subjekt-/stillosen, dokumentarischen, quasi-wissenschaftlichen Prosa ist die Vorstellung der "Registriermaschine" aus der "écriture automatique" wirksam. Innere Wirklichkeit, die "voix surréaliste", sollte die automatische Schrift, die äußere Wirklichkeit soll Prosa registrieren.

Mit dem dokumentarischen Anspruch macht sich Breton wieder der Unterschlagung der Differenz der Schrift schuldig. Er verkennt den Text als Wirklichkeit, die textuellen Ereignisse als Tatsachen.

Der antiliterarische Impuls ist ein wesentlicher Bestandteil der surrealistischen "Ideologie". Ganze Fraktionen der Literaturkritik haben ihn daher oft schon für den ganzen Surrealismus genommen. Quasi unterhalb der "Ideologie" entsteht aber im Falle der Bretonschen Texte und insbesondere im Falle von *Nadja* "Literatur", Schrift, ein Kryptogramm und *eine Theorie* des Kryptogramms - die Schrift ist sich ihrer selbst als differierendes Prinzip sehr wohl bewußt und thematisiert sich als Schrift.

Um diese (implizite) Theorie in *Nadja* weiter zu entfalten (zu ex-plizieren), - also in analytischer Absicht - unterscheide ich drei *Stufen der Verschriftung* (die sich gegenseitig bedingen).

1. STUFE: Das Leben ist schon Text, vertextet. Das "Leben an sich", das unmittelbare Leben ist immer schon verstellt: künstlich, verglast. Die Tatsachen sind Zeichen, Sendungen, Signale (*N*, p. 20)[9], und ein besonderer "Genuß" bei Empfang dieser Zeichen ist ihr "Anteil an Unkommunizierbarkeit" ("la part d'incommunicabilité", *N*, p. 22) Wie die Ausdrücke/Terme der "écriture automatique" sind bestimmte Tatsachen Zeichen, die aus ihrer kommunikativen Funktion entlassen sind. (Die Bedeutungen, die sie im alltäglichen Lebenszusammenhang haben, sind irrelevant). Diese Analogie, die das Verständnis des Lebens als Text impliziert, führt Breton ausführlich aus:

> De ces faits, dont je n'arrive pas à être pour moi-même que le témoin hagard, (sehr stark beunruhigende Tatsachen, G. H.) aux autres faits, dont je me flatte de discerner les tenants et, dans une certaine mesure, de présumer les aboutissants, (wenig beunruhigende Tatsachen, G. H.) il y a peut-être la même distance que d'une de ces affirmations ou d'un de ces ensembles d'affirmations qui constitue la phrase ou le texte "automatique" à l'affirmation ou l'ensemble d'affirmations que, pour le même observateur, constitue la phrase ou le texte dont tous les termes ont été par lui mûrement réfléchis, et pesés. (*N*, p. 21 f.)

2. STUFE: Die Aufschreibung des Lebens ist Entzifferung eines Kryptogramms.

Schreiben = Abschrift des Lebens - das ist sozusagen die Stufe O (purer Naturalismus, Unterschlagung der Differenz der Schrift). Aber surrealistisches Schreiben ist auch nicht Abschrift des Text gewordenen Lebens/Reproduktion der Textproduktion des Lebens. (Stufe 1, die eine Differenz schon einführt) Die restlose Aufzeichnung des öffentlichen Glashauslebens führte im Ergebnis zu so etwas wie einem peniblen Tagebuch oder - wie im psychoanalytischen Modell Habermas' - zum Ganztext einer Lebensgeschichte. (Die subjekttheoretische Implikation des lebensgeschichtlichen Ganztextes: ein-/ganzheitliches, durchpsychologisiertes Ich, das sich darin darstellt - dürfte Breton auch wenig lieb sein).

Das surrealistische Schreiben ist nicht Abschrift, sondern *Umschrift/Über-setzung* des Lebenstextes in ein Kryptogramm. Die Verwandlung der Tatsachenzeichen in Hieroglyphen geschieht (zunächst) durch *Auswahl* (dann auch durch

---

9 Den Begriff des "signal" hat Albouy in das Zentrum seiner *Nadja*-Interpretation gestellt. Das Signal sei moralischer Appell, und Signale beherrschten den Text, während die zu übersetzenden, auf ontologische Erkenntnis gerichteten Zeichen zweitrangig bleiben. (Vgl. Albouy "Signe et signal dans *Nadja*" in: *Europe* No 483-484) Albouy ist darin zuzustimmen, daß es Breton in *Nadja* nicht um ontologische Erkenntnis geht, aber er verkennt die zeichentheoretische Bedeutung des Begriffs "signal". Der Begriff hebt den postalischen Aspekt der kryptogrammatischen Zeichen in *Nadja* hervor: Das Signal ist *gesendetes Zeichen*. (Zu dem Sendesystem *Nadja* s. insbes. Kap. 3.)

ihr Arrangement). Die Tatsachen sind selektive Wahrnehmungen ("sensations électives", *N*, p. 22); Produkte der surrealistischen *Disposition*.[10]

Die surrealistische Disposition bildet ein eingegrenztes Feld mit den beiden Polen: "faits-glissades" - einfache surrealistische Tatsachen, z. B. die beunruhigende Wirkung bestimmter Objekte oder Orte-, und "faits-précipices" - komplexe Tatsachen; dazu rechnen z. B. die Begegnungen mit Nadja. Diese beiden Pole bezeichnen Minimum und Maximum einer Skala, auf der sich die surrealistischen Tatsachen ihrer Komplexität/Beunruhigungs-/Überraschungswirkung nach anordnen lassen. Diese Tatsachenskala ist nach oben begrenzt durch den Selbsterhaltungstrieb. Der Pol "faits-précipices" (in Abgründe stürzende Tatsachen) fällt mit dem Überlebenspol zusammen. Jenseits beginnt die Indifferenz, der Tod, die Internierung. "(Les faits-précipices) (...) n'admettent notre retour à une activité raisonnée que si, dans la plupart des cas, nous en appelons à l'instinct de conservation." (*N*, p. 21) Und von diesem Pol aus schreibt Breton ja. Von diesem Pol aus wird die Tatsachenskala also auch nach unten hin begrenzt. Diejenigen Zeichen des gläsernen Lebenstextes, die nicht als Hieroglyphen zu gelten haben, die als nicht aufschreibenswert befunden werden, werden von dort aus ausgeschlossen, und die surrealistischen Tatsachen (Tatsachen innerhalb der Skala) werden von dort aus ausgewählt.

Den vom Überlebenspol aus eröffneten Schriftraum bestimmt Breton wie folgt:

> Je n'ai dessein de relater, en marge du récit que je vais entreprendre, que les épisodes les plus marquants de ma vie *telle que je peux la concevoir hors de son plan organique*, (...) (*N*, p. 19)

Dieser Formulierung des Schreibprojekts liegt die Unterscheidung von zwei gegensätzlichen Weisen der Aufschreibung des Lebens zu Grunde:
1) Entzifferung/Produktion eines Kryptogramms im anorganischen Schriftraum, Auswahl und Arrangement bestimmter surrealistischer Tatsachen,
2) Reproduktion der Schriftproduktion des Lebens in der Form eines organischen, totalen, chronologischen Lebenstextes.

Die zweite Weise der Aufschreibung des Lebens erzeugt den Schein von Leben, d. h. sie sublimiert wieder die Differenz von gläsernem Lebenstext und Le-

---

10 Die Disposition bzw. Disponierung meint mit Bezug auf die "écriture automatique" das Beschwörungsritual, das Breton im "discours" inszeniert. In einem technischen Sinne meint sie das Arrangement der Schreibsituation, die Disziplinierung der Aufmerksamkeit. (*M*, pp. 42/43) Im Manifest spricht Breton auch von "dispositions préalables" (*M*, p. 32), von denen es abhängt, ob sich Bilder *oder* Sätze und *welche* Bilder und Sätze sich einstellen. (Er merkt in einer Fußnote an, daß der Satz "Il y a un homme coupé en deux par la fenêtre" vor der visuellen Vorstellung eines in der Mitte senkrecht zur Körperachse von einer Fensterscheibe durchschnittenen Mannes vorgeherrscht habe, weil er kein Maler sei; wie wenig beliebig es ist, *welche* Bilder und Sätze sich einstellen, hat Lenk gezeigt, die den motivischen Zusammenhang dieses Satzes mit den übrigen poetischen Arbeiten Bretons nachgewiesen hat. [Vgl. Lenk, a. a. O., p. 70 ff.]).

ben selbst. Sie bringt ein organisches, scheinbar lebendiges Ich zur Transparenz und vergißt die Schrift, die gläserne Hülle, unter der es vermeintlich ansichtig wird. Zur Transparenz gebracht, wird das Ich identifizierbar: Es wird fixiert und also mortifiziert.

Auf Grund dieser subjekttheoretischen Implikation hatte Breton in der "confession" die (organische) Prosa verworfen. Der Veränderung der subjekttheoretischen Voraussetzungen entsprechend, erkennt er in *Nadja* die Mortifikation des Lebens in der Schrift an und betritt den anorganischen Raum der Kryptogramme.[11]

(Um den Zusammenhang Subjekt-Kryptogramm geht es auf der 3. Stufe der Verschriftung).

3. STUFE: Das Kryptogramm ritzt *sich* ins Glas. Es schreibt *sich*. *Schreiben ist nicht einfache Produktion, sondern Produktion der Produktion.*

Nach dem bisherigen Stand der Theorie des Kryptogramms ist das Dilemma der Prosa, das Breton in der "confession" thematisierte, noch keineswegs beseitigt. Ist das Ich, das vom Überlebenspol her schreibt, nicht das bekannte auktoriale Subjekt, identisches und identifizierbares Substrat der Prosa? Verfügt dieses Subjekt nicht über das Material, die Tatsachen? Denkt es sich nicht das Kryptogramm erst aus? Vivifiziert es nicht vom Überlebenspol aus seine vormaligen Repräsentanzen? Worin unterscheidet sich Bretons Prosa von der selbstreflexiven Rede, von der Rede des Ichs über sich selbst, über das, was es denkt, empfindet, ihm zugestoßen ist? Gibt es eine andere Alternative als die literarische Fiktion, die Personen erfindet, um das auktoriale Subjekt nur zu kaschieren?

In der "confession" unterlief Breton die Fixierung des Ichs als auktoriales Subjekt der Rede, die er gerade hielt, indem er sein Ich unvermutet gegen ein anderes/einen anderen austauschte: Jacques Vaché, indem er sich von sich distanzierte. Jacques Vaché ist er selbst als anderer. *Das Pathos der Distanz, das Prinzip der Selbst-Distanzierung und der Selbstbeobachtung* kehrt in Nadja wieder.

Im späten Vorwort nimmt sich Breton selbst vom dokumentarischen Anspruch nicht aus: Er habe sich selbst wie dritte Personen behandelt, behauptet er. (*N*, p. 6) Breton streicht sich selbst als registrierendes Subjekt durch und beansprucht, nur als registriertes Objekt übrig zu bleiben. Tatsächlich *bleibt* er gerade als registrierendes Subjekt *übrig*, als Überlebender, der schreibt; und das, was er schreibt, ist auch nichts Lebendiges, das "Leben an sich" (ein "document 'pris sur le vif'", wie es im hier kommentierten Satz des Vorworts heißt), son-

---

11 Benjamin hat diesen Raum einen "Bild- und Leibraum" genannt im Gegensatz zum chronometrisch ausmeßbaren, metaphernreichen/ornamentalen Oberflächenraum konventioneller Prosa. Die surrealistische Prosa schneidet die Chronometrie transversal auf, provoziert Choks, direkte körperliche Innervationen. (Vgl. Benjamin. a. a. O., p. 308 ff.)

dern die Umschrift des Lebenstextes zum Kryptogramm (s. 1./2. Stufe). Im Sinne des dokumentarischen Anspruchs gelingt die Selbstdistanzierung zweifellos nicht. Offen bleibt die Frage, ob und wie es möglich ist, daß Ich *auch* Objekt ist, das nicht das auktoriale Subjekt der Prosa ist.

In der Einleitung deutet das Reflexivpronomen das Prinzip der Selbstdistanzierung an: "(...) toutes sortes de goût que je *me* connais, d'affinités que je *me* sens (...)" usw., (Hervorhebungen von mir).

In dem folgenden Teil wendet Breton eine ähnliche Methode wie in der "confession" an. Nachdem er die Frage nach dem Ich behandelt hat, fängt er an, über "dritte Personen" zu reden, verstorbene: Schriftsteller des 19. Jahrhunderts, einen Lebenden: De Chirico. Er fordert von der Kunstkritik, sie solle nicht das Werk zu ihrem Gegenstand machen, sondern die "außerliterarischen Beschäftigungen" der Künstler, ihre "aptitudes particulières", die teils durch die Anekdote überliefert sind (Hugo, Flaubert), teils im Werk selbst (De Chirico, Huysmans). Offenbar übt Breton mit dem "kritischen" Blick auf das Leben einiger Künstler den Blick auf das eigene Leben ein. Die Ichs, *über* die er reden wird, sind andere, ebenso verstorben, entfremdet wie die "großen" Schriftsteller, die er nennt. Er sammelt die Ichs, die in den Episoden vor der Nadja-Geschichte vorkommen, wie schon erwähnt, im "hôtel des *Grands Hommes*" ein.

Entfremdete, verstorbene Zeichen, Phantome sind die Ichs, die Breton aus der Überlebensposition aufschreibt, weil sie "aufgehört haben zu sein", vergangen sind, nurmehr *erinnert* werden. Die Schriftfunktion ist *Erinnerungsfunktion*. Aufschreibung ist *Geschichtsaufschreibung*. Die Distanz oder Differenz zwischen Ich = Überlebender und Ich = Leiche oder Serie von Leichen (jeweils mit Geschichten oder surrealistischen Tatsachen indexiert) eröffnet einen *Erinnerungsraum*. Die differierende Bewegung, die die Ich-Phantom-Serie durchläuft, ("la différenciation") spielt in diesem Erinnerungsraum; sie ist selbst zeitliche Differenz. *Als* zeitliche Differenz geht sie hervor aus der Differenz Leben/Tod: überlebendes, schreibendes Ich ("toujours le même décidément") / Serie der verstorbenen Ichs - auf derselben anorganischen Ebene anzusiedeln wie tote "dritte Personen" oder die "zweite Person" Nadja, die nach ihrer Internierung auch in der Erinnerung nicht wieder lebendig wird.

Am Beispiel von M. Delouit erläutert: M. Delouit ist zeitliche Differenz: Er erscheint in verschiedenen zeitlichen Abständen vor dem Portier. Weil er sich aber an nichts *erinnern* kann, verfällt er der Indifferenz: Nach jedem Fenstersturz an die Rezeption zurückkehrend, löst er sich allmählich auf.

Das klingt alles sehr banal. Geschichtsschreibung setzt doch immer die Differenz Gegenwart(Leben)/Vergangenheit(Tod) voraus. - Das ist aber nur scheinbar so. Tatsächlich widersetzt sich der traditionelle Erinnerungsbegriff der Anerkennung dieser Differenz. Traditionelle Geschichtsschreibung, Biographie und insbesondere Autobiographie versuchen, das Vergangene/Verstorbene zu vivifizieren, in die (lebendige) Gegenwart hereinzuholen, indem sie chronologische Verläufe, zirkuläre oder dialektische Strukturen, Rhythmen herstellen. Sie unterschlagen die Differenz; statt Geschichte aufzuschreiben, vernichten sie Geschichte.

In seinen früheren Schriften bleibt Breton dem traditionellen Erinnerungsbegriff verhaftet, sofern er einen solchen Begriff überhaupt in Anspruch nahm.

Die Theorie der "écriture automatique" bedurfte gar nicht eines Erinnerungsbegriffes. Sie schaltete ja die Erinnerungsfunktion des Schreibens mit der Implikation eines identischen auktorialen (Erinnerungs-)Subjekts aus und beanspruchte die ideale Gleichzeitigkeit von Denken und Schrift, die ständige *Präsenz* des Denkens in der Schrift. Das Pathos der "écriture automatique" war Geschichtsvernichtung.

Eines Erinnerungsbegriffes bedurfte Breton aber für eine andere frühsurrealistische Form der Aufschreibung: den *Traumbericht*. Im Traumbericht fallen Schreibakt und unmittelbares Erleben auseinander. Das Präsens des Traumberichts ist historisch. Freud fingiert im letzten Kapitel der *Traumdeutung* den Einwand, "daß wir keine Gewähr haben, ihn (den Traum, G. H.) so zu kennen, wie er wirklich vorgefallen ist". "(Es) spricht alles dafür, daß unsere Erinnerung den Traum nicht nur lückenhaft, sondern auch ungetreu und verfälscht wiedergibt."[12] Er entkräftet diesen Einwand, indem er die Erinnerungsarbeit, die Entstellung des Traums durch Vergessen also, selbst als "Stück der Bearbeitung" auffaßt,[13] quasi über die Schwelle des Erwachens verlängerte Traumarbeit, die für die Deutung aufschlußreich sei. Für Breton aber, der an der Einheit von Traum und Erleben interessiert ist, der leben will wie im Traum und (noch) nicht den Traum deuten will, ist die Historizität des Traums ein schmerzlicher Mangel. Er setzt daher auf eine Evolution des kulturellen Erinnerungsstandards, eine Steigerung der Fähigkeit zur Re-Präsentation des Traums: es setze die Berücksichtigung des Traums in seiner Integrität ("du rêve dans son intégrité", *M*, p. 23) voraus: "une discipline de la mémoire qui porte sur des générations" (*M*, ebd.). Das ist wieder Geschichtsvernichtung: Einbringung des (historischen) Traums in die Gegenwart - möglichst integer, ohne Beschädigungen, Identifikation des erinnernden und träumenden Subjekts.[14]

In *Nadja* zitiert Breton nur einmal einen Traum herbei (*N*, p. 55 f.), sonst surrealistische Tatsachen. Er *deutet* ihn auch, d. h. korreliert ihn mit einer sur-

---

12 Freud - *Stud.-Ausg.*, Bd. II, Ffm 1972, p. 491.
13 Ebd., p. 493.
14 Diese Erinnerung entspricht dem, was Proust (willentliches) Gedächtnis heißt, dessen Funktion darin besteht "(à introduire) le passé dans le présent sans le modifier, tel qu'il était au moment où il était le présent (...)" (Proust, a. a. O., p. 1031).

realistischen Tatsache (Besuch eines Theaterstücks). Die Korrelation tritt an die Stelle der Integrität. Das gibt einen ersten Hinweis auf einen *ganz anderen Erinnerungsbegriff* als in den Frühschriften.
Zwar richtet sich die Erinnerung in *Nadja* wie bei der Traumaufschreibung lt. Manifest intentional auf Vergangenes. Sie soll aber gerade nicht diszipliniert werden, Integrität ist nicht ihr Pathos:

> Qu'on n'attende pas de moi le compte global de ce qu'il m'a été donné d'éprouver dans ce domaine. Je me bornerai ici à me souvenir sans effort de ce qui, ne répondant à aucune démarche de ma part, m'est quelquefois advenu, de ce qui me donne, m'arrivant par des voies insoupçonnables, la mesure de la grâce et de la disgrâce particulières dont je suis l'objet; j'en parlerai sans ordre préétabli, et selon le caprice de l'heure qui laisse surnager ce qui surnage. (...)
> Peu importe que, de-ci de là, une erreur ou une omission minime, voire quelque confusion ou un oubli sincère jettent une ombre sur ce que je raconte (...)
> J'aimerais enfin qu'on ne ramenât point de tels accidents de la pensée à leur *injuste* proportion de faits divers et que si je dis, par exemple, qu'à Paris la statue d'Etienne Dolet, place Maubert, m'a toujours tout ensemble attiré et causé un insupportable malaise, on n'en déduisît pas immédiatement que je suis, en tout et pour tout, justiciable de la psychoanalyse, méthode que j'estime et dont je pense qu'elle ne vise à rien moins qu'à expulser l'homme de lui-même, et dont j'attends d'autres exploits que des exploits d'huissier. (*N*, p. 22/24/26)

Zu folgenden Aussagen gelangt Breton in dieser Zwischenreflexion:
1) Erinnerung (Schreiben) ist zwar intentional auf Vergangenes gerichtet. (Dem Schreiben liegt der Vorsatz zu Grunde, einen Bericht über vergangene Ereignisse zu verfassen.) Sie ist aber nicht auf *bestimmte* Tatsachen gerichtet. Es gibt keinen Plan, keinen Vorsatz über eine bestimmte Anordnung. *Die Erinnerung (Schreiben) verdankt sich keiner intellektuellen Bewußtseinsanstrengung*, sie geht mühelos vor sich: "sans effort", "selon le caprice de l'heure". Breton hat sich am Überlebenspol gut eingerichtet. Die surrealistischen Tatsachen *treiben* an die (Bewußtseins-)Oberfläche. Die Prosa scheint an eine ähnlich passive Schreibdisposition wie die "écriture automatique" gebunden zu sein. Ihr Material ist nicht die im kollektiven Gedächtnis gespeicherte Sprache, sondern es sind die im individuellen Gedächtnis gespeicherten, verschieden qualifizierten (surrealistischen) Tatsachen (die ja schon Text sind). Die Prosa *Nadja* ist so etwas wie ein *Automatismus zweiten Grades*. Freilich unterschlägt Breton die intellektuelle Anstrengung der Ausarbeitung der Prosa. Dazu gehört vor allem die Einfügung der Reflexionen, Betrachtungen usw. in den Tatsachentext. Doch gibt das erinnernde Ich ein gutes Stück seiner Auktorialität auf. Die surrealistischen Tatsachen, die mit vergangenen Ichs verknüpft sind, stellen sich sozusagen im Rücken des auktorialen Subjekts ein. Die Produktion des Kryptogramms als Verfügungsakt (Ausarbeitung der Prosa) wird von einer unverfügbaren, unbewußten, unwillkürlichen Produktion hinterfangen (Erinnerungs-

funktion).[15] *Schreiben = Erinnern = Produktion der Produktion des Kryptogramms.*

2) Breton präzisiert die Erinnerungstätigkeit als eine Reihe von *Fehlleistungen*: Irrtum, Auslassung, Verwirrung/Verwechslung, Vergessen. Die Erinnerung entstellt den *globalen*, ganzheitlichen, organischen, transparenten (gläsernen) Lebenstext. Erinnerung produziert eine Anti-"confession". Gestand Rousseau gelegentliche Lücken in seinem Lebenstext zu, verursacht durch Erinnerungsschwäche und fiktional auszufüllen, so wird in *Nadja* die Erinnerungsschwäche, die Lücke, die Entstellungsfunktion der Erinnerung textkonstitutiv.

3) *Die Funktion Entstellung des Schreibens ist nicht psychoanalytisch abgeltbar.* Die Entstellungen/Fehlleistungen entziehen sich der (psychoanalytischen) *Deutung* auf ein (alltags-)psychopathologisches Subjekt, eine psychologische Substanz hin. "Den Menschen aus sich selbst herauszutreiben", erwartet Breton von der Psychoanalyse: die Austreibung der Fiktion vom Menschen als identifizierbarem Subjekt. "Gerichtsvollzieherdienste" wirft er ihr vor: Handlangerdienste für die Gesellschaft, die sie erfüllt, indem sie die Subjekte normalisiert, klassifiziert, identifiziert. Und eben diese Funktion erfüllt die Psychoanalyse durch Herstellung von Ganztexten, die komplette Erinnerung des Lebenstextes.

Gegen diese von der Gesellschaft in Auftrag gegebene Geschichtsvernichtung bietet Breton seine Theorie des kryptogrammatischen Schreibens auf.

3. Eine Textimplosion; postalische Systeme in "Nadja"

Stufe 3 der Verschriftung gelingt in *Nadja* gelegentlich nicht. Am Überlebenspol regt sich das Begehren, das Vergangene *wieder zu erleben*, den Verführungsraum, den das Subjekt durch Verwandlung Nadjas in ein Buch erzeugt, auch ganz zu beherrschen, das Kryptogramm zu steuern. Der Verführungs/Erinnerungsraum ist aus einer Distanzierungsbewegung konstitutiv, aus der Differenz Leben/Tod entstanden, implodiert. Das geschieht am Ende der Episoden des ersten Teils, unmittelbar bevor die Nadja-Geschichte einsetzt:

> Enfin voici que la tour du Manoir d'Ango saute, et que toute une neige de plumes, qui tombe de ses colombes, fond en touchant le sol de la grande cour naguère empierrée de débris de tuiles et maintenant couverte de vrai sang! (*N*, p. 69)

---

15 Als Methode gleicht die Erinnerungsfunktion bei Breton der "mémoire involontaire" Prousts. Der gravierende Unterschied liegt in Voraussetzung und Ergebnis der Erinnerung. Bei Proust: Werkorganismus als verklärte Darstellung der Vergangenheit aus der Position des Noch-Lebenden; bei Breton: Kryptogramm als anorganischer Erinnerungsraum aus der Position des Überlebenden.

Das sinnliche Substrat dieses Bildes bleibt in ihm präsent: Im Turm ist ein Taubenschlag untergebracht, und der Federnschnee rührt von einem erschreckt auffliegenden Taubenschwarm her. Das Rot des Hofes, das Breton als Blut verkennt, ist motiviert durch die Ziegelsteintrümmer. War einige Seiten vorher in *Nadja* noch von Rimbaud die Rede, so drängt sich auch die Rimbaud'sche Dichtung beim Lesen dieses sinnlich-irrealen Bildes auf.[16]

Das Bild erschöpft sich aber nicht im Verfremdungseffekt sinnlicher Eindrücke, es ist Vollzug einer magischen Handlung, Beschwörungsritual: Vivifizierung des Verstorbenen, die *Rückverwandlung der Schrift* (Feder; "le Manoir d'Ango" = Ort des Schreibens) in Leben (Blut; Szenenwechsel: Rue Lafayette, "la vie à perdre haleine").

Der Preis dieser Umkehrung ist *das Erzählen*, das indiziert wird durch die chronologische Verfügung der Tatsachen. Es folgt die Nadja-Story in Tagebuchform.

Die nachträgliche Chronologisierung muß sich den Vorwurf gefallen lassen, Lücken, Brüche zu kompensieren, d. h. 1) psychologisierbar zu werden, 2) der Fiktion zu verfallen, 3) schrifttheoretisch: auf die Stufe 0 zu regredieren:

> Le 4 octobre dernier (1926, G. H..) (...) je me trouvais rue Lafayette. (...) Les bureaux, les ateliers commençaient à se vider, du haut en bas des maisons des portes se fermaient, des gens sur le trottoir se serraient la main (...) (*N*, p. 71 f.)

Klassisches Hintergrundgeschehen im "imparfait", Schilderung des Décors, in dem das Ereignis statt hat:

> Tout à coup (...) je vois une jeune femme (...) (*N*, p. 71 f.)

Breton geht ins historische Präsens über, Nadja ist zur Präsenz gebracht, in pures Signifikat verwandelt. ("Homme, je regarde maintenant cette femme dormir", hieß es im "discours".)

Mein Zitat des "Tagebuch"-Anfangs macht sich aber einiger Auslassungen schuldig. In der Rue Lafayette unterbricht Breton seine Promenade. In der Buchhandlung der "L'Humanité" erwirbt er den neuesten Trotzky. Er geht also mit einem Buch unter dem Arm spazieren, als er Nadja trifft. Er ist "porteur" einer "message". Eine belanglose Zwischeninformation der Nadja-Story? - Immerhin ist diese Zwischeninformation indexiert durch eine Photographie der Buchhandlung. Die Photographie schiebt sich zwischen Implosion auf dem "Manoir d'Ango", dem Schreibort, und Nadja-Story (in der von Breton betreuten Neuausgabe 1963 sogar im wörtlichen Sinne). Auf ihr ist ein riesiges Schild

---

16 Bis in die Bild*inhalte* hinein läßt sich Rimbauds Spur verfolgen. Man denke an die Zeile aus "Bateau ivre": "Je sais (...) l'aube exaltée ainsi qu'un peuple de colombes". ("Les AUBES, le matin = l'espoir" ist in *Nadja* dem Augenaufschlag und dem Flügelschlagen assoziiert. Vgl. *N*, p. 130) Zur traditionellen Assoziation roter Gegenstand - Blut/Blutiges vgl. bei Rimbaud z. B. "drapeau de chair sanglante".

in Höhe der ersten Etage zu sehen mit der Aufschrift "On signe ici", darunter ein großer, gekrümmter Pfeil, der auf die Eingangstür der Buchhandlung, aber auch auf die rechte Buchseite, wo das Tagebuch beginnt, verweist. "Man unterzeichnet hier." - Man hat es hier (in der Erzählung) mit *Signaturen*, schriftlichen Zeichen zu tun. - Erinnerung an die Materialität und die Wiederholung der Signifikanten, an den "Träger-Charakter" der Dinge und Personen.

Bei der zweiten Begegnung (5. Oktober) macht Breton auch Nadja zum Zeichen-/Buchträger. Er bringt ihr zwei seiner Bücher mit: das Manifest und *Les pas perdus*. Beim dritten Treffen trägt Nadja *Les pas perdus*, teilweise aufgeschnitten, mit sich. Breton unterhält sich mit ihr lange über bestimmte Passagen. Die Verwandlung Nadjas in Schrift (in einen surrealistischen Buch-Träger) setzt also schon in der "Erzählung" ein. Die Überlebensposition (Aufschreibposition) bleibt transparent beim (trotz) Erzählen.

Das wird auch deutlich bei der langen Unterhaltung zwischen Nadja und Breton auf einer Caféterrasse nach ihrer ersten Begegnung. Nadja erzählt aus ihrer Vergangenheit: fiktive Stories, Zitate, die sich in die "Erzählung" einfügen. Als sie ihre Bewunderung für die "braves gens" in der Metro zum Ausdruck bringt, erregt sich Breton sehr und hält ihr eine Rede über die Idiotie der Menschen in der Metro, Arbeit und Freiheit - eine druckreife, stilistisch ausgearbeitete Rede, eher ein Traktat, jedenfalls eine Rede, die zu erkennen gibt, daß sie nicht Teil einer wirklichen Unterhaltung, sondern in die "Erzählung" eingefügtes Zitat, am Überlebenspol abgefaßt ist.

Soweit einige Hinweise, die zeigen, daß der Schein von Leben, den die Implosion des Turmes des "Manoir d'Ango" zu erzeugen vorgab, *als Schein* in der Schrift *Nadja* bewußt bleibt. *Breton erliegt nicht der Erzählfiktion. Die Chronologisierung der Tatsachen bleibt diesen äußerlich.*[17]

Der Erzählvorgang ist eine untergründige Bewegung, die von der Bewegung der Wiederholung der Signifikanten, der Ausstreuung der Schriftzeichen überdeckt/überspielt und beherrscht wird.

Diese Bewegung ist eine *postalische Bewegung* in gewissem Sinne.

---

17 Lenk interpretiert sie als Parodie der Tagebuchform. (Vgl. Lenk, a. a. O., p. 80 f.)
Während der erste Teil (einleitende Reflexionen, Anekdoten vor der Nadja-Geschichte) ohne jede Notizenvorlage auf dem "Manoir d'Ango" verfaßt wurde - das "hôtel des Grands Hommes" also nur erinnerter Schreibort war -, konnte Breton bei der Niederschrift der Nadja-Geschichte wahrscheinlich auf Tagebuchnotizen zurückgreifen, die er in der Zeit der Begegnungen mit Nadja (4. - 13. Okt. 1926) anfertigte. Zwar konnten solche Tagebuchnotizen nicht aufgefunden werden, doch erlauben briefliche Mitteilungen Bretons über den Fortgang der Niederschrift diese Hypothese. (Vgl. *OeC*, p. 1504 f.)
Breton bedient sich also einer *Mit*schrift des Lebenstextes, und die aktuelle Textproduktion findet nicht in der Erinnerung statt, sondern ist die Sekundärbearbeitung eines schon vor einiger Zeit geschriebenen Textes. Die Mitschrift konstituiert das Erzählerische, die Sekundärbearbeitung trägt teils dazu bei (Vivifizierung des Vergangenen), teils bricht sie den Erzählvorgang auf.

Die Erzählung in Tagebuchform, in strenger Chronologie, mit genau definiertem Anfang und Ende stellt eine ideale Sendung mit Ursprung und Bestimmungsort dar, eine gerichtete, adressierte Sendung. Der Erzähler, der sich vorgenommen hat, eine bestimmte Begebenheit aus seinem Leben zu erzählen, *sendet sich* von einem bestimmten Punkt aus, den er für den Ursprung dieser Begebenheit hält, (d. h. er *versetzt* sich an diesen Punkt zurück, er schaltet die Differenz Leben/Tod aus), er durchläuft die Chronologie von diesem Punkte aus (- dazu eignet sich die Tagebuchform -) und kommt schließlich an einem bestimmten Punkt an, den er für den Abschluß der Begebenheit hält. Alle strategisch wichtigen Punkte dieses imaginären Postsystems werden vom Erzähler selbst besetzt. Die Sendung ist die Erzählung. Sie ist am Ende enthüllbar geworden. Der Erzähler erkennt sich in ihr wieder.

Eben dieses Modell funktioniert in *Nadja* nicht. Der Bericht der Ereignisse zwischen Begegnung und Bruch mit Nadja ist nicht Erzählung mit einer logischen (etwa psychologisch motivierten) Verlaufsform - adressierte Sendung -, sondern ein postalisches Netz, das sich im Rücken des erzählenden Subjekts ausbreitet. Das erzählende Subjekt ist Träger einer Nachricht. Aber der Ursprung der Nachricht ist unbekannt. Der Empfang ist gestört. Die Nachricht disseminiert, zerstreut sich beim Transport. Nur Bruchstücke kommen an.

Es gibt eine Vielzahl von Nachrichten in *Nadja*: Die Hotel-, Straßen- und Reklameschilder sind Nachrichten; Nadja empfängt telepathische Nachrichten für Breton; Breton empfängt eine Postkarte von Louis Aragon aus Italien - und Zeichnungen von Nadja auf Postkarten; Nadja schlitzt surrealistische Bücher wie Post auf und deutet sie für Breton; Max Ernst will Nadja nicht malen, weil er von Mme Sacco (Hellseherin) eine Nachricht über sie erhalten hat; Nadja erhält lächerliche Briefe von einem gewissen G. usw.

Nadja bringt dieses postalische Prinzip einmal auf eine präzise Formel. Sie ruft bei Breton an (offenbar hat sie eine Nachricht für ihn), der ist aber nicht zuhause, jemand anders nimmt ab. Auf die Frage, wo man sie erreichen könne, antwortet sie: "On ne m'atteint pas." (*N*, p. 111) Der Empfängerpol schaltet sich aus. Nachrichten für Nadja kommen nie an, und da Nadja Bretons Empfangsmedium ist, kommen sie auch für ihn nicht an.

Am Ende der Nadja-Geschichte verwahrt sich Breton ausdrücklich gegen den Verdacht des Finalismus oder Teleologismus (*N*, p. 137) Teleologisch ist die mit Absender und Adresse versehene Sendung, die in eine Verlaufsform gebrachte Erzählung. Das schreibende/erinnernde Ich ist nicht scheinhaft lebendige, intakte Sender-Empfänger-Einheit, wo sich Geschichten/Stories in einer idealen symbolischen Ordnung *schließen* (und Geschichte vernichtet wird), es hat sich zurückgezogen auf die Überlebensposition, und das ist die Position eines gestörten Empfängers, der diffuse Sendesignale empfängt und sich darauf beschränkt zuzusehen, wie sie sich zur unauflösbaren kryptogrammatischen Nachricht vernetzen.

Das "postalische System" ist keine literarische "Erfindung" Bretons. Kittler hat die These aufgestellt und vielfach belegt, daß technische Medien/Aufschreibesysteme unabweisbare Bedingung des Aufschreibesystems Literatur sind; technische Erfindungen gehen der Erfindung literarischer Verfahren voraus.[18] Auch Bretons Kryptogramm = postalisches Netz hat ein technisch-mediales Vorbild: die drahtlose Telegraphie. Unter den postalischen Medien (Brief, Postkarte, Telephon - auf Seite 111 wird in *Nadja* auch eine Rohrpost gesendet) hat die "télégraphie sans fil" eine hervorragende Bedeutung für Breton.

Der Ausdruck "sans fil" brachte ihn schon im "discours" zum Träumen. Da ist er allerdings noch literarisches Zitat, nämlich einem poetologischen Text Marinettis entlehnt.[19] In *Nadja* zitiert Breton nicht mehr "Literatur", sondern eine informationstheoretisch sehr informative Zeitungsmeldung, die fast die ganze letzte Seite des Buches füllt (letzte Nachrichten):

> X (...), 26 décembre. - L'opérateur chargé de la station de télégraphie sans fil située à *L'Ile du Sable*, a capté un fragment de message qui aurait été lancé dimanche soir à telle heure par le (...) Le message disait notamment: "Il y a quelque chose qui ne va pas" mais il n'indiquait pas la position de l'avion à ce moment, et, par suite de très mauvaises conditions atmosphériques et des interférences qui se produisaient, l'opérateur n'a pu comprendre aucune autre phrase, ni entrer de nouveau en communication.
> Le message était transmis sur une longueur d'onde de 625 mètres; d'autre part, étant donné la force de réception, l'opérateur a cru pouvoir localiser l'avion dans un rayon de 80 kilomètres autour de *L'Ile du Sable*. (*N*, p. 190)

Die letzte Szene des Buches ist eine Telegraphiestation: Positionen werden lokalisiert, "Botschaften" empfangen, es wird Tele-Kommunikation betrieben (technisch hergestellte Telepathie), Wellen und Rezeptionsstärken werden gemessen. Das ist genau die Schreibposition Bretons: eine Empfangs- und Überle-

---

18 Vgl. Kittler *Aufschreibesysteme 1800/1900*, München 1987 (2).
19 Vgl. den 1913 zuerst erschienenen Artikel Marinettis "Distruzione della sintassi, Immaginazione senza fili, Parole in libertà" in: Marinetti, *Teoria e invenzione futurista*, Milano 1968, pp. 66-80; französische Übersetzung in: Marinetti, *Les Mots en liberté futuristes*, Milan 1919 (aus dieser Übersetzung kannte Breton wahrscheinlich den Text).
Unter der "immaginazione senza fili" versteht Marinetti zunächst in einem schreibtechnischen Sinne die Produktion von "espresse con parole slegate e senza fili conduttori sintattici" (Marinetti, a. a. O., p. 72). Im folgenden ist aber auch die Rede von "immagini telegrafiche". (Ebd., p. 73)
Breton lehnt die futuristische Subversion der Syntax im "discours" explizit ab. (*PJ*, p. 23) Er übernimmt nur die technisch-postalische Konnotation des Ausdrucks "senza fili" und verdichtet ihn mit griechischer Mythologie: "sans fil" ist der im Glaslabyrinth eingeschlossene Theseus. - Aber hat der Theseus-Mythos bei Breton nicht schon einen postalischen Sinn? Theseus, mit einer Mission unterwegs, aber von keinem Faden geleitet, umher*irrend*, ist Träger einer ursprungslosen und nicht adressierten Sendung. Das Glaslabyrinth ist der Schriftraum diversifizierter telegraphischer Nachrichten.

bensposition (- es werden ja Signale empfangen, die aus der Position tödlicher Bedrohung gesendet wurden).

So kann das Kryptogramm unter postalischem Gesichtspunkt als *Netz von telegraphischen Sendungen* beschrieben werden; als Netz, aufgespannt zwischen dem Überlebens-/Empfangspol und einem unbestimmbaren, diversifizierten, gestörten Sendepol; oder auch als Wellensalat, als *Schichtung* von Nachrichten, Textbruchstücken/Nachrichten verschiedener Empfangsstärke; als gestörte Kommunikation.

4. Kryptogramm und Leidenschaft

Gegen Ende der Nadja-"Story" taucht Breton aus der untergründigen Erzählbewegung ganz am Überlebenspol auf. Sendesignale bleiben aus. Breton *kommentiert* die Zeichnungen Nadjas, *reflektiert* im nachhinein über seine Beziehung zu ihr und *polemisiert* gegen die Psychiatrie - alles deutliche Zeichen von Überleben. Ganz am Ende werden noch mal Sendesignale vernehmlich, aber Breton hat sich getäuscht, es war nur sein Echo, er hat selbst gesendet. Funkstille. Das Subjekttheoretiker-Ich fängt an zu sprechen in der Einleitung. Der Text schließt sich also am Überlebenspol, ohne freilich eine "einzigartige Nachricht" übermittelt zu haben. Die Botschaft ist das Kryptogramm.

Nach viermonatiger Unterbrechung (August - Dezember 1927) nimmt Breton die Arbeit an *Nadja* wieder auf. Schreibort ist nicht der "Manoir d'Ango", sondern der Ort der Nadja-"Story" selbst: Paris. Als er sich an die Fortschrift des Textes begibt, macht er zunächst eine peinliche Entdeckung: Es hat sich eine ganze Menge Text angesammelt (damals auf dem "Manoir") - fast schon ein *Buch*, und der Text hat auch Ähnlichkeiten mit einer Story. Die Überlebensposition könnte ihm als *Autorposition* ausgelegt werden. Autor ist der, der Text ver-faßt, in eine bestimmte (z. B. organische, geschlossene) Verfassung bringt. Gegen den Verdacht, Autor zu sein, verwahrt er sich also zuerst, als er wieder anfängt zu schreiben.

(Die Theorie des kryptogrammatischen Schreibens impliziert die Kritik der Autorfunktion, wie ich auf der 3. Stufe der Verschriftung gezeigt habe. Ausführlich und explizit werde ich Bestimmung/Kritik der Autorfunktion bei Breton im nächsten Kapitel behandeln, zunächst aber ohne Rücksicht auf genannte Implikation die kryptogrammatische Funktion im Schlußteil von *Nadja* untersuchen.)

Breton bestreitet nicht schlichtweg, Buch-Verfasser zu sein, er begründet auch, warum es für ihn unmöglich ist, den Text in eine Verfassung zu bringen, d. h. zu überarbeiten:

(...) Les espacements brusques des mots dans une phrase même imprimée[x)], le trait qu'on jette en parlant au bas d'un certain nombre de propositions dont il ne saurait s'agir de faire la somme, l'élision complète des évènements qui, d'un jour à quelque autre, bouleversent de fond en comble les données d'un problème dont on a cru pouvoir faire attendre la solution, l'indéterminable coefficient affectif dont se chargent et se déchargent le long du temps les idées les plus lointaines qu'on songe à émettre aussi bien que les plus concrets des souvenirs, font que je n'ai plus le coeur de me pencher que sur l'intervalle qui sépare ces dernières lignes de celles qui, à feuilleter ce livre, paraîtraient deux pages plus tôt venir de finir.[xx)] Intervalle très court, négligeable pour un lecteur pressé et même un autre mais, il me faut bien dire, démesuré et d'un prix inappréciable pour moi. Comment pourrais-je me faire entendre? Si je relisais cette histoire, de l'oeil patient et en quelque sorte désintéressé que je serais sûr d'avoir, je ne sais guère, pour être fidèle à mon sentiment présent de moi-même, ce que j'en laisserais subsister (...)
(...) Nadja est si loin (...) tinte à mon oreille un nom qui n'est plus le sien. (*N*, p. 173/175 ff.)

Wesentliches, den "affektiven Koeffizienten" bestimmendes Ereignis in den vier Monaten zwischen Niederschrift der Nadja-"Geschichte" und Fortschrift des Textes ist die Tatsache, daß Breton sich in eine Frau leidenschaftlich verliebt hat. Diese Frau ist in *Nadja* namenlos, ohne Signatur, noch nicht in ein surrealistisches Buch verwandelbar. Das Schicksal der Verschriftung widerfährt ihr erst fünf Jahre später in den *Vases communicants*. Sie wird dort an Stelle einer Signatur mit dem Buchstaben X bezeichnet.[20] In *Nadja* markiert sie eine Abwesenheit. Sie ist abwesender Empfänger eines Liebesbriefes, den Breton in den Schlußteil einfügt, und genießt das Privileg, mit "Du" (im Text hervorgehoben) angeredet zu werden, während Nadja bis zum Schluß in der Distanz der Sie-Anrede gehalten wurde. X: in der Schrift abwesend, in Wirklichkeit lebend, geliebt; Nadja: in der Distanz des puren Schriftzeichens, also mortifiziert, in Wirklichkeit in der psychiatrischen Anstalt interniert und schrifttheoretisch im Verführungs-/Schrift-/Erinnerungsraum interniert.

Der Eintritt von X in Bretons Leben verändert entscheidend die Schreibposition: Sie ist keine Überlebensposition mehr, sondern eine ganz und gar gefestigte Position, Position des Verliebten, der zu Verkennungsakten neigt. - Etwa Verkennung der Differenz Tod(Schrift)/Leben. Es herrscht Implosionsgefahr: Implosion des Verführungs- und Erinnerungsraumes, in dem die "différance"-/"différenciation" sich abspielt, Idealisierung der Schrift zur glatten Spiegelfläche, in der sich ein ursprüngliches Gefühl spiegelt.

---

x) Der erste Teil (einleitende Reflexionen) wurde bereits im Herbst 1927 in der Zeitschrift *Commerce* cah. XIII abgedruckt.
xx) Zwei Seiten vorher endet die Nadja-Geschichte.
20 Es handelt sich um Suzane Muzard, die zukünftige zweite Frau von Emmanuel Berl, 1927 noch seine "maîtresse". Breton trifft sie im Herbst 1927 bei den Besprechungen eines verlegerischen Projekts mit Berl und Aragon. 1928 heiratet Berl Suzanne, die Liaison mit Breton dauert noch bis Ende 1931. Detaillierte Angaben zur Person Suzanne Muzard und ihrer Beziehung zu Breton in *OeC*, p. 1506 ff.

Der veränderten Schreibposition entsprechend schwankt Breton in dem Schlußteil zwischen *zwei Schriftkonzeptionen*: die eine die Differenz/"différance" anerkennend - d.i. die alte Position des Kryptogrammatikers, die andere die Differenz/"différance" unterdrückend, das Kryptogramm vernichtend.

1) *Bestätigung der Theorie des kryptogrammatischen Schreibens:* Breton anerkennt zunächst die irrevokable Mortifikation des Lebens in der Schrift, die Unverfügbarkeit des Kryptogramms, die empfindliche Materialität des postalischen Systems. Jede noch so kleine Retouche, "Verbesserung", jeder Eingriff im nachhinein würde das Kryptogramm verfälschen oder das postalische Netz zerreißen, das sich in der Unverfügbarkeit ausgebreitet hat. Es entstand ja im Rücken des schreibenden/sich erinnernden Ichs, das sich in einer bestimmten, passiven Schreibdisposition befand. Aus der neuen Schreibposition heraus, sowie sich Breton sozusagen herumdreht, "rücken die Worte auseinander", "Auslassungen von Ereignissen" (Texttatsachen) werden sichtbar - Lücken und Auslassungen bezogen auf ein ganz anderes Kryptogramm, das Breton zum neuen Zeitpunkt von derselben Periode (sich) schreiben (lassen) würde. Das Kryptogramm kann nicht verbessert, nur *neu* - oder *weiter* - geschrieben werden.[21]

Die Entzifferung/Produktion des Kryptogramms wird von einer aufschiebenden Bewegung durchlaufen, die bewirkt, daß diese Produktion stets verschoben von "*dem* Leben" (Stufe 0) oder der Textproduktion des Lebens (Stufe 1), stets zu spät ist, nie ankommt. Die differierende Signifikantenkette rastet quasi nie ein in einer idealen Signifikation (Herstellung der reinen Präsenz, Enthüllung der "message").

Breton nennt explizit den Begriff des Aufschubs ("retard") und erläutert ihn in einer Fußnote (nach: "(...) paraîtraient deux pages plus tôt venir de finir") an einer Anekdote. Eines Tages beobachtet er am "quai du Vieux-Port" in Marseille einen Maler, der die untergehende Sonne im Bild "festhalten" möchte. Der Maler scheitert, weil der Malakt stets hinter dem Naturgeschehen zurückbleibt. Schließlich löscht er noch die letzten Lichtreflexe auf seinem Bild. "Son tableau, fini pour lui et pour moi le plus inachevé du monde, me parut très triste et très beau." (*N*, p. 175)

2) *Schreiben als Geschichtsvernichtung:* Die Anekdote enthüllt auch einige metaphysische Präsuppositionen, in die sich Breton in seiner neuen Schreibposition verstrickt. (Und der Maler ist offensichtlich sein Modell, wie an der, wenn auch gemischten Bewunderung ablesbar.) Der Maler ist ja fixiert auf *Repräsen-*

---

21 Die Argumente für Retouchen, die Breton gibt, als er 35 Jahre später tatsächlich das macht, zu dem er sich vier Monate später nicht in der Lage sieht, sind daher unglaubwürdig: Die "Rücksicht auf den besseren Ausdruck" (*N*, p. 7) widerspricht der Theorie des kryptogrammatischen Schreibens. Die Unterscheidung zwischen "Subjektivität" und "Objektivität" ist scheinhaft: Es gibt nichts als die pure Objektheit des Geschriebenen. (Zu den Varianten vgl. auch Fußnote 23).

tation der untergehenden Sonne. Er malt eben nur nicht ein Bild, sondern so etwas wie einen Film. Er repräsentiert nicht einen Augenblick, sondern eine Bewegung, viele Augenblicke. D. h. er verkennt seine Leinwand als Spielfeld der "différance", als Einschreibefläche der Zeichen, die aufhören, etwas in der aktuellen Wahrnehmung zu bezeichnen.[22] Uneingedenk der aufschiebenden Bewegung befindet er sich in der Illusion, wenigstens für einen Augenblick die Sonne tatsächlich zu repräsentieren. Was er betreibt ist permanente Geschichtsvernichtung. Die Zeichen werden stets wieder gelöscht. Nachdem die Sonne untergegangen ist (d. i. die mögliche Geburtsstunde des autoreferentiellen Zeichenspiels), hört er auf zu malen.

Eine analoge Schriftkonzeption legt der zweite Teil meines Zitats (nach der Fußnoteneinrückung) nahe. Breton wird zum Schriftphänomenologen: Es gibt, so deutet er an, so etwas wie einen "Hof" des Schreibens. Innerhalb bestimmter Grenzen, hier markiert durch den Neueinsatz des Textes, ist das Schreiben nämlich "fidèle à mon sentiment présent de moi-même". Nicht reine Präsenz/unmittelbarer Ausdruck des Denkens soll die Prosa sein, wie vormals die "écriture automatique", aber die schriftlichen Äußerungen, Reflexionen, Mitteilungen von Begebnissen sollen doch ein Grundgefühl zu einem bestimmten Zeitpunkt *repräsentieren*. Sie sind sozusagen von diesem Gefühl getränkt. Der Erinnerungsraum, aus der Selbstdistanzierung und -mortifikation des schreibenden Ichs entstanden, schrumpft zusammen zu einer Art "innerem Schreibbewußtsein", das in der Rückidentifikation des schreibenden Ichs mit einem gegenwärtigen Gefühl begründet ist. Dieser Schreibkonzeption folgend stellt Breton die "différance" still und entkoppelt den Text, den er augenblicklich verfaßt, vom Kryptogramm der Nadja-Geschichte. Er schreibt es tatsächlich nicht fort, das postalische Netz vernetzt sich nicht weiter, sondern er schreibt in linear sich anordnenden, abgeschlossenen "Intervallen", idealen Postwegeinheiten, innerhalb derer die Nachricht "sentiment présent de moi-même" zirkuliert, stets schon angekommen ist. Die Nadja-Geschichte wird vernichtet, weil unterstellt wird, ihre "message" sei angekommen.

Die Vernichtung der Nadja-Geschichte geschieht sehr deutlich in dem Liebesbrief an X.

Zuerst wird die Geschichte/Sendung adressiert - nämlich an X verschickt:

C'est cette histoire que, moi aussi, j'ai obéi au désir de *te* conter (...) (*N*, p. 184)

---

22 Zur Geburt des Geschriebenen als dieses Zeichenspiel in der Einschreibung nach Vergehen/Versterben seiner Bezeichnungsfunktion vgl. auch Derrida, *L'écriture et la différence*, Ps 1967, p. 23 ff.

X als Empfangspol ist auch der Ort der Geschichtsvernichtung. Es entstehen dort nämlich neue mächtige Sendesignale, die diejenigen Nadjas zudecken. X ist lebendige Sendung:

> Toi, la créature la plus vivante, qui ne parais avoir été mise sur mon chemin que pour (...) (*N*, p 185)

Die Sendung Nadja war leicht störbare, empfindliche Nachricht in der Luft, auf unbekannter Wellenlänge:

> J'ai pris, du premier au dernier jour, Nadja pour un génie libre, quelque chose comme un de ces esprits de l'air que certaines pratiques de magie permettent momentanément de s'attacher, mais qu'il ne saurait être question de se soumettre. (*N*, p. 130)

Der Sendepol/die Sendung X ist lokalisierbar:

> Le génie, je me flatte de savoir où il est, presque en quoi il consiste (...) Je crois aveuglément à ton génie (...) (*N*, p. 186)

Als stabile Sendung schluckt X Nadja und *kommt schließlich an*. - Breton verfällt dem Teleologismus, den er am Ende der Nadja-Geschichte ausdrücklich ablehnte. Die Metamorphosenvielfalt der Nadja-Geschichte wird gewaltsam stillgestellt und präformistisch als eine Reihe unvollkommener Vorformen gedeutet, die in der geliebten X zu sich selbst kommen:

> Sans le faire exprès, tu t'es substituée aux formes qui m'étaient les plus familières, ainsi qu'à plusieurs figures de mon pressentiment. Nadja était de ces dernières, et il est parfait que tu me l'aies cachée.
> Tout ce que je sais est que cette substitution de personnes s'arrête à toi, parce que rien ne t'est substituable, et que pour moi c'était de toute éternité devant toi que devait prendre fin cette succession d'énigmes. (*N*, pp. 186/87)

Das im Liebesgefühl gefestigte Ich ist ein Effekt der Verkennung. Breton greift auf das Paradigma aller Dialektik zurück: die Liebe, in der das seiner selbst entfremdete Ich zu sich selbst zurückkehrt, indem es in einer höheren Einheit aufgehoben wird. Sich selbst im anderen verkennend ("Je crois aveuglément à ton génie"), hört Breton auf, Kryptogramme zu schreiben/entziffern. Das Rätsel ist gelöst. Er wendet sich von ihm ab:

> Je dis que tu me détournes pour toujours de l'ènigme. (*N*, p. 187)

Die Leidenschaft verführt zur Fiktion, daß das Rätsel: der "message unique", das wahre Subjekt enthüllt sei (- die Wahrheit ist die Identifikation mit dem anderen). Tatsächlich löst sie das Rätsel nicht, sie löst es auf, vernichtet es. Der Gestus der *Abwendung* bezeichnet die Geschichtsvernichtung. Baudrillard dazu:

"Je mehr man sich vom Rätsel (dem aufgedeckten Scheinhaften) entfernt, desto mehr gelangt man zum Bekenntnis, zur Wahrheit (zum Realen)."[23]

Breton weiß um den Preis der Leidenschaft: Wenn Nadja nur eine Vorform von X ist, dann bedurfte sie gar nicht der Verwandlung in ein Buch. Sowie die Wahrheit der Liebe das Rätsel ersetzt, wird auch die Bedingung der Artikulation des Rätsels: die Schriftwerdung des Ichs, hinfällig:

> Puisque tu existes, comme toi seule sais *exister*, il n'était peut-être pas très nécessaire que ce livre existât. (*N*, p. 187)

Die Wahrheit der Liebe ist totalitär, zwanghaft: "tout ou rien". (*N*, p. 187) Und dieses wahre Ganze (das idealisierte Reale) befragt Breton am Ende des Liebesbriefes skeptisch. Tatsächlich desavouiert die Skepsis des letzten Abschnitts die vorhergehende Apologie der Leidenschaft:

> Au plus m'aviserais-je de l'interroger (die Leidenschaft, G. H.) sur la nature de ce "tout", si, à ce sujet, pour être la passion, il ne fallait pas qu'elle fût hors d'état de m'entendre. Ses *mouvements divers* même dans la mesure où j'en suis victime, - et qu'elle soit jamais capable ou non de m'ôter la parole, de me retirer le droit à l'existence, - comment m'arracheraient-ils tout entier à l'orgueil de la connaître, à l'humilité absolue que je me veux devant elle et devant elle seule? Je n'en appellerai pas de ses arrêts les plus mystérieux, les plus durs. Autant vouloir arrêter le cours du monde, en vertu de je ne sais quelle puissance illusoire qu'elle donne sur lui. Autant nier que "chacun veut et croit être meilleur que ce monde qui est sien, mais que celui qui est meilleur ne fait qu'exprimer mieux que d'autres ce monde même" (Hegel). (*N*, p. 188)

Die Leidenschaft ist verborgene Kraft, eine Abwesenheit - und nicht Wahrheit, die in der realen Beziehung zu X zu sich selbst kommt (ankommt). Breton ist ihr ausgeliefert, unterworfen. (Der leidenschaftlich Verliebte aber gelangt, sich mit dem anderen identifizierend, zur Selbstgewißheit: er nimmt eine Herrschaftsposition ein.) Die Unterwerfung unter die Leidenschaft geht so weit, daß

---

[23] Baudrillard, *Laßt Euch nicht verführen*, Merve-Verlag, p. 23. Baudrillards Konstruktion Liebe = Bekenntniszwang = Zwang zur Wahrheit greift zweifellos Motive Foucaults auf, der an die Stelle der Liebe den Sex bzw. die Rede über Sex setzte (Vgl. Foucault, *Sexualität und Wahrheit*, Ffm 1977)

Dieser Zusammenhang ist aufschlußreich für eine vieldiskutierte Änderung, die Breton bei der Neuausgabe von *Nadja* 1963 an der ersten Fassung vorgenommen hat: Er streicht aus dem Text die Tatsache, daß er eine Nacht mit Nadja im "hôtel du Prince de Galles" in St. Germain zubrachte. André Pieyre de Mandiargues wundert sich sehr über diese Streichung und interpretiert sie als "sacralisation" Nadjas. (Mandiargues, *Le Désordre de la mémoire*, Ps 1975, pp. 113-115)

Bonnet sieht darin ein Schuldbekenntnis Bretons, "qu'il avait laissé les choses aller trop loin", daß er den Sturz Nadjas befördert habe, indem er, mit ihr schlafend, ihr erst Hoffnungen gemacht und dann den Kontakt abgebrochen habe. (Vgl. *OeC*, p. 1516) Ich sehe in der Textänderung einen Nachhall des Teleologismus der letzten Seiten und eine Bestätigung der Konstruktion Baudrillards/Foucaults. Die Liebe (zu X) ist exklusiv. Nadja ist bloß eine unvollkommene Vorform, die Ankündigung der "wahren" Liebe, also durfte Breton nicht mit ihr schlafen. Umgekehrt: Die Rede über Sex wird aus dem Verführungsraum ausgeschlossen. - An einer anderen Stelle ergänzt Breton in der Neuausgabe 1963 den ursprünglichen Text und bringt den Gegensatz X / Nadja auf den von "coeur" / "esprit" (*N*, p. 176): Liebe ("passion") / Verführung ("séduction mentale"). (Vgl. auch *E*, p. 141).

sie Breton das Wort, das Existenzrecht als surrealistischer Textproduzent nehmen könnte. Wenn sie das nicht tut, ist sie Textproduktionsmaschine - wie die große Unbewußtheit, d.i. keine Unmittelbarkeit/Präsenz, sondern eine Abwesenheit, die die differierende Bewegung der Schrift aus sich entläßt. Die Leidenschaft "kennt" Breton nur in ihren *"diversen Bewegungen".* Sie ist dunkler, verborgener Sendepol, der diverse Nachrichten aussendet und manchmal ganz aufhört zu senden (s. "les arrêts mystérieux"). *Illusion* ist es, die diversen Nachrichten zur unbeschadeten, einzigartigen Botschaft zu idealisieren, die differierende Bewegung zu unterdrücken. Auch das apokryphe Hegel-Zitat verweist auf Textproduktion. Breton legitimiert damit seine Schreibfunktion, die Welt besser auszudrücken als andere. (Das ist allerdings eine sehr vereinfachende, alle Differenzierungen auf den vorhergehenden 180 Seiten nivellierende Formulierung.)

Die ästhetische Reflexion der letzten Seiten ist das Produkt der skeptischen Befragung der Leidenschaft. *Breton kehrt zur ersten Schreibkonzeption zurück.* Als Ästhetiker-Ich rückt er aus der Position des Verliebten aus und wieder in die Überlebensposition ein.

Die Schönheit sei weder statisch noch dynamisch, heißt es im letzten Abschnitt, sie sei wie ein Zug im Gare de Lyon, der unaufhörlich "springt" (hin- und herfährt) "et dont je sais qu'il ne va jamais partir, qu'il n'est pas parti".[24] *Weder statisch*: nicht ein abgestellter Zug, eine *außer Kraft gesetzte* Maschine; die Schönheit ist nicht der eiserstarrte Baudelairesche "rêve de pierre": ein Kryptogramm, das abgespalten vom schreibenden Ich, eingekapselt in einem abgeschlossenen "Intervall" ist; sondern: unaufhörliche Fortschrift, Ausbreitung des postalischen Systems. *Noch dynamisch*: nicht "un galop effréné", ein Zug, der abfährt, um an einem bestimmten Ort anzukommen, geschickter und ankommender Träger einer Botschaft (Transportmittel); nicht *unmittelbar umgesetzte Kraft*: ein ursprüngliches, lebendiges, leidenschaftliches Gefühl, zur Präsenz gebracht - die Kraft, in die reine Bewegung des fahrenden Zuges verwandelt, wäre vollkommen inintelligibel (Auslöschung des Rätsels)-; sondern: Aufzeichnung der Stöße ("saccades") des im Bahnhof "springenden" Zuges; Spur/Schrift gewordenes Leben.

Das Kryptogramm *verzeichnet* Stöße: diffuse, unbestimmte Sendesignale. Die letzte Seite von *Nadja* handelt von zwei kryptogrammatischen Aufschreibemaschinen: dem Seismographen und dem drahtlosen Telegraphen. Beide Apparate (auch der Telegraph der letzten Seite, vgl. das vorhergehende Kap.) bezeichnen

---

24 Lt. Bonnet verweist das Bild auf ein biographisches Detail: Um Suzanne Muzard von Breton zu trennen, verreiste Berl im Dez. 1927 mit ihr nach Korsika. Ihr Zug fuhr im "Gare de Lyon" ab. Vgl. *OeC*, p. 1562 f.

eine Empfängerposition: Empfangen/aufgezeichnet werden irrevokabel von ihrem Ursprung verschobene, von einem nicht genau lokalisierbaren Sendepol gesendete "Botschaften". Im Falle des Seismographen ist der Sendepol vulkanische *Kraft, Verschiebung* (der Erdkruste) oder *Einsturz* (unterirdischer Hohlräume). Der Funkspruch, der auf der Telegraphenstation der letzten Seite von *Nadja* empfangen wird, stammt von einem *abstürzenden* Flugzeug - ein Sendepol, der im Begriff ist, zerstört zu werden. Das Unglück findet im Umkreis der "île de sable" statt - dem Namen nach ein Ort der Metamorphose. Breton stellt also schließlich die Metamorphosenvielheit Nadjas wieder her.[25]

Vom Sendepol aus gesehen, kommen die Nachrichten nie an und zerstreuen sich in eine Vielzahl von Tele-, Seismo-Grammen/Schriftzeichen, die den Spielraum des Kryptogrammes eröffnen.[26]

---

25 Die Veränderungen des Zeitungsartikels aus *Le Journal* vom 27. Dez. 1927 in *Nadja* sind bezeichnend: Breton hebt den Namen der Insel typographisch hervor, läßt aber alle übrigen geographischen Präzisierungen aus.
26 Lenk hat den Schlußteil auf drei Konklusionen hin interpretiert (vgl. Lenk, a. a. O., p. 93 ff.):
1) Das tragische Ende: Von Nadja, der inkarnierten Surrealität, bleibt nichts als die ästhetische Illusion, eine erstarrte Welt, übrig; die Türen/Tore schließen sich (die Porte St. Denis, die schlagenden Türen des Buches, man könnte hinzufügen: die Türen der Irrenanstalt, in deren Schlössern sich die Schlüssel geräuschvoll drehen [*N*, p. 160]).
2) Gegen die Surrealität macht sich die Wirklichkeit geltend, die das Ästhetische negiert; im positiven Sinne: die reine Leidenschaft, negativ: als die Verletzungen, die sich der fensterstürzende M. Delouit zuzieht.
3) Mit der Ästhetik der konvulsiven Schönheit findet Breton einen Mittelweg: die Fusion von ästhetischem und erotischem Interesse.
Die Fatalität des M. Delouit besteht nach Lenk darin, daß dieser sich in Wirklichkeit so verhält, wie Breton in der "confession" nur in Gedanken. Sein Schicksal kompromittiere die Surrealität im heroischen Sinne. - Der Konflikt zwischen Imagination und Wirklichkeit wird aber dadurch produziert, daß M. Delouit der *Erinnerung* und d. h.: der Schrift unfähig ist. Die entropische Selbstauflösung des M. Delouit wird durch den Akt der Verschriftung stillgestellt. Die Surrealität wird nicht kompromittiert, sondern behauptet sich - unblutig - gegen die Wirklichkeit kraft der Schrift/des kryptogrammatischen Schreibens.
Die Reflexion Bretons, die Lenk als die auf den tragischen Ausgang der Nadja-Geschichte kennzeichnet, expliziert meiner Interpretation zufolge das kryptogrammatische Schreiben, das tragisch zu nennen ist in dem Sinne, daß die Mortifikation der lebendigen Kraft seine Bedingung ist. Breton rüttelt an den Grenzen, die das Buch setzt, und dementiert implicite doch das gegenwärtige Ich-Gefühl, an das er das Schreiben binden möchte. Ebensowenig wie der "sentiment présent de moi-même" ist die Leidenschaft (Lösung 2 nach Lenk) fähig, einen Sinn von sich aus zu setzen bzw. sie produziert nur den Schein einer letzten Gewißheit; sie zerstört das Rätsel - löst es auf und löst es nicht. Breton desavouiert seine Apologie der Leidenschaft sogleich wieder.
Die ästhetische Reflexion am Ende des Buchs reformuliert den in der Subjekt-Theorie angelegten und in der Schrift-Theorie ausgefalteten "différance"-Gedanken. Der Gegensatz zwischen der 1. und 3. Lösung nach Lenk ist also nur scheinhaft. Die *zur Ästhetik geronnene* Leidenschaft ist ebenso wie der Raum der "mentalen Verführung" ein Schriftraum, ein Raum, in dem sich Breton an eine geheime Zeichenproduktion ausliefert.

5. Diskursanalytisches bei Breton: Zur Autor-Funktion

"Was ist ein Autor?" - Mit dieser Frage hat sich M. Foucault beschäftigt.[27] Statt den literaturwissenschaftlichen Allgemeinplatz vom Verschwinden des Autors noch einmal zu bestätigen, rückt er das Thema Autor in einen genealogischen Fragehorizont: Wie wurde die Funktion oder Leerstelle Autor, die *als* Leerstelle erst in der literarischen Moderne sichtbar wurde, in der okzidentalen Kultur besetzt? Welchen historisch-gesellschaftlichen Regeln oder Praktiken gehorcht der Diskurs, der Träger der Funktion Autor ist? Was heißt Funktion Autor als textinterne Regel? - Von diesen Fragen ausgehend stellt Foucault vier Merkmale der Funktion Autor fest:

1) Der Text mit Autorfunktion ist Aneignungsobjekt, ein Ding, das rechtlich gesehen, jemandem gehört (dem Autor, Verleger, Nachkommen). Die Aufnahme des Autors ins Eigentumssystem geschieht etwa um 1800. Mit dem rechtlichen Besitztum von Diskursen geht (sozusagen als dessen Preis) die Unterwerfung des Autors unter Gesetze einher: Er wird für seinen Diskurs haft- oder strafbar.

2) Die Funktion Autor ist diskurstypologisch variabel. In Folge von Diskurspraktiken, die sich im 17. Jahrhundert ausprägten, kam es z. B. dazu, daß die *literarischen* Diskurse "nur noch rezipiert werden (...) (können), wenn sie mit der Funktion Autor versehen sind. (...) Literarische Anonymität ist uns unerträglich; wir akzeptieren sie nur als Rätsel. Die Funktion Autor hat heutzutage ihren vollen Spielraum in den literarischen Werken."[28]

3) Die Funktion Autor ist nicht ein einfacher Zuschreibungsakt, der darin bestünde, einem Autor: einer empirischen Person mit einem Eigennamen, mit bestimmten psychologischen Merkmalen usw. Texte zuzuschreiben, sondern:

> (Die Funktion Autor) (...) ist das Ergebnis einer komplizierten Operation, die ein gewisses Vernunftwesen konstruiert, das man Autor nennt. Zwar versucht man, diesem Vernunftwesen einen realistischen Status zu geben: im Individuum soll es einen "tiefen" Drang geben, schöpferische Kraft, einen "Entwurf", und das soll der Ursprungsort des Schreibens sein, tatsächlich aber ist das, was man an einem Individuum als Autor bezeichnet (oder das, was aus einem Individuum einen Autor macht) nur die mehr oder minder psychologisierende Projektion der Behandlung, die man Texten angedeihen läßt, der Annäherungen, die man vornimmt, der Merkmale, die man für erheblich hält, der Kontinuitäten, die man zuläßt, oder der Ausschlüsse, die man macht.[29]

---

27 Im folgenden beziehe ich mich auf Foucault, "Was ist ein Autor?", a. a. O., insbes. pp. 15-23. Foucault analysiert in diesem Artikel den Autor i. e. S.: als Autor des Buchtextes oder Werks. Vom Autor als Diskursivitätsbegründer ist auf den letzten Seiten des Artikels die Rede (p. 23 ff.), wo Foucault eine Art Programm für die *Archäologie des Wissens*, Ffm 1973 erstellt.
28 Ebd., p. 19.
29 Ebd., p. 20.

Schon der Autorname ist mehr als simpler Eigenname; er verweist nicht auf ein reales Individuum, sondern auf Textgrenzen/-kanten, er schneidet Texte zu. Sein Ort ist der Bruch, aus dem ein bestimmter Diskurs hervorgeht.

Die traditionelle Literaturkritik behandelte den Autornamen wie einen Eigennamen, allerdings galt ihr der Name nicht schon als hinreichendes Kriterium bei der Identifikation des Autors. In eine alte christliche Tradition der Beglaubigung von Texten sich einfügend, konstruierte sie den Autor als das "Prinzip einer gewissen Einheit des Schreibens (einer begrifflich-theoretisch-ideellen ebenso wie stilistischen Einheit, G. H.), da alle Unterschiede mindestens durch Entwicklung, Reifung oder Einfluß reduziert werden".[30]

4) Die Funktion Autor als Einheitsfiktion, d. h. als Produkt textexterner Regeln, wird immer schon desavouiert durch eine textinterne Regel der Funktion Autor: das Prinzip der "Ego-Pluralität". "(Die Funktion Autor) (...) verweist nicht einfach auf ein reales Individuum, sie kann gleichzeitig mehreren Egos in mehreren Subjekt-Stellungen Raum geben, die von verschiedenen Gruppen von Individuen besetzt werden können."[31]

Bretons Theorie und Schreibpraxis gehen von der Kritik des einheitlichen, (psychologisch) identifizierbaren, die Schrift verfügenden Ichs aus und beschreiben den leeren Raum, den dieses Ich nach seiner Demontage frei läßt. Das ist - grob zusammengefaßt - die argumentative Bewegung der Bretonschen Subjekt- und Schrifttheorie. Affinitäten zu den diskursanalytischen Überlegungen Foucaults sind darin schon angedeutet. Tatsächlich bilden diese eine Folie, die es erlaubt, so etwas wie ein *diskursanalytisches Bewußtsein* im Bretonschen Diskurs zu entziffern. Darum geht es im folgenden, abschließenden Kommentar von *Nadja*, der nach diskursanalytischen Themen vorgeht.

DER AUTOR ALS DISKURSBESITZER. - Der im vorigen Kapitel vorenthaltene Einleitungssatz des Schlußteils von *Nadja* lautet:

> J'envie (c'est une façon de parler) tout homme qui a le temps de préparer quelque chose comme un livre, qui, en étant venu à bout, trouve le moyen de s'intéresser au sort de cette chose ou au sort qu'après tout cette chose lui fait. (*N*, p. 173)

Die schicksalmäßige, d. h. von außen zugefügte Verknüpfung Autor-Buch geschieht über die Fiktion vom Autor als demjenigen, der "so etwas wie ein Buch" präpariert, sich aneignet, dem es gehört. Als sein Besitzer ist er für es verantwortbar.

Die Verweigerung des Schicksals Autor, der Verantwortung für das Geschriebene, die Breton hier in einer ironischen Formulierung zum Ausdruck

---

30 Ebd., p. 21.
31 Ebd., p. 23.

bringt, nimmt ein Thema der "confession dédaigneuse" auf. "(...) incapable de prendre mon parti du sort qui m'est fait", hieß es dort. (*PP*, p. 7/8) Breton widerruft im Text dessen Vereinnahmung durch das Rechtssystem, dem er ihn qua Publikation unter seinem Namen wieder unterwirft. Die Unwiderrufbarkeit dieser Vereinnahmung mußte er spätestens erfahren, als die "société médico-psychologique" ihn wegen anti-psychiatrischer Äußerungen in *Nadja* (Aufforderung zum Mord an Irrenärzten) zur Verantwortung zog und erwog, Autor und Verleger zu verklagen.[32]

KRITIK DER AUTOR-KONSTRUKTION. - Der Autor kann nur verantwortbar gemacht werden, wenn er identifizierbar ist. Im Unterschied zur französischen Irrenarztvereinigung reicht der Literaturkritik die bloße Signatur nicht.

Das, was Foucault die "mehr oder minder psychologisierende Projektion" der Behandlung von Texten nennt, war ebenfalls schon Thema der "confession". - Das Werk hat seinen Ursprung in einer empirischen Person und ist also als deren Psychogramm deutbar; der Autor wird im Werk (psychologisch) identifizierbar. Gegen dieses Basistheorem der Literaturkritik wandte sich Breton.

Auch in *Nadja* kritisiert er die gängige Zuschreibungspraktik - allerdings auf der soliden Grundlage seiner Subjekttheorie. Im Anschluß an den Einleitungsabschnitt verurteilt Breton eine Kunstkritik als nichtig, die das Werk der Person des Autors identifiziert, indem sie die Rede auf ihren Gehalt reduziert:

C'est à partir de telles réflexions (die Subjekttheorie der Einleitung, G. H.) que je trouve souhaitable que la critique, renonçant, il est vrai, à ses plus chères prérogatives, mais se proposant, à tout prendre, un but moins vain que celui de la mise au point toute mécanique des idées, se borne à de savantes incursions dans le domaine qu'elle se croit le plus interdit et qui est, en dehors de l'oeuvre, celui où la personne de l'auteur, en proie aux menus faits de la vie courante, s'exprime en toute indépendance, d'une manière souvent si distinctive. (*N*, p. 11/12)

Breton macht auf die außerliterarischen Beschäftigungen ("préoccupations extra-littéraires", *N*, p. 14) aufmerksam, das, was der Konstruktion der Werk-Mensch-Einheit inkommensurabel ist. Die Kritik muß vor dem Selbstkommentar Flauberts kapitulieren, er habe mit seinen Werken nur bestimmte Farbnuancen ausdrücken wollen - ebenso vor der Anekdote über Hugo, der bei seinen Spaziergängen mit Juliette Drouet an bestimmten Stellen stets dieselben Worte mit seiner Begleiterin austauscht. Selbstkommentar und Anekdote verweisen auf ein Ich, das von jenem einheitlichen Vernunftwesen Autor, auf das hin die Kritik das Werk transparent machen will, differieren und es irritieren.

Breton erzählt in *Nadja* Anekdoten über sich, die auf verschiedene Ichs verweisen und deren Projektion auf eine einheitliche Autor-Imago hinauslaufen. In

---

32 Vgl. den Wiederabdruck der "annales médico-psychologiques" in: *M*, p. 71 ff.

seinem Rücken fügt sich aber "so etwas wie ein Buch" zusammen, mag Breton auch im Schlußteil bestreiten, ein Buch zu verfassen (präparieren) und seine Gleichgültigkeit gegenüber diesem "Ding" zum Ausdruck bringen. Er kommt im Schlußteil auch ohne die Metapher "Buch" für sein eigenes Geschriebenes nicht aus (vgl. *N*, pp. 175, 184/85, 187).

Das ist nur scheinbar ein Selbstwiderspruch, denn Breton verwendet *die Buchmetapher* in einem zweifachen Sinne:
1) Sie ist die Metapher par excellence für das in der Schrift erstarrte Leben oder das der Schrift geopferte Leben, der ideale Ort der Autor-Konstruktion: Die Buchdeckel bilden arbiträre Grenzen der unaufhörlichen Textproduktion, die den Schein des Natürlichen und Selbstverständlichen haben, die Werk-Einheiten zu konstituieren scheinen, von denen her die Kritik einen Text einer empirischen Person zuschreibt und ihm so einen Ursprung unterschiebt, d.i. der Mensch, der Zeit hat, so etwas wie ein Buch zu präparieren. Die Metapher "Buch" ist den Ausdrücken "oeuvre", "travail", "ce que je puis être tenté d'entreprendre de longue haleine" (*N*, p. 173) synonym, und sie beschreibt einen Pol, der dem Pol "la vie à perdre haleine", "sentiment présent de moi-même" entgegengesetzt ist.

(Ich habe im vorigen Kapitel auf die metaphysische Implikation des Begriffs eines Schreibens hingewiesen, das einen bestimmten affektiven Zustand repräsentiert, selbst "atemberaubend" wie das Leben ist. Mit Foucault gesprochen: Dieser Begriff des Schreibens bewahrt die Privilegien des Autors im Schutz des a priori, d. h. transformiert den Autor nur in eine transzendentale Anonymität.[33])

2) Spricht Breton von seinem eigenen Geschriebenen als Buch, so gibt er der Metapher einen anderen Sinn: *Er will ein Buch schreiben "battant comme une porte"* (*N*, p. 185, vgl. auch *N*, p. 18). Innerhalb der globalen Opposition Leben/Buch installiert er die Opposition "livre battant comme une porte"/"livre-oeuvre".

Das Bild legt ebenso wie das Glashausbild ein Mißverständnis nahe. Es ist aus einer Oppositionsbildung innerhalb desselben Bildparadigmas geschöpft, opponiert nämlich dem zur Gattungsbezeichnung gewordenen Bild des "roman à clef". Wie im Schlüsselroman sollen die Geschehnisse als reale, die Personen, die im Buch vorkommen, insbesondere das Ich, als empirische identifizierbar sein, jedoch ohne die "Schlüsseldienste" des Autors, die solche Verstellungen wie Namensänderungen oder leichte Abänderungen der Tatsachen erforderlich machen. (Vgl. insbes. *N*, p. 18)

In diesem Sinn wäre die Schrift eine Rousseau'sche "confession", *Autobiographie*, die mit einem Wahrhaftigkeitsanspruch auftritt, ein Buch im erstgenann-

---

33 Vgl. Foucault, a. a. O., p. 15.

ten Sinne, in dem der Autor die Konstruktionsleistung der Kritik selbst übernimmt und deren Deutungen überflüssig macht.[34]

Diese Interpretation des Bildes "livre battant comme une porte" nimmt den dokumentarischen Anspruch wörtlich. Sie verkennt den kryptogrammatischen Schrift-(Erinnerungs-, Verführungs-)Raum (die Schrift, die sich ins Glas ritzt) als kompletten (gläsernen) Lebenstext.[35]

Tatsächlich kehrt jenes Bild die Bewegung der Autorkonstruktion, d. h. eine ins Innere des Diskurses gerichtete Bewegung, um; es lenkt die Aufmerksamkeit ganz auf die Ränder, das Außen der Texte, bringt deren Grenzen als arbiträre zu Bewußtsein. Es ist eine *Rezeptionsanweisung*, die der herrschenden Rezeptionsweise entgegenläuft. Das Buch = geschlossenes Werk = geschlossene Tür schließt die empirische Person im Schriftraum ein und weist ihr vorgeblich eine feste, unverrückbare Position zu (ob sie sich nun hinter einer Fiktion verbirgt oder ungedeckt über sich selbst spricht). Schlagend wie eine Tür ist das

---

34 Die Autobiographie ist die diskursive Verinnerlichung der Zuschreibungspraktiken, die dem literarischen Diskurs äußerlich sind. Die Mechanismen der Autor-Konstruktion fungieren in ihr als Konstruktionsregeln des Diskurses selbst. Die Fiktion, die die Ich-Vielzahl der Rede zur Einheit und Kontinuität bannt, wird in ihr textimmanentes Prinzip. Das wird besonders deutlich an der autobiographischen Schrift, die nicht nur Teile des Lebens, sondern aus der Höhe des gealterten oder reifen Schriftstellers das ganze Leben zu beschreiben sucht. Gleich dem absoluten Geiste schaut der Autor zu, wie die Ich-Gestalten mit verschiedenem zeitlichen Index, die er selbst erst in der Rede erzeugt hat, allmählich zum organischen Ganzen sich fügen, das er zu sein beansprucht. Die autobiographische Rekonstruktion setzt den Ausbruch aus der Immanenz der Schreibakte voraus, der das Rätsel zerstört. Sie verkennt die Objektheit der Signifikanten und nimmt das Subjekt der Rede, das selbst nur Signifikant ist, für das reine, der Signifikation vorhergehende Signifikat.

35 Eine solche autobiographistische Auffasssung vertritt Bonnet in ihrem Kommentar zu Nadja in den OeC. "*Nadja* est incontestablement un récit autobiographique où tout s'efforce non seulement à la vérité, mais à l'exactitude (...)" (*OeC*, p. 1496). Sie wendet sich gegen diejenigen Exegeten, die in Nadja nur eine mythische Figur sehen, und insistiert darauf, daß Nadja reale *Person* gewesen sei. (Ebd., p. 1509) Auf diese Auffassung stützt Bonnet ihre akribische Quellenarbeit. - Aber desavouiert sie nicht mit dieser Quellenarbeit schon den Wahrhaftigkeitsanspruch Bretons, den sie dem Glashausbild und dem Bild der schlagenden Tür entnimmt und mit dem sie ihre Recherchen legitimiert? - Es kostet doch einige Mühe, *Nadja* auf einen autobiographischen Bericht hin transparent zu machen. Die "Aufschlüsselungsarbeit" ist nicht gering.

Ich stelle hier nicht den Informationswert des Quellenmaterials in Frage, den Bonnet zu Tage gefördert hat. Ich kritisiere nur die Weise, in der die Informationen benützt werden. Sie werden zum biographischen Ganztext zusammengeschlossen. Und umgekehrt werden die Texte als Dokumentation der Existenz Bretons lesbar gemacht. Bonnet identifiziert sich mit der Schreibmetaphysik Bretons (das Werk bringt die Existenz zu einem bestimmten Zeitpunkt zum Ausdruck) und nimmt zugleich die Position des allwissenden Biographen, der ein ganzes Leben überschaut, in Anspruch. B. sp.: Breton schreibt, er sei damals, als er im "hôtel des Grands Hommes" wohnte, und jetzt auf dem "Manoir d'Ango" "toujours le même décidérunt". Kommentar Bonnets: Breton habe noch nicht Suzanne Muzard kennengelernt, " 'Saccade" (...) qui va bouleverser sa vie et lui en livrer le *sens*". (*OeC*, p. 1529) Ich bestreite auch nicht, daß Breton, Nadja, X usw. empirisch beschreibbare Personen sind. Von der empirischen Autorperson bleiben aber nur Schreibpositionen übrig, die Personen und Tatsachen werden zu kryptogrammatischen Zeichen umfunktioniert. Aufschlußreich ist das biographische Material unter dem Aspekt dieser Umfunktionierung.

Buch als bewußt inszenierter Leerraum, der vielfache und verschiedene Besetzungen der Funktion Autor zuläßt.[36]

AUTORNAME. - Wenn die Schrift *Nadja* nicht Autobiographie ist, dann verweist der Eigen-/Autorname, der dem Buchdeckel eingeschrieben ist, auch nicht auf die empirische Person "André Breton".
Im Buch kommt der Eigenname, genauer: der Vorname, nur an einer Stelle vor und erzeugt die Illusion der Identität von Autor und einer empirischen Person, die eine Zeitlang mit einer gewissen Nadja zusammen war. "André? André?" spricht Nadja Breton einmal an - und zwar im Moment ihrer Verwandlung in ein Buch und ihres Namens in einen Buchtitel (d.i. der Moment, wo Nadja Breton verkündet, er werde ein Buch über sie schreiben). Diese Szene erhellt die Funktion der Eigennamen auf dem Buchdeckel und im Buch. Ihre Funktion: Identifikation realer Individuen wird eingeklammert. Der *Titelname* Nadja ist autoreferentielles Zeichen. Nadja ist immer schon zu Text verarbeitet, pures Zeichen, nicht nur Träger, sondern auch Namensgeber eines Buches.[37]

---

36 Die Tür-Metapher für das Buch findet sich auch bei Artaud wieder.
Ausgehend von der Qual, die ihm die Differenz von Geist/Buch/Schrift und Leben verursacht, gelangt er zur Konzeption eines Leben und Geist vermittelnden Buches im Gegensatz zur Literatur oder der "création détachée", die diese Differenz hypostasieren:
"Je ne conçois pas d'oeuvre comme détachée de la vie. (...)
Je souffre que l'Esprit ne soit pas dans la vie et que la vie ne soit pas l'Esprit, je souffre de l'Esprit-organe, de l'esprit-traduction, ou de l'Esprit-intimidation-des-choses pour les faire entrer dans l'Esprit. (...)
Il faut en finir avec l'Esprit comme avec la littérature. Je dis que l'Esprit et la vie communiquent à tous les degrés. Je voudrais faire un livre qui dérange les hommes, qui soit comme une porte ouverte et qui les mène où ils n'auraient jamais consenti à aller, une porte simplement abouchée avec la réalité."
(Artaud, *L'Ombilic des Limbes* suivi de *Le Pèse-nerfs* et autres textes, Ps 1968, p. 51 f.)
Auch stellt Artaud dieses Buch in Zusammenhang mit einem künftigen Ich:
"Ce livre je le mets en suspension dans la vie, je veux qu'il soit mordu par les choses extérieures, et d'abord par tous les soubresauts en cisaille, toutes les cillations *de mon moi à venir.*" (ebd.)
Zugleich wird an diesen Zitaten der Gegensatz zu Breton deutlich. Nicht als differentielles, kryptogrammatisch verhülltes Subjekt faßt Artaud dieses Ich. Gerade am "Esprit-traducteur" verzweifelt er und begibt sich so der Aufgabe der Übersetzung und Entzifferung. Er denkt das Ich vielmehr als absolute Identität von Geist und Leben: In einem monströsen Einverleibungsprozeß (s. die Metaphern "beißen", "schlucken") soll die konstitutive Entfremdung des Geistes von den Dingen ("l'Esprit-intimidation-des-choses pour les faire entrer dans l'Esprit"), die Abspaltung ("Esprit-organe") und Erstarrung des Geistes ("floraisons glacières de mon âme intérieur", das Werk = "un glaçon" - ein kristallines Geist-Gebilde) rückgängig gemacht werden.
Zu Artaud und der Differenz vgl. auch Derrida, "la parole soufflée" in: Ders., *L'écriture et la différence,* Ps 1967, p. 253 ff.
37 Ihr Name ist - mit einem Begriff Genettes - eponymisch, d. h. indirekt motiviert, er eröffnet auf der Ebene der Signifikanten einen Verweisungszusammenhang, während der Name "André Breton" unmotiviert, ein *einfaches* differentielles Zeichen ist. Vgl. dazu die Vorstellungsszene in *N,* p. 75/76: "Elle me dit son nom, celui qu'elle s'est choisi: 'Nadja, parce qu'en russe c'est le commencement du mot espérance et parce que ce n'en est que le commencement.' Elle vient seulement de songer à me demander qui je suis (au sens très restreint de ces mots)."

Der *Autorname* hat wohl noch Bezeichnungsfunktion, nicht aber Bezeichnung der empirischen Person, sondern einer vorübergehenden Schreibposition. "André (Breton)" ist immer schon Autorname wie die Signatur auf dem Buchdeckel (nicht Eigenname, mit dem die reale Nadja den realen Breton im Park bezeichnet), d. h. der Name verweist auf die Überlebensposition, denjenigen Ort, an dem Text entsteht, Ort der Differenz/Differenzierung und der Brüche, die einen Schriftraum aus sich entlassen, ein Ort des Schreibens, der außerhalb der Ordnung des Realen liegt.

PHOTOGRAPHIE. - Zum gesellschaftlichen Identifikationsrepertoire gehört neben dem Namen auch die Portraitphotographie. Sie hat polizeiliche Funktion, Phantombildfunktion. Die photographische Aufzeichnung der Gesichtszüge macht die Individuen, die Originale aus Fleisch und Blut identifizierbar/wiedererkennbar. Sich der Identifizierbarkeit zu entziehen, war das Pathos der frühen Prosaschriften Bretons, und so hatte er im "discours sur le peu de réalité" Name und Photographie mit Gleichgültigkeit gestraft, weil sie ein empirisches Ich fixieren und das wahre, bewegliche Ich verfehlen.

Dem Autornamen verleiht Breton in *Nadja* einen neuen Status: Er ist nur mehr Schreibpositionsmarke. Die Absage an die Identifizierbarkeit der empirischen Person scheint Breton aber wieder zu revozieren, wenn er in den letzten Teil des Buchs seine Portraitphotographie einfügt. (*N*, p. 174) Denn physische Merkmale machen den Autor doch auf einer elementaren Ebene identifizierbar. Sie erleichtern die Zuschreibungspraxis, und so ist die Portraitphotographie auch üblicher Bestandteil von Biographien.

Tatsächlich disfunktionalisiert Breton die Photographie als Identitätsausweis des Autors. Er "signiert" sie mit dem ersten Satz des Schlußteils: "J'envie (c'est une façon de parler) tout homme qui a le temps de préparer quelque chose comme un livre (...)" Seiner ironischen Form entkleidet heißt dieser Satz: "Ich bin nicht ein Autor;" oder, wenn man ihn als Hinweis auf die Photographie nimmt: "*Das ist nicht ein Autor.*" Wie auf dem Magritte'schen Bild subvertiert die Bild-Text-Zuordnung das Repräsentationssystem, das auf dem Ähnlichkeitsbegriff basiert.[38] Die Spiegelung der Autor-Imago in der Photographie wird durchgestrichen. "Das ist nicht ein Autor" heißt:
1) Es gibt keinen Autor, eine empirische Person, die der Ursprung des Buches ist und es in eine Verfassung gebracht hat. Das "Je", Subjekt des Satzes, ist pure Positionalität, differierende Bewegung, nicht fixierbar, repräsentierbar, erst recht nicht in der Photographie. Die Photographie ist also nur scheinbare Re-

---

Zum Begriff der Eponymie vgl. Genette, *Mimologiques - Voyages en Cratylie*, Ps 1976, p. 11 ff.
38 Vgl. dazu Foucaults Interpretation in: Foucault, *Dies ist keine Pfeife*, a. a. O.

präsentation des Autors, die die Leerstelle, auf die der Text verweist, kompensiert.

2) Sie ist überhaupt nicht Repräsentation. "Das ist nicht ein Autor, sondern eine Photographie." D. h. sie ist ein Simulacrum, das sich in die *gleichartige* Serie der Photographien, die das Buch "illustrieren", einfügt. Sie bildet mit diesen Photographien selbst einen Text, der sich mit der Schrift *Nadja* verwebt oder sich in das postalische Netz einwebt. (Das ist offensichtlich, wenn die Photographien Postkarten: selbst die postalischen Medien *sind*.) Zu einem kryptogrammatischen Zeichen kann die Photographie aber erst in dem Moment werden, in dem sie ihren Anspruch, einer empirischen Person ähnlich zu sein, aufgibt.[39]

EGO-PLURALITÄT. - Die beiden Zeichen: Autorname und Photographie, die Breton in den Text einbaut, sind nur scheinbar Zeichen, die den Autor als empirische Person identifizierbar machen, und verweisen tatsächlich schon auf die Ego-Pluralität. Weit offensichtlicher manifestiert sich dieses textinterne Prinzip der Funktion Autor aber, so Foucault, in den grammatischen Zeichen: Personalpronomen, Verbkonjugation, Orts-, Zeitangaben.

Die Beschreibung und Bestimmung der vielfältigen Ich-Besetzungen leistet die Theorie des kryptogrammatischen Schreibens. Die verschiedenen "Subjekt-Stellungen" bedürfen also kaum mehr des Kommentars.

Auf die Ich-*Positionen* verweisen zunächst die zahlreichen Angaben von Orten: Orten, an denen sich bestimmte Ereignisse zutrugen ("Je me trouvais rue Lafayette"), realen Schreiborten (der "Manoir d'Ango", das "hôtel des Grands Hommes", Paris), imaginären Schreiborten (Schloß, Museum, Hafenkai, Telegraphiestation). Es wird nicht nur angegeben, wo sich die Ichs aufhalten, sondern auch, zu welchem Zeitpunkt sie sich an diesen Orten aufhalten: Datierung des Tagebuchs, Angaben über die Schreibzeitpunkte im letzten Teil. Die örtlich-zeitlichen Angaben geben jeweils verschiedenen Ichs/Ich-Besetzungen oder Schreibfunktionen Raum: Ich ist Überlebender/Schreibender/Erinnernder, Subjekt/Schrifttheoretiker, Ästhetiker; Ich distanziert sich von sich selbst, verwandelt die Ich-Zeichen in kryptogrammatische oder ist Begehrender und will Vergangenes wiedererleben (-beleben): Ich ist Erzähler; Ich ist Verliebter, Sender von Liebesbriefen oder aber: Empfänger von telegraphischen Nachrichten.

Fehlt noch ein Ich: das Ich, das sagt "Ich bin nicht ein Autor", das Diskursanalytiker-Ich.

---

39 Zum photographischen Text in *Nadja* vgl. Arrouye, "La photographie dans *Nadja*" in: *Mélusine* IV, Lausanne 1982, p.123 ff. Seltsamerweise erwähnt Arrouye mit keiner Zeile die Portraitphotographie Bretons. Vgl. auch den methodisch aufschlußreichen, auf Begriffe Derridas gestützten Aufsatz von Krauss "La photographie et le surréalisme" in: *Critique* No. 426, Nov. 1982, pp 895-914.

6. Kraft, Bedeutung, Ausdruck; das Kryptogramm im Lichte der aufgehobenen Gegensätze

Gut ein Jahr nach *Nadja* läßt Breton das erste Manifest ein zweites Mal auflegen und versieht es mit einem Vorwort (April 1929). Die kryptogrammatische Produktion versiegt vorläufig. Breton wendet sich "alten" Texten zu.

Der pessimistische Ton der "préface à la réimpression du manifeste" ist zweifellos vor dem Hintergrund der vom Zerfall bedrohten surrealistischen Gruppe zu sehen: 1929 kommen, wie hinreichend bekannt, die ideologischen Konflikte, die sich seit 1926 v. a. an der Frage des kommunistischen Engagements entzündet hatten, zum Ausbruch. Breton ist seit Jan. 1927 Mitglied der PC und versucht, zwischen der an den ursprünglichen Zielen der "surrealistischen Revolution" festhaltenden, eher "artistischen" Fraktion und der zum orthodoxen Kommunismus neigenden Fraktion der Gruppe zu vermitteln. Soweit das nicht gelingt, sieht er sich zur "Exkommunikation" zahlreicher Mitglieder genötigt, es kommt zu Polemiken und Gegenpolemiken, deren Ton sich immer persönlicher einfärbt.[40] Auf diesen Hintergrund bezieht sich die Charakterisierung des Manifests in der "préface" als etwas, das nicht mehr sein könne, und die Aussage Bretons, daß, wollte er den Text auf den neuesten Stand bringen, zahlreiche Namen ausgetauscht werden müßten. Die Begründung, warum er dennoch das Manifest wiederveröffentlicht, ohne Korrekturen daran vorzunehmen, führt ihn aber zu einigen verallgemeinerbaren, vom gruppengeschichtlichen Hintergrund ablösbaren texttheoretischen Aussagen.

Die entsprechenden Passagen will ich im folgenden kommentieren. Breton betrachtet die Schrift sozusagen von außen. Er macht sie als Leerstelle sichtbar, die von außen durch bestimmte Rezeptionsweisen besetzt wird. Es spricht das Diskursanalytiker-Ich. Er thematisiert diese Leerstelle auch als Ort des wahren Subjekts. Er schweigt aber über die Produktion und Theorie einer Schrift, die an den Rändern der Leerstelle entsteht und sich den herrschenden Rezeptionsmustern widersetzt. Es ist, als ob das Kryptogramm *Nadja* zur Seite geschoben wäre und aufgehört hätte, als Rätsel zu sprechen. Bretons Blick geht an ihm vorbei und richtet sich ganz auf das Schicksal, das ihn als Autor und Wortführer der surrealistischen Bewegung ereilt hat:

> Il était à prévoir que ce livre (das erste Manifest, G. H.) changeât et, dans la mesure où il mettait en jeu l'existence terrestre en la chargeant cependant de tout ce qu'elle comporte en deçà et au-delà des limites qu'on a coutume de lui assigner, que son sort dépendit étroitement du mien propre qui est, par exemple, d'avoir et de ne pas avoir écrit de livres. Ceux qu'on m'attribue ne me semblent pas exercer sur moi une action plus déterminante

---

40 Vgl. Nadeau, *Histoire du surréalisme*, a. a. O., insbes. das Kapitel "La crise de 1929", pp. 118-30.

> que bien d'autres et sans doute n'en ai-je plus l'intelligence parfaite qu'on peut en avoir.
> (...)
> (...) j'ai compris que malgré tout la vie était *donnée*, qu'une force indépendante de celle d'exprimer et spirituellement de se faire entendre présidait, en ce qui concerne un homme vivant, à des réactions d'un intérêt inappréciable dont le secret sera emporté avec lui. Ce secret ne m'est pas dévoilé à moi-même et de ma part sa reconnaissance n'infirme en rien mon inaptitude déclarée à la méditation religieuse. Je crois seulement qu'entre ma pensée, telle qu'elle se dégage de ce qu'on a pu lire sous ma signature, et moi, que la nature véritable de ma pensée engage à quoi, je ne le sais pas encore, il y a un monde, un monde irrévisible de phantasmes, de réalisations d'hypothèses, de paris perdu et de mensonges dont une exploration rapide me dissuade d'apporter la moindre correction à cet ouvrage. Il y faudrait toute la vanité de l'esprit scientifique, toute la puérilité de ce besoin de recul qui nous vaut les âpres ménagements de l'histoire. (*M*, pp.7,8,9)

War die Niederschrift der Nadja-"Geschichte" Breton schon im Abstand von vier Monaten entfremdet, so steht das Manifest, das fünf Jahre zuvor bereits als Buch erschien, ihm in der Fremdheit der Schriften anderer Autoren gegenüber; sein Verhältnis zum Text ist das eines Herausgebers. Breton gibt vor, nicht mehr recht zu wissen, was er geschrieben hat. Kein Entwurf, von dem er ein volles Verständnis hätte, erfüllt sich fortschreitend in seinen Schriften (in dem Sinn, in dem Autoren in Vorworten von Neuausgaben ihrer Werke sagen, daß ihnen jetzt erst klar sei, was ihnen damals undeutlich vorgeschwebt hätte, oder daß sie die und die Fehler gemacht hätten oder in der und der Ideologie befangen gewesen seien usw.). Das Schicksal Autor ("le sort d'avoir et de ne pas avoir écrit de livres") besteht nicht darin, einer bestimmten "vocation" zu folgen, einen ursprünglichen Entwurf zur Entfaltung zu bringen, sondern umgekehrt geschieht es dem Autor von außen, von willkürlich festgelegten Textgrenzen her. Autor ist Breton, sofern man ihm bestimmte Bücher zuschreibt. Und er revoziert diese Autor-Konstruktion, indem er sein Geschriebenes jenseits jener kontingenten Grenzen potentiell im Textuniversum, der Gesamtheit des Zitierbaren, diffundieren läßt. Die Bücher anderer Autoren hätten einen ebenso bestimmenden Einfluß auf ihn wie die eigenen (die von ihm signierten), behauptet er.

In *Nadja* dekonstruierte Breton in erster Linie die Fiktion von der empirischen Person als sinnstiftendem Ursprung des Werks (Funktion Verfasser). Bei der Neuauflage des ersten Manifests - im Rückblick auf fünf Jahre Surrealismus, d. h. für Breton auch fünfjährige Schreib- und Publikationstätigkeit - geht es um eine andere Funktion der Autor-Konstruktion: die Funktion Geschichtsschreibung. Der Autor, der sein Werk ins Textuniversum zurücknimmt, kann unmöglich als Einheitsprinzip einer geschichtlichen Entwicklung zur Rechenschaft gezogen werden. Geschichtsschreibung als Rekonstruktion einer Entwicklung des Denkens, als Herstellung kontinuierlicher diskursiver Einheiten, praktiziert Geschichtsfälschungen oder -glättungen ("âpres ménagements de l'histoire") und setzt die Selbstverblendung der Wissenschaft voraus ("toute la vanité de l'esprit scientifique", meint: die positivistische Illusion der Verfügbarkeit). Denn zwischen das augenblickliche Ich, das sich im Bereich noch nicht geschriebener Texte aufhält ("moi, que la nature véritable de ma pensée engage à quoi, je ne le sais pas encore") und das Denken, das aus den von Breton signierten Texten hervorgeht ("ma pensée telle qu'elle se dégage de ce qu'on a pu lire sous ma signature"), schiebt sich eine verlorene, nicht aufgeschriebene Welt ein ("un monde irrévisible de phantasmes, de réalisations d'hypothèses, de paris perdus et de mensonges"). - Die Geschichtsschreibung des Denkens ist diskontinuierlich. Sie wird von einer imaginären Welt unterbrochen und aufgespellt in bedeutungslose Versatzstücke, die sich dem rekonstruktiven Zugriff sperren und nur scheinhaft in ein geschichtliches Kontinuum bringen lassen. Es gibt aber doch, scheint's, so etwas wie ein Prinzip der Autor-Geschichte: das "wahre Denken", das im Verborgenen das Denken als signierten Diskurs und die imaginären Zwischenräume dieses Diskurses steuert.

Der Gedankengang ist aus *Nadja* vertraut (wenn auch nicht im Kontext einer Kritik an der rekonstruktiv verfahrenden [Autor-] Geschichtsschreibung): Das vormals Geschriebene sei durch ein "Intervall" vom augenblicklichen Ich getrennt und lasse daher keine Retouchen zu, argumentierte Breton im Schlußteil. Der argumentative Zusammenhang ist in der "préface" derselbe: Breton begründet mit der "monde de phantasmes" die Unkorrigierbarkeit des ersten Manifests, das er wieder herausgibt. In *Nadja* führte diese Argumentation schließlich zur metaphysischen Konstruktion eines Schreibens, das ein gegenwärtiges Gefühl repräsentiert und löste so Geschichte in eine Folge wechselnder Gefühlszustände auf. Es liegt nahe anzunehmen, daß Breton ebenso in der "préface" der Metaphysik verfällt und Geschichte als Folge verlöschender Augenblicke konstruiert, in denen der Ausdruck oder die Repräsentation des "wahren Denkens" gelingen soll.

Aber auch über den Ausdruck wird ein Verdikt ausgesprochen. Breton kehrt zu einem surrealistischen Standpunkt "avant la lettre" zurück, einen vorschriftlichen Standpunkt, der der Niederschrift von *Nadja* und sogar noch den Erfahrungen mit der "écriture automatique" vorgeht. In einer Situation, da aufgrund der Streitigkeiten in der Gruppe nichts mehr wie früher sein kann, da die surrealistischen Schriften nurmehr Erinnerung an ein endgültig Vergangenes zu sein scheinen, sozusagen zur Totenlandschaft erstarren, befällt Breton ein grundsätzliches Mißtrauen gegenüber Schrift. Er charakterisiert nämlich das "wahre Denken" als eine Kraft, die unabhängig von der Ausdruckskraft und der Kraft, Bedeutungen mitzuteilen, ist ("une force indépandante de celle d'exprimer et spirituellement de se faire entendre"). Die globale Opposition Leben/Schrift, begrifflich präzisiert als Opposition Kraft/Ausdruck, Bedeutung wird wieder in ihre Rechte eingesetzt, und zweifellos wird die Kraft privilegiert, steht sie doch "Reaktionen von unschätzbarem Wert" vor, deren Geheimnis der Mensch mit in sein Grab nimmt.

Diese Konstruktion läßt sich auf drei negative Aussagen über die Kraft bringen:

1) *Die Kraft drückt sich nicht in der automatischen Botschaft ("message automatique") aus.* - Mit der Diskreditierung des Ausdrucks tilgt Breton einen letzten metaphysischen Rest, der der surrealistischen Theorie seit den Zeiten der "écriture automatique" anhaftete. Unmöglich ist es "d'*exprimer*, soit verbalement, soit *par écrit*, soit de toute autre maniére, le fonctionnement réel de la pensée" wie es im ersten Manifest hieß *(M,* p. 37, Hervorhebungen von mir).
2. *Die Kraft teilt sich nicht als kommunizierbare Botschaft mit.* - Die allgemeinen, stabilen Bedeutungen des konventionellen Sprachsystems verfehlen notwendig die radikale Besonderheit und die Beweglichkeit der Kraft/des "wahren Denkens". Das ist die frühe Sprachkritik Bretons, die ihn dazu führte, die Prosa zu verwerfen.
3. *Die Kraft enthüllt sich nicht als einzigartige Botschaft ("message unique").* - Die "réactions d'un intérêt inappréciable dont le secret sera emporté avec lui (l'homme)" erinnern an die "aptitudes particulières" der Einleitung von *Nadja.* Die Kraft, die diesen Reaktionen vorsteht, wäre dann die "différenciation"-/"différance" = Artikulation des "wahren Subjekts". Die utopische Schlußwendung der Einleitung ("la différenciation que je me revelerai"), die die Unterdrückung der "différenciation" implizierte, streicht Breton aber in der "préface" mit der lakonischen Feststellung durch: "Ce secret ne m'est pas dévoilé à moi-même (...)".

Der Absage an das Enthüllungspathos entspricht die auffällig insistierende Distanzierung von aller schlechten Metaphysik; in *Nadja* ließ Breton noch bedenkenlos theologisch leicht besetzbare Ausdrücke wie z. B. "ici-bas", "en ce monde", "l'au-delà" in seine Rede einfließen.

Die metaphysische, schriftfeindliche Vorstellung, daß der "message unique" utopisch enthüllbar sei - und daß die Enthüllung mit dem Stillstand der Schrift zusammenfalle -, trat in *Nadja* aber doch bald in den Hintergrund gegenüber der Vorstellung, daß der "message unique" sich aufspelle, disseminiere, ein Netz kryptogrammatischer Zeichen bilde, und daß das "wahre Subjekt" sich im Kryptogramm artikuliere. In der "préface" hingegen ist von der Schrift nur als Ausdruck und Bedeutung die Rede. Die Kraft wird ganz in die Verborgenheit *und die Unentzifferbarkeit* zurückgenommen, sie wird als in der Schrift Artikulierbares gar nicht thematisiert. Zugleich wird mit der dezidierten metaphysikkritischen Geste nicht auch die Theorie des kryptogrammatischen Schreibens durchgestrichen. Sie erscheint quasi als Negativ der begrifflichen Konstruktion. Der kryptogrammatische Schriftraum mit seinen vielfachen Besetzungen oder Funktionen wird begrifflich umkreist, von außen markiert. (Er ist weder Ausdruck noch Bedeutung noch enthüllte Kraft. Erst recht nicht ist er Raum einer kontinuierlichen Autor-Geschichte.)

War das kryptogrammatische Schreiben auch Geschichtsschreibung, so ergibt sich aus dem Fehlen des Begriffs dieses Schreibens die Konsequenz, daß Geschichte gar nicht aufschreibbar ist. Gegen die Sinnprojektion auf die Autor-Leerstelle und die rekonstruktiv verfahrende Geschichtsschreibung gewendet, nimmt Breton die Geschichte ganz in die untergründige, verborgene Bewegung der Kraft zurück.

Die Pole Verhüllung/Enthüllung - Hauptpole der abendländischen Metaphysik - sind auch bestimmend für das Denken Bretons - jedenfalls in *Nadja*. Zwar verdunkelt sich der Pol Enthüllung in der "préface", doch scheint er sich ein halbes Jahr später, im zweiten Manifest (erstveröffentlicht in der *Revolution surréaliste* im Dez. 1929), wieder mit voller Stärke einzuschalten:

> Tout porte à croire qu'il existe un certain point de l'esprit d'où la vie et la mort, le réel et l'imaginaire, le passé et le futur, le communicable et l'incommunicable, le haut et le bas cessent d'être perçus contradictoirement. (*M*, p. 76 f.)

Dem Anschein nach ist dieser "lieu mental" (wie es weiter u. heißt) ein Ort der Enthüllung - ein Flucht-Punkt: jenseits der Bewegung der unenthüllbaren "différenciation" und der Leidenserfahrung der phantomatischen Existenz, die im zweiten Manifest im Satz, der dem zitierten vorhergeht, "katastrophische" Erfahrung heißt. Hebt Breton nicht *zwanghaft* die Entfremdung in einer antagonistischen Welt auf und kehrt er nicht illusionär an einen illusionären Einheits- und Ursprungspunkt zurück? Von der "pureté originelle" des Denkens an jenem Punkt ist im Manifest weiter unten die Rede. (*M*, p. 77) Wie läßt sich der utopische Entwurf anders deuten, als daß Breton einmal mehr die abendländische Metaphysik beglaubigt: den "message unique" ankommen läßt, die wahre Natur des Denkens enthüllbar macht?

Ganz im Sinne dieser Deutung wurde der Satz aus dem zweiten Manifest von der Kritik oft gegen Breton verwandt - als Beleg eines ungebrochenen Hegelianismus, eines hoffnungslos idealistischen Denkens, das die realen Antagonismen scheinhaft versöhnt oder in einer idealen Seinssphäre aufhebt.[41] Ich behaupte dagegen, daß der Satz sich dem klassischen dialektischen Schema *nicht* fügt. Von einem absoluten Standpunkt war wohl in einem scheinbar parallelen Satz

---

41 Vgl. Bataille, "La' vieille taupe et le préfixe *sur* dans les mots *surhomme* et *surréaliste*" in: Ders. *Oeuvres complètes*, Bd. II, Ps 1970, pp. 93-109; Houdebine, "André Breton et la double ascendance du signe" in: *La Nouvelle Critique* 31, 1970, pp. 43-51.

des ersten Manifests noch die Rede. "Je crois à la résolution future de ces deux états, en apparence si contradictoires, que sont la rêve et la realité, en une sorte de réalité absolue, de *surréalité* (...)" hieß es dort (*M*, p. 23 f.), und diese "surréalité" war unbestreitbar ein Ort der Aufhebung (wenngleich Breton das Aufhebungsresultat im nächsten Satz gleich wieder skeptisch bezweifelte: "(...) certain de n'y pas parvenir (...)". Der "bestimmte Geistesgrad" des zweiten Manifests aber ist der Punkt einer Distanzierungs*bewegung, von dem aus Breton rückblickend eine Reihe bestimmter Differenzen verzeichnet.* Der Akzent liegt auf: bestimmte Differenzen. So entfernt kann dieser geistige Ort nicht liegen, da von ihm aus die Gegensätze oder Differenzen nicht zu einem unbestimmten Nichts verschwimmen, sondern als bestimmte Negationen wahrnehmbar bleiben. Die Aufhebung ist tatsächlich ein ganz und gar leerer, unerreichter Ort (nicht ein erfüllter, unerreichter Ort wie im ersten Manifest: Leben wie im Traum). *Negativ* dialektisch formuliert: Die Utopie des zweiten Manifests ist nicht die unkritische, verblendete Vorwegnahme eines unbestimmten Zustands, in dem die Gegensätze aufgehoben sind, sondern sie bezeichnet einen kritischen Punkt, von dem aus die Bewegung der bestimmten Negation bestimmter Begriffe ohne jedes Aufhebungsresultat vollzogen wird.

Bestimmt sind diese (augenscheinlich unbestimmten, verschwommenen) Begriffe, so meine These, als Begriffe der Schrift oder des Schreibens. Wie die anti-utopische Konstruktion der "préface" zeichnet der utopische Satz im zweiten Manifest eine negative Denkfigur, die Bestimmungen des Kryptogramms in sich trägt. In der "préface" wird das Kryptogramm als Leerstelle, die Ausdruck, Bedeutung und Kraft sichtbar machen, bestimmt. Im zweiten Manifest wird diese Leerstelle quasi von innen als Raum, in dem bestimmte Differenzen (Gegensätze, Negationen) negiert werden (aufgehoben sein sollen), bestimmt; in dieser Negation werden sie aber allererst intelligibel.

Ich will versuchen, diese These plausibel zu machen, indem ich in Anlehnung an einige schrifttheoretische Bemerkungen Derridas in "force et signification"[42] die einzelnen Begriffsoppositionen bei Breton kurz kommentiere:

La vie et la mort: Die Schrift ist die Negation des Lebens. Als bestimmte entläßt die Negation einen Erinnerungs-/Schriftraum und die Bewegung der "différenciation" aus sich. Das Lebende ist nur als Verstorbenes (Zeichen) zu haben.

Le réel et l'imaginaire: Die Schrift eröffnet einen imaginären Raum, der aus dem Bruch mit dem Realen hervorgeht. Schrift ist nicht Beschreibung (Abschrift) des Realen, dessen was ist oder war. Reale Ereignisse, reale Individuen, der Autor selbst werden nicht bezeichnet, sondern phantomatisiert, in die Ordnung des Imaginären umgeschrieben (umgebucht).

---

42 Derrida, "Force et signification" in: Ders. *L'écriture et la différence*, Ps 1967, pp. 9-49.

Le haut et le bas: Bataille deutet diese gegensätzlichen Begriffe als "das Hohe" und "das Niedrige" - als Wertbegriffe. Sie bedeuten aber auch "oben" und "unten", bezeichnen also räumliche Positionen. Die Verräumlichung der Schrift ist die Bedingung dafür, daß so etwas wie Strukturen wahrgenommen werden können. Schrift als Einzeichnung der Kraft auf einer Fläche, als Flächenstruktur genommen, ist gekennzeichnet und beschreibbar durch räumliche Differenzen. (Die rhetorischen Figuren bilden z. B. so einen Oberflächenraum.) - Dieser Strukturalismus: die räumliche Auffassung der Schrift, anerkennt die Schrift als von der Kraft verlassenes Feld. Die Zeichen haben aufgehört zu bedeuten. Aber er restituiert die Bedeutung wieder, indem er die Struktur als Einheit von Form und Bedeutung postuliert. Die Struktur ist nicht tote, bedeutungslose Form, sondern zugleich die Bedeutung der Schrift. Das setzt voraus, daß der Autor von Schriften diese nach einem vorgefertigten *Plan* angefertigt hat, daß es so etwas wie eine ursprüngliche und wieder aufdeckbare Flächenstruktur der Schriften eines Autors gibt. Eben dieses Theorem bestreitet Breton energischst in *Nadja* und der "préface". Die räumliche Auffassung der Schrift ist beschränkt, sofern sie deren "Geschichtlichkeit", die zeitliche Differenz unterschlägt, die die Bedeutung (= Form = Struktur) unterläuft.[43] "Le haut et le bas" sind tatsächlich zeitliche Positionen.

Le passé et le futur: Die Differenz Leben/Tod impliziert die zeitliche Differenz: Schrift ist Erinnerungsraum. Dieser Raum ist aber nicht Raum von Strukturen, sondern Raum eines nicht-vorsätzlichen, nicht-bedeutenden Zeichenspiels, das sich im Rücken des schreibenden Ichs entfaltet und eine zeitlich differierende, "geschichtliche" Bewegung verzeichnet. Unter diesem Gesichtspunkt ist die Schrift ein Raum der Vergangenheit; als Reales bezeichnende sind die Zeichen ja verstorben, vergangen. (s. Differenz Leben/Tod) Zugleich ist das schreibende Ich auf die Zukunft bezogen, sofern es nämlich im Raum noch nicht geschriebener Texte, in einem potentiellen Raum situiert ist. Von dieser projektiven Schreibposition aus erscheint ihm die Schrift als immer schon Vergangenes/Verstorbenes, d. h. als notwendige Verfehlung des lebendigen Augenblicks (einer vollen Präsenz, einer erfüllten Gegenwart). Grammatisch-explizit ist die konstitutive Nachträglichkeit (die Vergangenheit des Zukünftigen) durch das Futur II gekennzeichnet, einem von Breton sehr geschätzten Tempus.[44]

---

43 Zur Beziehung Schrift-Raum-Zeit vgl. Derrida, a. a. O., passim.
44 Vgl. z. B. folgenden Satz aus der "préface":
"D'un système que je fais mien, que je m'adapte lentement, comme le surréalisme, s'il reste , s'il restera toujours de quoi m'ensevelir, tout de même il n'y aura jamais eu de quoi faire de moi ce que je voulais être (...)" (*M*, p. 8) Die Konstruktion eines in den surrealistischen Texten aufdeckbaren "Systems" beruht auf einem *räumlichen* Trug: der Verräumlichung/der räumlichen Vergegenwärtigung einer geschichtlichen, zeitlich differierenden Bewegung der Texte. Diese Konstruktion verfehlt stets das "wahre Denken", das, was Breton wollte und will, denn das "wahre

Le communicable et l'incommunicable: Räumlich-zeitliche Verfehlung, ein Imaginäres und Totes ist die Schrift in ihrer Beziehung auf den Spannungspol Kraft. Die Kraft, das ist "l'autre du langage sans lequel celui-ci ne serait pas ce qu'il est".[45] Dieses Andere ist konstitutiv verhüllt, es kann nicht eingeholt werden in die Schrift, weil die Schrift Form ist. Die Kraft ist das Unkommunizierbare der Schrift, die Form ihr Kommunizierbares. Sowie die Schrift kommunizierbar wird, verliert sie den Bezug auf ihr Unkommunizierbares. Derrida thematisiert dieses Spannungsverhältnis in seiner Kritik des Strukturbegriffs (Struktur = Einheit von Form und Bedeutung). "*Comprendre* la structure d'un devenir, la forme d'une force, c'est perdre le sens en le gagnant. (...) Le sens du sens est apollinien par tout ce qui en lui se montre."[46] Der Augenblick der Enthüllung des Sinns, d.i. der Augenblick, da die Schrift Bedeutung als Form annimmt und Struktur wird, da sie verräumlicht wird, ist zugleich der Augenblick der Verhüllung des Sinns, der *lebendigen Energie* des Sinns, der Kraft.

Scheinbar bestätigt Breton in der Utopie des zweiten Manifests die Einheitsfiktionen abendländischer Metaphysik: die einer ursprünglichen Einheit, der enthüllbaren Kraft, der Kraft als Bedeutung usf. Ex negativo erkennt er aber bestimmte Differenzen an: Spannungspole, die ein bestimmtes Spannungsfeld erzeugen. Dieses Feld ist genau der Ort, an dem sich die Kryptogramme schreiben.

Der bestimmte Geistesgrad ist die Position des Kryptogrammatologen. Von dort bestimmt Breton die kryptogrammatische Schrift wie folgt:
- Sie situiert sich in der Spannung von Kommunizierbarem und Unkommunizierbarem (im Gegensatz zur Bedeutung = alltagssprachlich Mitteilbares, von der Breton in der "préface" spricht, und im Gegensatz zur Bedeutung/Sinn = enthüllte Struktur).
- Schrift ist "geschichtlich", nachträglich, scheinhaft räumlich (im Gegensatz zur Bedeutung = Struktur = vorsätzliche Form eines Werks).
- Ihre "Geschichtlichkeit" geht aus der Differenz Leben/Tod, imaginär/real hervor. Schrift ist verstorbenes Lebendiges, imaginiertes Reales (im Gegensatz zum Ausdruck, der das Tote als Lebendiges, das Imaginäre als Reales verkennt).

Denken" artikuliert sich in den Texten als zeitliche Differenz, ist immer nachträglich, ein immer schon vergangenes Zukünftiges. Unter dem Gesichtspunkt dieser Verfehlung ist das Futur II auch immer negativ, die explizite Negation ist redundant; der Satz könnte auch heißen: Es wird im System des Surrealismus immer etwas gegeben *haben*, das aus mir machte, was ich sein wollte.
Den häufigen Gebrauch des Futur II bei Breton konstatiert auch Lenk. Vgl. Lenk, a. a. O., p. 86.
45 Derrida, a. a. O., p. 45 (Unter "langage" versteht Derrida hier das Geschriebene.)
46 Ebd., p. 44 f.

Die "préface" und die Utopie des zweiten Manifests umschreiben und beschreiben eine Leerstelle oder Abwesenheit, an der das Kryptogramm *Nadja* entstand und an der die Entzifferungsfunktion wieder einsetzen wird. Das geschieht drei Jahre später, als Breton anfängt, *Les vases communicants* zu schreiben.

EXKURS: *Theorie des kryptogrammatischen Schreibens und ästhetische Theorie: Adorno, Derrida, Breton*

Man wird vielleicht gegen meine Interpretationen einwenden, daß ich die *literarischen* Texte Bretons theoretisch-philosophisch überfrachte oder ihnen in theoretisch-philosophischer Hinsicht zu viel zutraue, daß ich sie im Medium *philosophischer Theorien* lese statt spezifisch literaturwissenschaftliche Methoden auf sie *anzuwenden*, kurz, daß ich sie eigentlich nicht wie literarische sondern wie philosophische Texte behandle. Auf diese Einwände läßt sich folgendes erwidern: 1) Die Unterscheidung Philosophie/Literatur ist nur eine kontingente Diskurstypologie. 2) Die zitierten "philosophischen" Theorien sog. poststrukturalistischer Autoren verweisen selbst auf literarische Texte, sind aus ihnen gewonnen oder orientieren sich an ihnen. Foucault etwa untersucht im zitierten Aufsatz in erster Linie den Autor literarischer Diskurse und expliziert diskursanalytisch einen Sachverhalt, der für die literarische Moderne längst eine Selbstverständlichkeit ist: das Verschwinden des Autors. Deleuze hat mit dem Begriffskonstrukt der "Wiederholung der Differenz" einen nicht-wissenschaftlichen/-begrifflichen, ästhetischen Diskurs im Auge: "A tous égards, la répétition, c'est la transgression. Elle met en question la loi, elle en dénonce le caractère nominal ou général, au profit d'une réalité plus profonde et plus artiste."[47] Und Derridas Schrifttheorie entfaltet ein Charakteristikum ästhetischer Moderne: "Cette certitude perdue, cette absence de l'écriture divine, c'est-à-dire du Dieu juif qui à l'occasion écrit lui-même, ne définit pas seulement et vaguement quelque chose comme la 'modernité'. En tant qu'absence et hantise du signe divin, elle demande toute l'esthétique et la critique moderne."[48] 3) Derridas Schrifttheorie tritt auch mit dem Anspruch auf, daß, erst wenn man den ästhetischen Text im Zusammenhang von Schrift überhaupt liest, bestimmte Gehalte frei werden, die das Festhalten an der konventionellen Diskurstypologie oder an verschiedenen "Wertsphären" blockiert. "Ne risque-t-on pas (...) De dissoudre la notion d'art et le valeur de 'beauté' par lesquelles couramment le littéraire se distingue de la lettre en général? Mais peut-être qu'en ôtant sa spécificité à la

---

47 Deleuze, *Différence et répétition*, a. a. O., p. 9.
48 Derrida, a. a. O., p. 21.

valeur esthétique, on libère au contraire le beau."[49] Freigesetzt werden "philosophische", metaphysikkritische Schichten des literarischen Texts und dieser wird nicht (fälschlicherweise) *wie* ein philosophischer Text gelesen. Auf Seiten der deutschen Sachverwalter des gesellschaftlichen Differenzierungsprozesses hat Habermas explizit gegen die neufranzösische "Einebnung des Gattungsunterschiedes zwischen Literatur und Philosophie" Protest eingelegt und Derrida vorgeworfen, impotente, weil auf Metaphysikkritik "umgestellte" Literaturkritik zu betreiben.[50] Der Vorwurf erscheint um so befremdlicher, als der "Diskursivitätsbegründer" der Theorie, als deren "Vertreter" Habermas gilt, nämlich Adorno, Metaphysikkritik als ästhetische Spezifität ausweist.

Daß Adornos *Ästhetische Theorie* Beziehungen zur neueren französischen Theorie unterhält, ist fast schon ein Gemeinplatz, wenn diese Beziehungen auch noch nicht näher untersucht und nur vage angedeutet wurden - und das aus der Position bestimmter Parteinahmen.[51] Einen geringen indirekten Beitrag zu diesem Thema leisten meine folgenden Ausführungen, denn ich zitiere einige Begriffe/Theoreme/Argumentationen bei Adorno, die Ähnlichkeiten mit den im Medium poststrukturalistischer Theorien lesbar gemachten subjekt- und schrifttheoretischen Positionen Bretons aufweisen und sie verdeutlichen. Es geht dabei nicht darum, bestimmte ästhetische Optionen Adornos *auf* Breton *anzuwenden* (etwa seine Bücher als "authentische Kunstwerke" auszuweisen - das sind sie nach Adornoschen Maßstäben zweifellos nicht), es geht vielmehr um die frappierenden Übereinstimmungen zwischen der Position des ästhetischen Theoretikers und der des Kryptogrammatologen Breton. (Ebensowenig habe

---

49 Ebd., p. 25.
50 Vgl. Habermas, *Der philosophische Diskurs der Moderne*, Ffm 1985, p. 219 ff.
51 Habermas überpointiert im Zusammenhang seiner Derrida-Kritik das "ästhetisch beglaubigte, residuale Vertrauen (Adornos) in eine ver-rückte, aus Bezirken der Philosophie vertriebene, eben utopisch gewordene Vernunft", um ihn scharf von Derrida abzugrenzen, wenngleich er "Parallelen" zugibt, die der "genaueren Analyse" bedürften. (Habermas, a. a. O., p. 220) Kann aber eine "utopisch gewordene Vernunft" noch mit "Vertrauen" besetzt werden? - Oder: Die Vernunft als utopisch ver-rückte oder verkappte - theologisch: im Horizont von Erlösung - dialektisch: im Horizont der Aufhebung der Gegensätze zu denken, heißt das nicht treffender als "Vertrauen": ihre Undenkbarkeit denken?
Ist dann Transzendenz (der mit ihrem anderen ausgesöhnten Vernunft, der Wahrheit) nicht vielmehr - wie bei Breton - eine Entzugsbewegung denn die Stillstellung dieser Bewegung als utopisch verschlossener Wahrheitsgehalt? - Die Transzendenz als Differenz bei Adorno zu lesen, weigert sich Bohrer, wenn er auch Affinitäten Adornos zu Derrida anmerkt. (Vgl. Bohrer, *Plötzlichkeit. Zum Augenblick des ästhetischen Scheins*, Ffm 1981, p. 7 ff.) Er hebt deren Unverwechselbarkeit allerdings aus Motiven hervor, die denen Habermas' entgegengesetzt sind: Bohrer solidarisiert sich mit dem "französischen Poststrukturalismus" gegen Adorno; Habermas mit dem "Diskursivitätsbegründer" der eigenen Theorie gegen Derrida.

ich ja Foucault oder Derrida auf Breton angewendet, ihn vielmehr *mit* Foucault und Derrida gelesen.)

Wie im Bretonschen Diskurs vermischen sich in demjenigen Adornos theoretisch-philosophisch-diskursive und ästhetische Schichten. (1). Als Theoretiker gelangen Adorno und Breton zu einem bestimmten Begriff der Interpretation, der die Kritik von Intention und Bedeutung impliziert und mit den Begriffen "Rätsel/Schrift/Transzendenz" verknüpft ist (2). Beide schließlich bezeugen und desavouieren die abendländische Metaphysik, sofern sie die Pole Enthüllung/Verhüllung ins Spiel bringen (3).

(1) Was heißt Metaphysikkritik als ästhetische Spezifität? - Nach Adorno zieht sich die Kritik am Logozentrismus, namhaft gemacht als der totalitäre Anspruch diskursiver, dem Subjekt identischer Erkenntnis, ganz in die Kunst, genauer: in das "authentische" Kunstwerk zurück. Allein dieses vermag kraft der Form das andere der identitätssetzenden Vernunft (Natur, Mythos) artikulierbar zu machen. Keineswegs ebnet Adorno den Gattungsunterschied zwischen Kunst (dem "Text" des Kunstwerks) und Philosophie ein, doch konstruiert er einen strikten Verweisungszusammenhang, der die Hypostase ihrer Trennung in sich zurücknimmt. *Einerseits* ist Kunst der philosophischen Reflexion bedürftig, und diese ist ihr immanent, denn "die fortschreitend sich entfaltende Wahrheit des Kunstwerks ist keine andere als die des philosophischen Begriffs".[52] Der ästhetische Text wird also nicht *wie* ein philosophischer behandelt, sondern erweist sich als zutiefst philosophisch. *Andererseits* ist Philosophie, die auf den Begriff verpflichtet bleibt, aus den ihr eigenen - eben diskursiven - Mitteln zu der ihr eigenen Wahrheit nicht fähig. Ihre Ohnmächtigkeit einbekennend, transformiert sie sich in "Kunstkritik" im Sinne der Frühromantik[53], d. h. sie bestimmt sich als "Reflexionsmedium" der Kunst, und ihre Aufgabe heißt Interpretation.

Den Begriff der Interpretation führt Breton erst in den 30er Jahren in seinen Diskurs ein, in den *Vases communicants* nämlich. Er greift mit diesem Begriff einige Motive der Schrifttheorie in *Nadja* auf, die ich Theorie des kryptogrammatischen Schreibens nannte. Adornos Theorie erlaubt es, einen vorläufigen Zusammenhang zwischen Kryptogramm und Interpretation herzustellen.[54]

---

52 Adorno, *Ästhetische Theorie*, Ffm 1970, p. 197.
53 Vgl. dazu Benjamins Dissertation: *Der Begriff der Kunstkritik in der deutschen Romantik*, a. a. O.
54 Der Zusammenhang zwischen dem Interpretationsbegriff in den *Vases communicants* und bei Adorno ist übrigens auch einflußgeschichtlich belegbar. Am 6.11.1934 schreibt Adorno aus Oxford an Benjamin, der in Paris, in surrealistischem Milieu, am Passagenwerk arbeitet:
"Im übrigen scheint gerade jetzt den Passagen ein wichtiger Impuls von außen zuzukommen. Ich las in einer englischen Filmzeitschrift ein Referat über das neue Buch von Breton (Les vases communicants), das, irre ich mich nicht, in vielem unseren Intentionen sehr nahekommt. So wendet es sich gegen die psychologische Interpretation des Traumes und verficht eine auf die objekti-

(2) Interpretation versteht Adorno nämlich nicht im Sinne der exoterischen Literaturkritik, die Habermas im Blick hat (Interpretation als Vermittlung zwischen Expertenkultur und Alltagswelt[55]) und die darauf aus ist, die Dunkelheit des Werks "durch die Helligkeit des Sinns zu substituieren"[56], seinen *Rätselcharakter* "auszulöschen" oder rückgängig zu machen, dabei sein "konstitutiv Rätselhaftes"[57] verkennend; vielmehr wird Interpretation bei Adorno als Mimesis an die In-sich-Reflektiertheit des Kunstwerks bestimmt. "(...) das wesentlich Mimetische erwartet mimetisches Verhalten."[58] - und so ist sie Interpretation der Dunkelheit[59], "Auflösung des Rätselcharakters, die ihn zugleich erhellt".[60] "Der Rätselcharakter überlebt die Interpretation, welche die Antwort erlangt."[61] *Durchsichtigkeit* oder Notwendigkeit, die die immanente Erfahrung der Kunstwerke charakterisieren, enthüllen das Rätsel nicht, denn dieses liegt in einer anderen Ordnung, ist "nicht lokalisiert in dem, was an ihnen erfahren wird"[62], es "springt (...) erst in der Distanz auf" und bannt den Betrachter, "jäh die Augen wieder auf(schlagend)".[63] "Das Rätsel lösen ist soviel wie den Grund seiner Unlösbarkeit angeben: der Blick, mit dem die Kunstwerke den Betrachter anschauen."[64]

Bei Breton wird die Interpretation produktionsästhetisch gewendet: Sie ist Erzeugung des Rätsels. Aber der Schriftproduzent, der im Glaushaus lebt, dessen Leben ganz durchsichtig ist, nimmt doch wie der Interpret bei Adorno einen Standpunkt außerhalb ein: Das Rätsel schreibt sich in seinem Rücken, er hinterläßt das Rätsel, er distanziert sich vom Geschriebenen, verleiht ihm verführerische Objektheit; es schaut ihn an wie die photographische und geschriebene Hieroglyphe, die die Wachspuppe im "Musée Grévin" bildet: "qui, dans sa pose immuable, est la seule statue que je sache à avoir des *yeux*: ceux mêmes de la provocation." (*N*, p. 179)

Auch für Adorno ist das Rätsel Schrift/Kryptogramm: "(...) alle Kunstwerke sind Schriften, nicht erst die, die als solche auftreten, und zwar hieroglyphen-

---

ven Bilder hin (...)", (in: Benjamin, *Gesammelte Schriften*, Bd. V 2, Ffm 1982, p. 1106/07). (Benjamin hat diesen Impuls offensichtlich nicht aufgenommen, es findet sich im *Passagenwerk* keine einzige Bemerkung zu den *Vases communicants*. Das liegt wohl an Benjamins Fixierung auf surrealistische Schriften der 20er Jahre; dem Surrealismus der 30er Jahre wirft er vor, sich realpolitisch zu verramschen. [Vgl. *Ges. Schriften*, Bd. IV 1, p. 585/86, Pariser Tagebuch vom 11.2.1930]).
55 Vgl. Habermas, a. a. O., p. 243.
56 Adorno, a. a. O., p. 47.
57 Ebd., p. 184.
58 Ebd., p. 190.
59 Ebd., p. 47.
60 Ebd., p. 185.
61 Ebd., p. 189.
62 Ebd.
63 Ebd.
64 Ebd.

hafte, zu denen der Code verloren ward und zu deren Gehalt nicht zuletzt beiträgt, daß er fehlt."[65]

Verloren ist der Code nicht im präformistischen Sinne (im Sinne der "perte irréparable"), sondern seine Abwesenheit ist der erste Ort der Schrift. Insofern vermag sie zum Gehalt beizutragen. Dem präformistischen Mißverständnis bleibt diejenige Interpretation verhaftet, die die ursprüngliche Leere durch die gründende, einheitliche Subjektivität des Künstlers kompensiert und sich so ohne Bewußtsein dem Allgemeinen diskursiver Erkenntnis gleichmacht. Eine solche Auffassung verkennt den Gehalt als *Intention*.[66] Der Gehalt (die "Wahrheit") geht, Adorno zufolge, aber allererst aus dem Bruch zwischen Intention und Gebilde hervor[67], und dieses läßt sich also nicht als subjektive Intention decodieren. Die Intention als "subjektiv bewegende und organisierende Kraft"[68] geht im Gebilde unter. Mit diesem Theorem maßregelt die Kritik keineswegs die Subjektivität des Künstlers, sondern sie reflektiert abermals dessen eigene Erfahrung, denn: "Alle Moderne (...) schwören dem Schein eines in der subjektiven Erfahrungseinheit (...) gründenden Kontinuums ab."[69]

In der "préface" nannte Breton, was bei Adorno die Kraft der Intention heißt: "la force de se faire entendre"; im zweiten Manifest situiert er das Kryptogramm zwischen den Spannungspolen "le communicable et l'incommunicable" und setzte es so von der *Bedeutung* ab, sei's als subjektiv intendierte (als Mitteilbares), sei's als enthüllte Struktur. Verklammert mit der Absage an den subjektiven Geist oder die Intention ist auch bei Adorno diejenige an die Bedeutung. Mit der Intention verlöscht der Sinn als bedeuteter *und bedeutender*; und das Werk, in dem er sich objektiviert, verdunkelt sich fortan gegen Sinn. Obsolet ist der Begriff der Bedeutung: eines erhellten Sinns, eines Kommunizierbaren, Unverhüllten (eines "message unique"), auch jenseits des Sinns als gemeintem (des intentionalen Sinns). Transzendenz ist nicht transzendente Bedeutung, bei der die Kunstwerke ankommen: "(...) sie produzieren ihre eigene Transzendenz, sind nicht deren Schauplatz, und dadurch wieder sind sie von Transzendenz geschieden."[70] Transzendenz heißt Adorno vielmehr den *Vollzug* der Transgression der Erscheinung, d. h. es ist unmöglich, die Transzendenz als Bedeutung jenseits der Erscheinung stillzustellen. Sie ist die Bewegung des Entzuges der Bedeutung, die "différance": "In seinem Vollzug (dem Vollzug des Überschreitens der Erscheinung, G. H.), nicht erst, überhaupt wohl kaum durch Bedeutungen sind Kunstwerke ein Geistiges. Ihre Transzendenz ist ihr Sprechendes

---

65 Ebd.
66 Vgl. ebd., p. 226.
67 Vgl. ebd., p. 227 f.
68 Ebd., p. 226.
69 Ebd., p. 233.
70 Ebd., p. 122.

oder ihre Schrift, aber eine ohne Bedeutung oder, genauer, eine mit gekappter oder zugehängter Bedeutung."[71]

(3) Auf der Folie der Strukturalismus-Kritik Derridas gelang es, die Pole Enthüllung/Verhüllung bei Breton näher zu bestimmen: Die Enthüllung des Sinns (der Bedeutung, der Struktur, des "wahren Denkens" im Ausdruck) schließt zugleich das Andere der Sprache: die Kraft aus (die Kraft hört auf, gedacht zu werden). Ebenso denunziert Adorno schließlich die Konnivenz des Enthüllungspathos mit der logozentrischen Verkennung des Anderen: "Unverhüllt ist das Wahre der diskursiven Erkenntnis, aber dafür hat sie es nicht; die Erkenntnis, welche Kunst ist, hat es, aber als ein ihr Inkommensurables."[72] Inkommensurabel ist der Schrift die Kraft, sie hat sie nur als verhüllte, abgestorbene, scheinhafte, "um den Preis der Leibhaftigkeit."[73]

---

71 Ebd.
72 Ebd., p. 191.
73 Ebd., p. 125.

IV. Der Begriff der Interpretation bei Breton

> Si je cherche à rendre compte pour le même temps (1930 - 34, G. H.) de ma pensée plus profonde, je veux dire du cheminement souterrain de mon esprit, je ne puis que renvoyer à mon ouvrage *Les Vases communicants*, pour lequel j'avoue avoir gardé un faible particulier. (*E*, p. 171)

1. Positionenverzeichnis der "Vases communicants"

Im August 1931 fängt Breton wieder an, ein Buch zu schreiben. Wie die Niederschrift von *Nadja* setzt die von *Les Vases communicants* fern von Paris ein, diesmal in Castellane (Basses-Alpes), wo Breton seine Ferien mit George Sadoul verbringt. (Vgl. *VC*, p. 30/37) Das Schreiben geht sehr schleppend voran, Breton arbeitet die Schrift sorgfältig, vielfach korrigierend aus, wie Sadoul später einmal mitteilt.[1] Das hängt damit zusammen, daß er "wissenschaftlich" arbeitet; er hat sich eine Menge philosophischer, v. a. dialektisch-materialistischer Literatur mit in die Ferien genommen (vgl. *VC*, p. 53) und ist mit traumtheoretischen Überlegungen beschäftigt, die die Form eines wissenschaftlichen Artikels annehmen. Dieser Artikel wird im Dez. 1931 in *Le surréalisme au service de la révolution* veröffentlicht und bildet den (textidentischen) theoretischen Vorspann zum Bericht und der Deutung eines Traums im ersten Teil der *VC* (*VC*, pp. 13-27). Den Traum träumt und notiert Breton in Castellane (*VC*, p. 30 ff.), vielleicht deutet er ihn dort auch noch. Im Traum verarbeitet er u.a. seine Beziehung zu X, der Geliebten, die zwischen Aug. und Dez. 1926 in sein Leben und die Niederschrift von *Nadja* getreten war und Anfang 1931 mit ihm brach. (Vgl. *VC*, p. 34) Unmittelbarer verarbeitet er diesen leidensvollen Bruch im "Tagtraum" vom 5. - 24. April 1931, den er aber erst in einigem Abstand niederschreibt und kommentiert (vgl. *VC*, p. 130), wahrscheinlich nach seiner Rückkunft in Paris; in Castellane jedenfalls faßt er den Plan, ihn in einem "zweiten Teil" seines neuen Buches "zu bestimmten Zwecken" mitzuteilen. (Vgl. *VC*, p. 34)

Der Tagtraumbericht knüpft unter dem Gesichtspunkt der Textgattung am unmittelbarsten an Nadja an. Er hat mit der Mitteilung eines Tagtraums in der alltagssprachlichen und Freudschen Bedeutung nichts zu tun. Freud charakterisiert ja den Tagtraum als eine phantasmatische Produktion, die zwar im Wachzustand, aber - wie im Nachttraum - unter Ausschluß der aktuellen Wahrneh-

---

[1] Vgl. Lenk, a. a. O., p. 218/19.

mung stattfindet und sich vom Nachttraum nur durch einen höheren Anteil der Sekundärbearbeitung unterscheidet.[2] Der Tagtraumbericht in den *VC* ist aber wie *Nadja* ein Text aus surrealistischen "Tatsachen", die allerdings durch eine gestörte oder subjektiv verzerrte Wahrnehmung hergestellt werden. Im Freudschen Begriffsrepertoire entsprechen sie am ehesten den Fehlleistungen.

1932 schreibt Breton noch einen "dritten Teil", in dem er eine freudomarxistische Position ausarbeitet: die neue "attitude synthétique" des Surrealismus. Ein durch Klammern gekennzeichneter Einschub in den ersten Teil läßt darauf schließen, daß er das Buch abschließend in den Sommerferien auf der "île de Sein" (Bretagne) überarbeitet hat (vgl. *VC*, p. 37), um es noch im selben Jahr zu veröffentlichen. Er macht es gleich zur Postsendung, schickt es nämlich Freud in Wien zu. Dessen drei Antwortschreiben, datiert 13., 14., 26. Dez. 1932, die sich um eine bibliographische Auslassung in der französischen Übersetzung der *Traumdeutung*[3] drehen, sowie seine Replik, 1933 verfaßt, veröffentlicht Breton gleich in *der No 5-6* von *Le S.A.S.D.L.R.* (Mai 1933) und fügt sie der Neuausgabe der *VC* 1955 als Appendix an - einen Brief beglaubigt er durch die Photographie des Originals.[4]

Die Textentstehungsgeschichte macht einige z. T. vertraute, z. T. veränderte Schreibpositionen/-funktionen sichtbar, die Gegenstand der folgenden Kapitel sein werden:

1) *Die Funktion Buchverfasser.* - Breton scheint sich diesmal die Zeit zu nehmen, "so etwas wie ein Buch zu präparieren". Er spricht von dem *Plan*, ein Buch zu schreiben (*VC*, p. 34), er berichtet Tatsachen, *um* bestimmte Thesen zu belegen, es gibt drei thematisch relativ geschlossene "Teile". (Kap. 6)
2) Diese Steuerzeichen des Texts geben einen ersten Hinweis auf die erhebliche Stärkung und den Ausbau der *Position Theoretiker*, d.i. der Ort einer synthetischen Leistung: Breton gibt vor, dialektischer Materialist *und* Psychoanalytiker zu sein. Er plädiert für die "transformation du monde" *und* die "interprétation du monde".

Die Synthesis wird gleichsam aus dem Hinterhalt durch *die reale Funktion Parteimitglied*[5] gesteuert und zensuriert. Breton umgeht die Zensur listig, wenn er den dialektischen Materialismus, auf den sich die Partei beruft, gegen diese selbst ausspielt. Die Funktion Parteimitglied gibt auch den Rahmen vor, innerhalb dessen die von der Partei diffamierte und von Breton seit dem zweiten

---

2 Vgl. z. B. Freud-*Stud.-Ausg.*, Bd. X, Ffm 1969, p. 171ff.
3 Im folgenden verwende ich die Sigle TD für Freuds *Traumdeutung*. Seitenangaben beziehen sich auf die *Stud.-Ausg.*, Bd.II, a. a. O.
4 Außerdem fügt er der Neuausgabe sieben weitere Photographien bei. Vgl. dazu Teil V meiner Arbeit.
5 Bretons Parteimitgliedschaft in der PC währt noch bis 1933.

Manifest immer wieder verteidigte Psychoanalyse zugelassen wird.[6] Die Synthesis, die am Theoretiker-Pol stattfindet, ist also zwanghaft.[7] (Kap. 3)

Die Position Psychoanalytiker impliziert einen Positionswechsel: Breton rückt aus der frühsurrealistischen, mit dem Begriff einer rekonstruktiven oder integralen Erinnerung verknüpften Position des bloßen Traumprotokollanten aus und in die Position Traum*deuter* ein. Der Positionswechsel kündigte sich schon in *Nadja* an (vgl. den Traumbericht und die Deutung in *N*, p. 55 - 59). Die neue Position wird überdeterminiert durch die Funktion Wissenschaftler. "Wissenschaftler" ist Breton in erster Linie als *Empfänger* einer verspäteten Post, nämlich als kritischer Leser der erst 1926 ins Französische übersetzten *TD* und als Verfasser eines Traumbuches, d. h. als *Sender* einer Antwortschrift auf die Post Freuds. Als Verfasser begibt er sich wenigstens scheinhaft in die Position des wissenschaftlichen Konkurrenten. (Kap. 2/5)

3) *Die Überlebensposition* ist in den *VC* doppelt bestimmt:
a) Die "surrealistische Aktion" wird durch das kommunistische Engagement gefährdet. (Vgl. *VC*, p. 37) Von dieser Gefährdung aus wird Breton in die Position des Theoretikers gedrängt. Theoretisierend stabilisiert er eine Verteidungsposition. b) Der Verlust von X löst Depressionen, einen fast psychotischen Zustand (vgl. *VC*, p. 131), sogar Selbstmordphantasien aus, die erst im dritten Teil endgültig überwunden werden (vgl. *VC*, p. 149). Breton überlebt, indem er X in ein Buch verarbeitet oder in Theorien einarbeitet. Im Unterschied zu Nadja bleibt X eine leere Signatur. Breton erinnert und deutet Ereignisse *nach* dem Bruch mit ihr, als sie für ihn zwar schon gestorben ist, aber er noch emotional auf sie fixiert ist. Endgültig wird X in der Erinnerung/ Deutung/*Aufschreibung* dieser Ereignisse mortifiziert.(Kap. 6)

4) Die Intensität des Spannungspoles Theorie-Synthesis scheint die *kryptogrammatische Schriftfunktion* aufzuschlucken. Und doch kommen vom Theorie-Pol, und zwar aus der Position Psychoanalytiker/Traumdeuter einige Hinweise auf die Theorie des Kryptogramms: Die "interprétation" verweist auf die Entzifferungsfunktion; der psychoanalytische Begriff des "désir" faßt den vagen Begriff des "wahren Denkens" genauer; die "étude du moi" öffnet die Frage nach dem Ich auf ein Forschungsfeld hin. - Tatsächlich markiert die Umwandlung der

---

6 Vgl. *M*, p. 118; seine orthodox kommunistische Psychoanalysekritik 1930 kostet Aragon fast den Ausschluß aus der surrealistischen Gruppe; er widerruft erst seine Kritik, entschließt sich dann aber doch wieder für die kommunistische Orthodoxie und distanziert sich vom Surrealismus. Vgl. zur "affaire Aragon" Nadeau, a. a. O., p. 143.
7 Nach dem Austritt aus der Partei spricht Breton selbst wiederholt von Konzessionen an die Parteidoktrin in den *VC*. "Le souci que j'avais, sur le plan révolutionaire, de ne pas me couper les voies de l'action pratique, m'a peut-être retenu d'aller jusqu'au bout de ma pensée (...)" (*AF*, p. 94) "Il est vrai que dans ce livre je m'entête encore à faire prévaloir les thèses matérialistes jusque dans le domaine du rêve - ce qui est loin d'aller sans arbitraire - (...)" (*E*, p. 171).

Freudschen Theorie in eine Theorie des Kryptogramms so etwas wie einen "cheminement souterrain" des Denkens in den *VC*. (Kap. 4/5/6)

5) Die Position: Theoretiker/Traumdeuter/Kryptogrammatiker impliziert immer schon die *Funktion Selbstbeobachtung*. Der Kryptogrammatiker (und Kryptogrammatologe) Breton sieht in *Nadja* seiner eigenen Produktion zu. Im zweiten Manifest führt Breton den Begriff "auto-observation" explizit in den surrealistischen Diskurs ein und hebt ihn strikt von der Position Wissenschaftler/-Psychoanalytiker ab (*M*, p. 119).[8] Entsprechend der Stärkung des Theoretiker-Pols gewinnt die Funktion Selbstbeobachtung in den *VC* an Bedeutung. Wenn sie die Position Traumdeuter besetzt[9], bleibt sie doch verschoben von der Position Wissenschaftler/Psychoanalytiker. (Kap. 4/5)

Die Funktion Selbstbeobachtung markiert auch eine *Über-Ich-Position*, die lustvoll besetzbar ist, in Distanz zu anderen Positionen tritt (etwa der Position Wissenschaftler) und mit ihnen spielt oder sie verlacht. Das Ergebnis heißt laut Freudscher Theorie *Humor*.[10] (Kap. 2/6)

Die Sekundärliteratur über die *VC* hat sich vor allen Dingen mit dem Pol Theorie-Synthesis beschäftigt und stimmt darin überein, daß die Synthesis mißglückte. Bretons theoretischer (theoretisch-ideologischer) Diskurs überhaupt sei "zerfetzt" und "von neurotischem Zusammenhang", so behauptet Houdebine in dekonstruktiver Absicht.[11] In rettender Absicht deutet Decottignies diesen Dis-

---

8 Bürger ebenso wie Lenk verkennen die "auto-observation" als Wissenschaftlichkeit. Vgl. Lenk, a. a. O., p. 59, zu Bürger im folg.
Im zweiten Manifest ist die "auto-observation" Komplementärbegriff der "inspiration", d. i. die inflationierende und daher kontrollbedürftige "écriture automatique". Die automatische Schrift inflationiert weiter und wird faktisch bedeutungslos für die surrealistische Schriftproduktion. Die "auto-observation" als ästhetisches Distanzierungsprinzip richtet sich ganz auf das Schriftfeld der Prosatexte.

9 Die Unterwerfung der "inspiration" unter die "auto-observation" ist im ersten Manifest in dem "soumettre (les étranges forces, G. H.) (...) au contrôle de notre raison" vorgezeichnet, das auf Freuds Traumforschung anspielt. (*M*, p. 19) Diese Passage des ersten Manifests bezeugt einerseits, daß die Trennung von Selbstbeobachtung und Wissenschaft ("raison"/Psychoanalyse) noch nicht vollzogen ist (nicht zuletzt auf Grund mangelnder Kenntnisse), andererseits daß die Selbstbeobachtung aus einem traumtheoretischen Zusammenhang stammt. Soweit eine begriffsgeschichtliche Legitimation der Verbindung von "auto-observation" und "interprétation".

10 Vgl. Freud, "Der Humor", a. a. O.; dieser Aufsatz findet später das außerordentliche Interesse Bretons. Vgl. das Vorwort der *Anthologie de l'humour noir*.

11 Vgl. Houdebine, a. a. O. (Die dt. Übersetzung, auf die sich die folgenden Seitenangaben beziehen, findet sich in Bürger, *Surrealismus*, a. a. O., p. 79 ff.)
Obwohl die *VC* nur einmal Erwähnung finden, kann der Text doch als fundamentaler Bezugstext der Dekonstruktion Houdebines gelten, da dieser als hauptsächlich Referenten des Bretonschen Diskurses die Theorien von Freud und Marx nennt. Zwanghaft und neurotisch sei nicht nur der Versuch, diese beiden Theorien über Hegel zu vermitteln (Sublimation = Aufhebung, vgl. p. 88), sondern auch die Freud- und Marx-Lektüre je für sich ("psychologistische" Deutung der Freudschen Theorie - hier insbes. bezieht sich Houdebine auf die *VC* -, Reduktion der Marxschen Theorie auf die Hegelsche Dialektik, vgl. p. 87 ff.), weil nämlich der theoretische Diskurs Bretons überhaupt durch eine idealistische (Hegelsche) Fragestellung reguliert sei und das "Hohe" gegen

kurs als integralen Bestandteil der von Breton geforderten "poetischen Praxis" und dispensiert ihn so von der Auflage theoretischer Konsistenz, da, so Decottignies, die poetische Praxis subversives Verhalten gegenüber logischer Argumentation einschließe. Er erkennt begrifflich-theoretische Mängel an und erklärt sie zugleich als gegenstandslos.[12]

Zwischen diesen extremen Positionen vermittelt Bürger: Er gibt einerseits Widersprüchlichkeiten zu, andererseits hält er gegen beide genannten Auffassungen die theoretische Relevanz der Bretonschen Aussagen[13] und die Originalität der Revolutionstheorie in den *VC*, sofern Breton mit dem Begriff des "désir" "den Gedanken der Revolution ins Subjekt zurück(hole), ohne ihm seine reale Dimension zu nehmen".[14] Schließlich reduziert Bürger die Theorie-Schwäche Bretons auf Inkonsequenz:

> Konsequent hätte er (Breton) zu einer Synthese von Marxismus und Freud gelangen müssen. Doch hier übersieht er die Tatsache, daß die Psychoanalyse die rationale Bewältigung individueller Konflikte durch Selbstreflexion ermöglicht, d. h. daß die Wissenschaft, die zu schaffen er dem Surrealismus aufträgt, schon vorhanden ist.[15]

Konsequent hätte er auch auf den Widerspruch zwischen seiner Deutungspraxis in den ersten beiden Teilen und der Forderung nach "wissenschaftlicher" Interpretation (des Menschen) stoßen müssen:

> Hier ist auch der Punkt, wo Breton nur zwei Auswege bleiben: immer wieder die Notwendigkeit einer Verbindung der beiden einander entfremdeten Lebensbereiche ("collectivité" und "nécessité subjective", G. H.) und einer Erforschung des menschlichen Subjekts zu proklamieren (dies geschieht im dritten Teil von *Vases communicants*), oder aber Erfahrungen nichtrationaler Lebensphasen mitzuteilen (wie z. B. den Wachtraum aus dem 2. Teil des Buchs). Der letzte Weg mag poetisch reizvoll sein, was die Lösung des theoreti-

---

das "Niedrige" ausspiele. (Houdebine greift hier auf die frühe Surrealismus-Kritik Batailles zurück).
Daß die Utopie des zweiten Manifests, in der von "le haut et le bas" die Rede ist, sich dem dialektischen Schema *nicht* fügt, habe ich im 6. Kap. des III. Teils meiner Arbeit nachgewiesen. Die allgemeine Unverträglichkeit des Bretonschen Denkens und der Hegelschen Philosophie - trotz der seit *Nadja* sich häufenden apologetisch gemeinten Hegel-Zitationen bei Breton - hat schon Alquié glaubhaft gemacht. (Vgl. Alquié, a. a. O., p. 41 ff. - In philosophiegeschichtlichen Kategorien denkend, verkürzt Alquié allerdings wiederum die Bretonsche Position, wenn er sie auf die Kantische Moralität versus Hegelsche Sittlichkeit bringt.)
Über die antipsychologistische Freud-Lektüre Bretons handeln die folgenden Kapitel.
Auf den antidialektischen Charakter dieser Lektüre verweist schon die Tatsache, daß Breton im zweiten Manifest den Begriff der Sublimation verwirft (*M*, p. 118 ff.). Der Begriff wird von Breton gar nicht hoch geschätzt, wie Houdebine fälschlicherweise behauptet und kann daher auch nicht das "missing link" zwischen Marx und Freud im Bretonschen Diskurs darstellen.
12 Vgl. Decottignies, "L'oeuvre surréaliste et l'idéologie" in: *Littérature* 1, 1971, pp. 30-47; dt. in: Bürger, *Surrealismus*, a. a. O., p. 112 ff.
13 Vgl. Bürger, *Surrealismus*, a. a. O., p. 10 u. ders., *Der französische Surrealismus*, a. a. O., p. 95 ff.
14 *Der frz. Surrealismus*, a. a. O., p. 99.
15 Ebd., p. 102 f.

schen Problems angeht, muß er notwendig hinter Freud und in den Irrationalismus zurückfallen.[16]

Dieses Argument beruht erstens auf einer Verkennung der Freudschen Theorie. Was Bürger "Psychoanalyse" nennt, ist tatsächlich eine bestimmte (späte) Deutung der Psychoanalyse. Der Ausdruck "rationale Bewältigung individueller Konflikte durch Selbstreflexion" weist diese Deutung als dem Diskurs von Habermas entlehnte aus.[17]

Nägele hat gezeigt, daß Habermas Begriffe in die Psychoanalyse hineinträgt, die ihr fremd sind (etwa den der Selbstreflexion); er setzt ein Konzept voraus, dem er einzelne Passagen bei Freud im nachhinein fügbar macht (z. B. den Satz: "Wo Es war, soll Ich werden"); seine Deutung gelingt schließlich nur um den Preis der Ausschließung zahlreicher Passagen oder der "Isolation" (im Sinne einer zwangsneurotischen Prozedur) bestimmter Freudscher Motive (vorab dem der Sexualität).[18]

Zweitens verkennt Bürger den surrealistischen Text selbst, wenn er das Projekt Bretons mit dieser verzerrten Freud-Deutung identifiziert.

Die beiden Momente der Traumforschung, die Breton im ersten Manifest hervorhob (1. "capter (les étranges forces)", 2. "les soumettre (...) au contrôle de notre raison", *M*, p. 19), sind 1. nicht isolierbar, sondern verschiedene Schichten *eines* Textes. Das, was Bürger poetisch reizvoll aber irrational nennt, birgt schon theoretisches Potential. 2. lassen sich jene beiden Momente (Schichten) nicht auf den Gegensatz Poesie - Wissenschaft bringen. Zwar dominiert in den *VC* im Gegensatz zum ersten Manifest das zweite Moment, wie Bürger feststellt, doch ist das zweite Moment nicht mit Wissenschaftlichkeit identifizierbar (s. Funktion Selbstbeobachtung).

Weder läßt sich der theoretische Diskurs der *VC* am Anspruch einer konsistenten wissenschaftlichen Theorie oder Theoriesynthese messen (Bürger), noch auf eine verfehlte, weil idealistische Fragestellung, die ihn total steuert, reduzieren (Houdebine), noch geht er in der poetischen Subversion von Theo-

---

16 Ebd.
17 In Anlehnung an Lorenzer liest Habermas in *Erkenntnis und Interesse* die Freudschen Texte nach Maßgabe der selbstgesetzten These, daß die Psychoanalyse "das einzig greifbare Beispiel einer methodisch Selbstreflexion in Anspruch nehmenden Wissenschaft" sei (Habermas, *Erkenntnis und Interesse*, Ffm 1973, p. 262). Der Explikation dieser These zufolge, vermag sie eine solche Wissenschaft zu sein, weil sie ihre Konzepte aus der Erfahrung der psychoanalytischen Kur ableitet, das Gespräch zwischen Arzt und Patient wiederum eine Kommunikation meint, in der das seiner selbst entfremdete Subjekt (in der transparenten Gestalt der lebensgeschichtlichen Ganzheit) seine (Ich-) Identität wiedererlangt. Das geschieht kraft der Vernunft, die in der Alltagssprache (die Deutungsangebote des Analytikers) residiert, und die also mit einem emanzipatorischen Interesse fusioniert.
18 Nägele, "Freud, Habermas und die Dialektik der Aufklärung" in: *Der Wunderblock* Nr. 9, Sept. 1981, p. 35 ff.

rie auf (Decottignies). Alle diese Deutungen lassen das komplizierte Geflecht der Positionen und Schreibfunktionen außer Acht.
Ich werde mich zunächst dem Theorie-Pol zuwenden, der durch die Auseinandersetzung mit Freud beherrscht wird.

2. Bretons humoristische Freud-Rezeption; Deutung als fortgesetzte Traumarbeit

Der Erörterung des "Traumproblems" (d. i. der in *Le S.A.S.D.L.R.* vorveröffentlichte Artikel) setzt Breton einen längeren Abschnitt über die Traumexperimente des Marquis d'Hervey voran, die dieser in dem Buch *Les Rêves et les Moyens de les diriger - Observations pratiques* von 1867 mitteilt. Der Marquis inszeniert den Traum wie ein Theaterstück, er verteilt Rollen. (*VC*, p. 12) Das Theater ist aber nicht ein magisches, sondern beruht auf einer klassischen (Selbst-)Konditionierung, die die Wunscherfüllung im Traum reguliert. (Es ist nicht nur beachtenswert, daß der Marquis diese Experimente 40 Jahre vor Freuds *TD* entwickelte, wie Breton anmerkt, sondern auch 40 Jahre vor Pavlows Hundeexperimenten.) Der Marquis ist Regisseur: Mit "bewußtem Willen" (*VC*, p. 12), auf systematische Weise, studiert er den Traum ein; bestimmte Sinneseindrücke (eine Melodie, ein Geschmack) werden bestimmten Vorstellungen (z. B. bestimmten Damen) assoziiert. Nachts während des Schlafs gelangt der Traum zur Aufführung, indem die Sinneseindrücke (z. B. mit einer vorprogrammierten Spieldose) reproduziert werden und wie Stichwortgeber funktionieren (Auftritt der Damen, der Marquis ist Hauptakteur und einziger Zuschauer).

Der Vorspann über Hervey ist interessant, weil er das Traumproblem von vornherein in eine ästhetische Perspektive rückt: Breton setzt die Traumexperimente in Analogie zum Rimbaud'schen "*raisonné* dérèglement de tous les sens", also zu demjenigen poetischen Programm, das er in der Theorie der "écriture automatique" aufnahm. In der Tat verweist die Zitation des Marquis weniger auf die erste Auseinandersetzung mit dem Traum im ersten Manifest denn auf Bretons frühe Poetologie: Hervey *praktiziert* den Traum (wie der Titel seines Werks andeutet); im ersten Manifest fordert Breton, die Poesie zu praktizieren. Und er bindet die Praxis der Poesie - ebenso wie der Marquis die Traumpraxis - an ein künstliches "theatralisches" Arrangement. Während aber die "écriture automatique" als "magische Kunst" scheiterte, eben doch nur in der Sphäre des schönen Scheins verharrte, verzichtet der Marquis auf magische Mittel, wie Breton mit Nachdruck hervorhebt (*VC*, p. 9), und scheint den Weg zu weisen, um Traum/Poesie und Wirklichkeit/Leben real zu versöhnen. Breton nennt die Traumexperimente eine halbgeöffnete Tür, die aus dem wackligen Haus der Dichter hinausführt. (*VC*, p. 10) Im ersten Manifest schlossen sich die Dichter träumend in ihre Häuser ein. (Vgl. die Anekdote über Saint-Pol-Roux *M*, p. 24)

Im Vorspann der *VC* wiederbelebt Breton, so scheint's, den für die Theorie der "écriture automatique" bestimmenden Pol: Verfügung/Enthüllung des "wahren Denkens"/Aufhebung der Gegensätze. Die Träume des Marquis sind nicht mehr ein dem Wachleben Inkommensurables, von ihm abgespalten. Die Aufmerksamkeit, die sich im Wachzustand auf bestimmte reale Dinge oder Personen richtet, wird "diszipliniert" (*VC*, p. 11) und im Traum kontinuierlich gemacht. Dieselben Dinge oder Personen werden in ihm imaginiert. (Aufhebung des Gegensatzes "le vécu et l'imaginaire", *VC*, p. 11) Weil der Traum komplett verfügt ist, ist er stets schon enthüllt, er ist eins mit dem "désir", nicht von ihm verschoben und also der Deutung nicht bedürftig.

Am Ende des Vorspanns, d. h. bevor Breton sich selbst dem "Traumproblem" zuwendet, verwirft er aber wieder die Traumpraxis des Marquis. Die Experimente, so seine vernichtende Kritik, seien nur ein Spiel. Der Marquis begehre die Damen, die er im Traum erscheinen ließe, gar nicht wirklich, die "wahre Leidenschaft" sei abwesend. Oder aber: Das Spiel sei tatsächlich nicht indifferent, der "désir" werde gar nicht vom Marquis verfügt, sondern verfüge über ihn. Sozusagen im Rücken des Marquis, der frei zu schalten und zu walten wähnt, diktiere tatsächlich der "désir" schon das experimentelle Arrangement.

Der Pol Verhüllung macht sich geltend. Breton nimmt den "désir" in die Unverfügbarkeit zurück. Er selbst wird seine Träume in der Weise "praktizieren", daß er sie nach Freudschem Muster *deutet*. Die Übernahme der "Methode" der Freudschen Traumdeutung begründet er u.a. mit dem Argument: "(...) c'est là de sa part (seitens Freud, G. H.) une proposition de caractère exclusivement practique." (*VC*, p. 28)

Von der Methode der Traumdeutung heißt es auch, sie sei das einzige, was vom Werk Freuds "zurückzuhalten" sei und verpflichte nicht dazu, "de faire siennes les généralisations hâtives auxquelles l'auteur de cette proposition, esprit philosophiquement assez inculte, nous a accoutumés par la suite" (*VC*, ebd.). Zieht man in Betracht, daß Bretons "philosophische" Auseinandersetzung mit dem Traum (zwischen dem Vorspann über Hervey und dem Plädoyer für Freuds Methode) nicht viel mehr ist als eine mit materialistischem Jargon untermischte Collage aus dem ersten und letzten Kapitel der *TD*, dann ist das Urteil über den "Philosophen" Freud-akademisch gesehen - eine grobe Unverschämtheit. - Und akademisch gibt sich Breton. In der Weise des professoralen Freud selbst nimmt er ausführlich den Bestand der wissenschaftlichen und philosophischen Literatur über den Traum auf, um aus deren Kritik so etwas wie eine "eigene" Position zu entwickeln. Die *TD* wird wie ein Traumbuch unter vielen anderen behandelt. Tatsächlich folgt Breton bei der Wahl und Darstellung/Einschätzung der Autoren[19], bei der Wahl der Themen[20] und insbesondere in der Systematik der Traumtheorien[21] genau dem letzten Kapitel der *TD*.

In derselben akademischen Weise läßt Breton auch keine Zweifel über die wissenschaftlichen Kriterien, die seinen Totalverriß der vorliegenden Traumliteratur begründen. Schon bei Hervey vermißte er Geistesstrenge (*VC*, p. 12), die sich im folgenden als naturwissenschaftlich-positivistisches Pathos herausstellt: Denn 1. bezieht sich diese Strenge auf die empirische Beobachtungsgrundlage der Traumforschung, 2. auf die Ableitungsverfahren oder die Verfahren der Hypothesenbildung. Alle Autoren, die Breton behandelt, verurteilt er nach Maßgabe dieser beiden Kriterien. Zeichnen sich die Naturwissenschaftler - die Psychologen, die Ärzte - durch Beobachtungsgabe aus (*VC*, p. 17), so beklagt er zugleich ihre "falsche wissenschaftliche Bescheidenheit", ihre "Faulheit zu verallgemeinern und abzuleiten" (*VC*, p. 16), die Inkonsequenz ihrer Folgerungen (*VC*, p. 17) usw. - Wie er selbst wissenschaftlich verfährt, legt er *am Ende* der Auseinandersetzungen mit den verschiedenen Traumtheorien dar:

> Ne m'étant pas, jusqu'ici, vraiment spécialisé dans l'étude de la question et estimant que je n'ai pas été mis en possession de documents suffisamment irréfutables pour en trancher, j'adopterai pour ma part, mais seulement à titre d'hypothèse - autrement dit jusqu'à preuve du contraire ou de la possibilité de le concilier dialectiquement avec ce contraire - le jugement selon lequel l'activité psychique s'exercerait dans le sommeil d'une façon continue. J'estime, en effet, *primo*, qu'une détermination arbitraire de cette espèce peut seule contribuer à faire, un jour, rentrer le rêve dans son véritable cadre qui ne saurait être que la vie de l'homme et, *secundo*, que cette manière de penser est plus conforme que toute autre à ce que nous pouvons savoir du fonctionnement général de l'esprit. (...) (*VC*, p.24 f).

Breton parodiert die wissenschaftliche Prozedur: Er stellt die Hypothese der Falsifikation anheim, revoziert aber noch in derselben Parenthese dieses Prinzip der positivistischen Theoriebildung mit Berufung auf Hegelsche Dialektik.

Seine eigene Hypothese ist - gemessen an den Kriterien, die er selbst an die wissenschaftliche Traumliteratur anlegte - vollkommen untauglich: Weder kann sie sich auf eine gesicherte empirische Basis berufen, noch ist ihre Begründung logisch konsistent: "primo" begründet Breton sie gar nicht, sondern nennt bloß

---

19 Allein den flüchtigen Hinweis auf eine Äußerung Hegels zum Traum entnimmt er nicht der *TD*.
  Flagrant ist das von Breton übernommene Kant-Zitat Freuds, das bei Kant gar nicht vorkommt (*VC*, p. 13, *TD*, p. 93). Selbst der Vorwurf der Autosuggestion gegen Hervey (*VC*, p. 23), dessen Schrift Breton aus eigener Lektüre kannte, entspricht einer Bemerkung bei Freud (*TD*, p. 545), der seinerseits sich die Schrift des Marquis "trotz aller Bemühung" nicht hatte besorgen können (*TD*, p. 83).

20 Freud entschließt sich, die "Darstellung an die Themata statt an die Autoren anzuknüpfen" (*TD*, p. 33). Breton übernimmt zwar nicht diese Darstellungsform, alle Themen, die er in seiner Argumentation streift, kommen aber bei Freud vor: "Traum und Wachleben", "Traummaterial", "Verantwortlichkeit im Traum", "Funktion des Traums", "Traum und Geisteskrankheit".

21 Vgl. Teil G des ersten Kapitels der *TD* (p. 97 ff.).

ein praktisches Interesse, dem das Theorem verträglich ist, "secundo" vollzieht er die Geste der theoretischen Plausibilisierung, ohne sie argumentativ im Geringsten zu füllen. (- Was wissen wir über das allgemeine Funktionieren des Geistes?) Die Hypothese gründet auf einem pur dezisionistischen Akt; sie ist arbiträr, wie Breton selbst sagt.

Die theoretische Selbstdesavouierung legt einen gewissen Humor im Freudschen Sinne auf dem Grund der Argumentationen Bretons frei. Sie bezeichnet eine surrealistische Über-Ich-Position, von der aus Breton, rückblickend auf die theoretische Auseinandersetzung mit dem Traum, sich selbst als Theoretiker-Ich lächerlich macht, das sich über Seiten abgestrampelt hat, einen originellen Standpunkt zu finden.

Die Schwierigkeiten des Theoretiker-Ichs rühren vor allen Dingen, wie ich schon andeutete, vom Zwang her, den die *TD* ausübt. Ihr verdankt Breton nicht nur die "Methode", sondern auch nahezu alle traumtheoretischen Vorgaben (Kenntnisse der Literatur über den Traum, Systematik der Traumtheorien, Themen). Das Über-Ich verbündet sich nun mit dem Lustprinzip gegen den Zwang, dem das Theoretiker-Ich als Leser der *TD* ausgeliefert ist, und verhilft ihm so zum Triumph über den Konkurrenten Freud, der das Feld der Traumtheorie akademisch souverän beherrscht und kaum noch neue Einsichten zuläßt. - Es gibt im ersten Teil der *VC* mehrere Strategien, um das Ich vom Zwang der *TD* zu befreien. Die ersten beiden sind humoristisch.

Die ERSTE STRATEGIE - und die einfachste - besteht darin, Freud in bestimmten Fragen stillschweigend zu übergehen. Das Theoretiker-Ich verlagert sozusagen seine Position im Spielfeld der Traumtheorie. Das ist der Fall bei der Frage, *was denn mit Raum, Zeit und Kausalität im Traum passiert*. (*VC*, p. 15) Diese Frage rückt Breton ganz in den Vordergrund seiner Argumentation, und ihre dialektisch-materialistische Beantwortung soll quasi das philosophisch würdevolle Originalitätssiegel seiner theoretischen Position sein.

Ich will kurz den argumentativen Zusammenhang dieser These rekonstruieren.

Die dezisionistische Option für eine kontinuierliche psychische Aktivität im Traum- und Wachzustand heißt Breton auch "materialistische" These, und sie fügt sich in ein dreigeteiltes, Freud entlehntes Schema der Traumpositionen ein. (Vgl. *TD*, p. 97 ff.) Die "Materialisten" behaupten das normale (kontinuierliche) Funktionieren der Psyche im Traum unter anormalen Bedingungen (d.i. die Ausblendung der Außenwelt im Schlaf). Die Positivisten entwerten den Traum als Desaggregation der normalen psychischen Aktivität (- der Schlaf dringt in die Mechanismen der Psyche ein). Freud vergleicht den Traum der ersten Auffassung nach der Paranoia, der zweiten Auffassung nach dem Schwachsinn. (*TD*,

p. 98) Die Idealisten schließlich spiritualisieren den Traum als höhere (göttliche) Gabe (Alte Inspirationslehre).

Breton versteht es geschickt, der "materialistischen" These als geschlossenen Block "positivistische" und "idealistische" Thesen entgegenzusetzen, unter dem leitenden Gesichtspunkt der Kontinuität oder Nicht-Kontinuität der psychischen Aktivität im Traum- und Wachzustand. Tatsächlich sind "Materialismus" und "Positivismus" viel näher beisammen, heben nämlich beide das Moment der Desaggregation der Vorstellungen im Traum hervor.[22] Breton rückt die beiden Positionen weiter auseinander, indem er die Wirkungen herunterspielt, die die anormalen Bedingungen (auch "faits matériels" in den *VC* genannt) laut "materialistischem" Argument auf die psychische Aktivität ausüben. Insbesondere akzeptiert er nicht den Verlust von Raum, Zeit und Kausalität unter der Bedingung des Schlafs (Gegensatz zum "Materialisten" Haffner).

Der marxistischen Orthodoxie entsprechend müßte Breton Raum, Zeit und Kausalität als "Seinskategorien" auffassen, und er bekundet diese Auffassung, indem er Begriffsbestimmungen in den Text einstreut, die einem dialektisch-materialistischen Wörterbuch der Philosophie entnommen sein könnten: "conditions essentielles de l'existence réelle" (*VC*, p. 60), "correspondant à une réalité objective" (*VC*, p. 15), "à considérer sous leur aspect dialectique" (*VC*, p. 61), im Gegensatz etwa zum subjektiven Idealismus Kants, demgemäß Raum und Zeit als "simples formes de phénomènes" (*VC*, p. 60), "pures formes de la contemplation humaine" (*VC*, p. 15), bestimmt werden, oder im Gegensatz zum absoluten Raum oder der absoluten Zeit Newtons. Unter Voraussetzung dieser Begriffsbestimmung wäre aber Bretons These absurd, denn soweit stimmt er mit der materialistischen Traumtheorie überein, daß zu den anormalen Bedingungen der psychischen Aktivität im Traum der Ausschluß der Außenwelt rechnet, daß konkrete Dinge und Ereignisse also nur halluziniert werden. Raum, Zeit und Kausalität können dann nur Strukturmomente von imaginierten *Vorstellungs*inhalten meinen. D. h.: Es sind erkenntnistheoretische Begriffe.

---

22 Starobinski (a. a. O.) hat den psychologisch-historischen Gegensatz Idealismus vs. Materialismus/Positivismus am Begriff des Automatismus erhellt: Während die neuplatonisch inspirierten, parapsychologischen Theorien in mesmerischer Tradition (Myers, Flournoy) den Automatismus positiv besetzten oder überpositivierten, so wird er in den positivistisch-materialistischen Theorien (Jackson, Janet, Clérambault) als "Desintegration der Persönlichkeit" oder "Dissoziation des Bewußtseins" abgewertet. Bei Freud, der bekanntlich bei Janet studierte, lebt die pejorative Bewertung etwa im Begriff der Regression fort, wenn die Theorie des Unbewußten und der Verdrängung ihn auch vom Begriff der Desintegration dispensieren.

Starobinski ordnet Breton der parapsychologischen Tradition zu.Ungeachtet der Tendenz in den *VC*, die Wirksamkeit gegensätzlicher Traditionen undeutlich zu machen, stellen sich aber doch bei genauer Lektüre - gegen Starobinski (und gegen diejenigen, die seine These sich zu eigen machten, etwa Abastado oder Bürger, a. a. O.) - weitgehende Übereinstimmungen zwischen Freud und Breton ein.

Tatsächlich spricht Breton auch zweimal von den *subjektiven* Verzerrungen der Zeit in Traum- *und* Wachzustand. (*VC, p. 61/111*) Im eigenen Traum wird Raum in Zeit konvertiert *(VC,* p. 42), Kausalität wird *dargestellt* durch das Nacheinander eines Vor- und Hauptraums *(VC,* p. 45). Das ist purer Freud. (Vgl. *TD,* p. 314) Keine Rede (oder eben nur *Rede)* von "realer Kausalität, Zeit und Raum" *(VC,* p. 62 u. passim).

Breton lenkt von Freud ab, verschiebt die Aufmerksamkeit auf eine philosophisch "schwerwiegende" Frage, d. h. bürdet sich einen anderen Diskurszwang auf, dessen er sich humoristisch entledigt im Spiel mit dialektisch-materialistischen Zitaten.[23] - Das ist die erste Strategie.

Auf die ZWEITE STRATEGIE verweist das schon zitierte, abschließende Urteil Bretons, Freud sei doch ein philosophisch ziemlich ungebildeter Autor. Das surrealistische Über-Ich befreit das Theoretiker-Ich augenblicklich vom psychoanalytischen Diskurszwang, indem es einen gewissen Sadismus gegenüber Freud entwickelt, nämlich - akademisch ganz unfein - ad personam zu argumentieren anfängt, sei es, daß Breton die wissenschaftliche Aufrichtigkeit Freuds in Zweifel zieht[24], sei's, daß er ihn zum prüden Spießer macht.[25]

Die DRITTE STRATEGIE, die schwierigste, um sich dem Griff der *TD* zu entwinden, ist die Auseinandersetzung in der Sache. Ich behaupte, daß Breton in dieser Auseinandersetzung durchaus ernsthaft ist; so sehr diese Vorwürfe Freud in der Sache verfehlen, so bergen sie doch eine theoretische Substanz; sie geben erste Hinweise auf eine tatsächlich originelle Traumauffassung Bretons.

1. VORWURF: Breton kritisiert den Satz Freuds, das Unbewußte sei "seiner inneren Natur nach" unerkennbar. (*VC,* p. 18) Dem argumentativen Zusammenhang in den *VC* nach, scheint er Freud der idealistischen Position zuordnen zu wollen, die er zuvor darstellte und auf die das dem Zitat angeschlossene Partizip zu zielen scheint: "donnant ainsi des gages à ceux-là mêmes que sa méthode avait le mieux failli mettre en déroute". Breton mißversteht den Satz Freuds als Eingeständnis von *Lücken* im Deutungstext. Angesichts der Absurdität bestimmter Träume geraten auch die gläubigen Idealisten zunächst ins Stammeln (*VC*, p. 18); ein lückenloser, *kohärenter* Deutungstext könnte sie am ehesten daran hindern, die Leerstellen (Absurditäten) mit spiritualistischen Deutungen zu besetzen. An einer Stelle setzt Breton auch das Wort "in-

---

23 Vgl. dazu etwa auch *VC*, p. 62: "Le temps et l'espace du rêve sont donc bien le temps et l'espace réels: 'La chronologie est-elle obligatoire? Non!' (Lénine)."
24 "Freud lui-même, qui semble, en matière d'interprétation symbolique du rêve, n'avoir fait que reprendre à son compte les idées de Volkelt, auteur sur qui la bibliographie établie à la fin de son livre reste assez significativement muette, (...)" (*VC*, p. 18). An dieser Stelle stockt übrigens Freuds Lektüre der *VC*. Freud legt das Buch beiseite und fängt an, ein höfliches Antwortschreiben an Breton aufzusetzen, in dem er sich gegen den Vorwurf verteidigt. (Vgl. *VC*, p. 173).
25 Mit überreichlichem Zitataufwand formuliert Breton den Vorwurf, Freud halte sich bei der Mitteilung der sexuellen Gehalte seiner eigenen Träume allzu reserviert. (*VC*, pp. 28 - 30).

connaissable" in Anführungsstriche und fügt ihm in Klammern (ohne Anführungsstriche) das Adjektiv "incohérent" bei. (*VC*, p. 58)

Während Breton den *textuellen* Zusammenhang der Deutung desavouiert sieht, handelt es sich bei Freud in der Passage, der das Zitat entstammt, tatsächlich um eine erkenntniskritische Reflexion auf seine Deutungen:

> Das Unbewußte ist das eigentliche reale Psychische, uns nach seiner inneren Natur so unbekannt wie das Reale der Außenwelt und uns durch die Daten des Bewußtseins ebenso unvollständig gegeben wie die Außenwelt durch die Angaben unserer Sinnesorgane.[26]

Offensichtlich bezieht sich Freud auf Kant. Die "Lückenhaftigkeit" meint dann den phänomenalen Status, den das Unbewußte in unserer Erkenntnis hat. (Das Unbewußte "an sich" ist unerkennbar.)[27]

2. VORWURF: Breton findet eine "Zweideutigkeit" bei der These Freuds, die "*psychische* Realität (sei) eine besondere Existenzform (...), welche mit der *materiellen* Realität nicht verwechselt werden soll". (*TD*, p. 587; *VC*, p. 20) Er sieht in ihr einen störenden Widerspruch zum "Monismus" oder Versöhnungsdenken bei Freud (Versöhnung der Gegensätze im Traum) und dessen Religionskritik. Offensichtlich meint er, Freud unterbinde mit dieser Unterscheidung die Kommunikation von Wachen und Träumen und ermögliche so, daß der Traum als besondere, vom Wachleben abgetrennte Seinsweise religiös besetzbar sei.

Die Unterscheidung psychische/materielle Realität meint aber gar nicht die von Wachen und Träumen. Der Traum ist nicht schon die ganze psychische Realität, sondern Freud versteht darunter den latenten Gedanken, der sich unter der Herrschaft des Vorbewußten nicht nur zur Schlafenszeit ausbildet und im Traum lediglich sich Ausdruck verschafft. "Ich möchte selbst nach gewissen persönlichen Erfahrungen glauben, daß die Traumarbeit oft mehr als einen Tag und eine Nacht braucht, um ihr Ergebnis zu liefern (...)" (*TD*, p. 548 f.). Unter diesem Gesichtspunkt stützt Freud die "materialistische" These von der kontinuierlichen psychischen Aktivität im Wach- und Traumzustand. "Materialistisch" ist Freud auch, sofern er die Bedeutung der rezenten Eindrücke des Wachlebens als Traumquelle hervorhebt. Der Traum bedient sich des Wachlebens ausgiebig als Material. Freud stärkt also zweifach die Kommunikation von Traum- und Wachleben.

---

26 *TD*, p. 580; Breton zitiert bis "(...) wie das Reale der Außenwelt"; ab "uns nach seiner inneren Natur ..." ist der Satz in der *TD* kursiv gedruckt.

27 Abastado nimmt die Kritik an der erkenntniskritischen Reflexion Freuds in den *VC* als Indiz für die metaphysische Auffassung des Unbewußten als unmittelbarer Präsenz bei Breton und opponiert dem surrealistischen Begriff der Erkenntnis ("connaissance") den psychoanalytischen Interpretationsbegriff. (Vgl. Abastado, *Le surréalisme*, Ps 1975, p. 83)

Wie oben dargelegt, ist aber gerade Freud an einer Frage der Erkenntnis interessiert, während es Breton um den textuellen *Interpretations*zusammenhang geht.

Eine von der materiellen Realität unterscheidbare psychische Realität hat auch Äußerungen des Wachlebens, z. B. Fehlleistungen oder neurotische Symptome. Sie haben aber im Unterschied zu "normalen", bewußt formulierten Äußerungen einen uneigentlichen, übertragenen, symbolischen, von der bewußten Intention abweichenden *Sinn*. Die Unterscheidung psychische/materielle Realität meint schlichtweg eine Bedeutungsdifferenz. "Ich meine nur, jedenfalls hatte der römische Kaiser unrecht, welcher einen Untertanen hinrichten ließ, weil dieser geträumt hatte, daß er den Imperator ermordet" (*TD*, p. 587), schreibt Freud am Anfang des Abschnitts, aus dem Breton zitiert. Der Kaiser verkennt den symbolischen Sinn des Traums (psychische Realität) als eigentlichen (materielle Realität). Diese Unterscheidung ist wiederum unstrittige Voraussetzung des Traumverständnisses Bretons. Als er einmal einen Traum mitteilt, in dem zwei kleine nackte Mädchen vorkommen, fügt er gleich an, der Leser möge sich davor hüten, auf pädophile Neigungen zu schließen (also wie der Kaiser zu verfahren). (*VC*, p. 75)

3. VORWURF: "Freud se trompe encore très certainement en concluant à la non-existence du rêve prophétique - je veux parler du rêve engageant l'avenir immédiat - tenir exclusivement le rêve pour révélateur du passé étant nier la valeur du mouvement." (*VC*, p. 20) Breton spielt auf den letzten Abschnitt der *TD* an:

> Und der Wert des Traums für die Kenntnis der Zukunft? Daran ist natürlich nicht zu denken. Man möchte dafür einsetzen: für die Kenntnis der Vergangenheit. Denn aus der Vergangenheit stammt der Traum in jedem Sinne. Zwar entbehrt auch der alte Glaube, daß der Traum uns die Zukunft zeigt, nicht völlig des Gehalts an Wahrheit. Indem uns der Traum einen Wunsch als erfüllt vorstellt, führt er uns allerdings in die Zukunft; aber diese vom Träumer für gegenwärtig genommene Zukunft ist durch den unzerstörbaren Wunsch zum Ebenbild jener Vergangenheit gestaltet. (*TD*, p. 588)

Freud leugnet den Wert des Traums für die *Kenntnis* der Zukunft. Aber auch Breton hütet sich, von einer Aufdeckung ("révélation") der Zukunft im Traum zu sprechen (imaginäre Vorwegnahme konkreter Ereignisse o. Ä.). Die Formulierung "(le) rêve engeant l'avenir immédiat" meint, wie sich im Verlauf der Deutung des eigenen Traums erhellt, daß der Traum (affektive) Probleme zu lösen im Stande ist, an denen sich das bewußte Denken vergebens abmüht, daß er die Dispositionen des Träumers beeinflußt und so im (unmittelbar auf den Traum folgenden) Wachleben zum Tragen kommt. "Tout se passe comme si ce dernier (der Haupttraum im Traumbeispiel Bretons, G. H.) entendait résoudre (...) un problème affectif particulièrement complexe qui, en raison même de son caractère trop émouvant, défie les éléments d'appréciation consciente qui déterminent, pour une part, la conduite de la vie." (*VC*, p. 45)

Freud anerkennt durchaus, "daß manche Träume Lösungsversuche von Konflikten enthalten, die späterhin wirklich durchgeführt werden, sich also wie

Vorübungen zu Wachtätigkeiten verhalten." (*TD*, p. 551, Zusatz 1914) Er führt aber weiter aus, derjenige, der in der Problemlösung eine Funktion des Traums erblicke, nehme den latenten Gehalt für den Traum selbst. "Die vorausdenkende Funktion des Traumes ist also vielmehr eine Funktion des vorbewußten Wachlebens (...)". (*TD*, p. 552, Zusatz 1914)

Zwar verfehlen Bretons Vorwürfe Freuds Theorie, und es stimmen die Traumauffassungen entgegen der expliziten Argumentation in den *VC* weitgehend überein, doch bergen die Mißverständnisse auch wirklich Differenzen zwischen Breton und Freud. Sie sind eben doch nicht nur Mißverständnisse.

Der erste Vorwurf bezeugt Bretons vorrangiges Interesse an textuellen Fragen und sein Desinteresse an der epistemologischen Frage nach der Erkennbarkeit des Unbewußten. Diese Akzentuierung gibt einen vagen Hinweis auf seinen Deutungsbegriff im Unterschied zum psychoanalytischen: Deutung heißt nicht wie bei Freud: sukzessive, sich ihrer erkenntniskritischen Grenze bewußte Aufdeckung des Unbewußten, sondern hat den minimalisierten Sinn: Produktion eines "kohärenten" Textes.

Das zweite und dritte Argument gegen die *TD* beruhen aus Freudscher Sicht darauf, daß Breton den latenten Gedanken für den Traum nimmt. Das "Wesen" des Traums liegt aber laut Freud in dem Teil der Traumarbeit, der den latenten Gedanken in den Trauminhalt verwandelt. (Vgl. *TD*, p. 486, Zusatz 1925) Das materialistische Theorem von der Kontinuität der psychischen Aktivität im Traum- und Wachzustand entwirft daher eine Perspektive, die Freud "als den Verhältnissen inadäquat" zurückweist (*TD*, p. 485). Die materialistische Formel trifft ebensowenig wie die positivistische und idealistische: Weder ist der Traum Freud zufolge ein dissoziiertes Wachdenken, noch ein mystischer Vorgang, noch fortgesetztes Wachdenken unter veränderten Bedingungen, sondern "eine besondere *Form* unseres Denkens, die durch die Bedingungen des Schlafzustands ermöglicht wird" (*TD*, p. 486, Zusatz 1925).[28] Diese Konstruktion setzt eine streng analytische Trennung zwischen den (vorgängigen) latenten Gedanken und der (nachträglichen) eigentlichen Traumarbeit voraus; in Zusätzen späterer Auflagen der *TD* verleiht Freud dieser Trennung noch mehr Gewicht. Die Deu-

---

28 In einem Brief vom 8. Dez. 1937 an Breton (Facsimile-Abdruck in *Trajectoire du rêve, documents recueillis par André Breton*, Ps 1938, Appendix) - auf die Anfrage zu einem Beitrag zu einer Traumanthologie abschlägig reagierend - bestätigt Freud einesteils die Kontinuität des Denkens im Traum- und Wachzustand, zugleich kennzeichnet er abermals als das Wesen des Traums die besondere Form des Denkens im Schlaf:
"Es ist begreiflich, daß die manifesten Träume alle Mannigfaltigkeiten unserer intellektuellen Produktionen zeigen. Denn nach der unübertroffenen Einsicht des Aristoteles ist Träumen nichts anderes als die Fortsetzung unseres Denkens in den Schlafzustand. Ich habe nur hinzuzufügen durch die psychologischen Besonderheiten dieses Zustands modifiziert (...)".

tung ist dazu bestimmt, den vorgängigen latenten Gedanken zu rekonstruieren, indem sie die Traumarbeit rückgängig macht.

Eine mögliche Erklärung für die Mißverständnisse Bretons wäre, daß er diese allzu eindeutige Grenzziehung nicht akzeptiert. Wäre Freud nicht in der Lektüre der *VC* auf Seite 19 steckengeblieben (vgl. seinen ersten Brief an Breton, *VC*, p. 173) - d.i. nämlich (in der Erstausgabe) die Stelle, wo die sachlichen Vorwürfe anfangen -, hätte er sich gegen Breton verteidigt und etwa eingewendet, daß die psychische Realität über das Traumleben hinausreiche und weite Teile des Wachlebens kennzeichne, oder daß die problemlösende Funktion nur eine Funktion des Wachlebens sei, dann hätte Breton vielleicht geantwortet, daß dieses Wachleben, das wie der Traum der psychischen Realität zugerechnet ist und manchmal problemlösende Funktion hat, auch nur eine Art von Träumen sei. Er hätte vielleicht geantwortet, daß man zwischen einem Bereich, wo latenter und manifester Inhalt differierten, (psychische Realität) und einem Bereich, wo sie mehr oder weniger identisch seien, (materielle Realität) oder einem Bereich, wo der manifeste auf den latenten Inhalt rückgeführt werde (Deutungsbereich), gar nicht so genau unterscheiden könne. Daß diese Differenz oder dieses Differieren immer schon vorläge und nicht stillzustellen wäre, also auch in dem Schreiben, das beansprucht, Träume zu deuten.

Diese hypothetischen Antworten bestätigt zunächst einmal die Tatsache, daß Breton im zweiten Teil 1) die "besondere Form unseres Denkens", die der Traum ist, *auf das Wachleben* anwendet, und daß er 2), indem er sie auf den Wachzustand *anwendet*, einen Deutungsanspruch erhebt, der an Freudschen Maßstäben gemessen uneingelöst bleibt, denn die Deutungen, die in den Wachtraumbericht eingewoben sind, verkomplizieren diesen Bericht, statt ihn auf einen latenten Gehalt zu bringen. Aufschreiben = Deuten = (Weiter-)-Träumen. Diese Idee formuliert Breton einmal gegen Ende des zweiten Teils:

> Je n'ai pas à m'étendre sur le travail d'élaboration secondaire, qui préside aux retouches dans le rêve et à plus forte raison dans cet état de rêverie éveillée, où la plus grande partie de l'attention de veille fonctionne. C'est à lui que le récit précédent est évidemment redevable de tous ses éléments critiques et de cette façon qu'on y observe (de même que dans le rêve: qu'importe, puisque c'est un rêve!) de penser à propos de la réalité (...) (*VC*, p. 131)

In Klammern identifiziert Breton kurzerhand Traum und Text ("récit"); d. h. er faßt den Bericht, den er im Begriff ist zu verfassen, wie einen Traumtext auf. "(...) l'auteur (...) parle dans un rêve!" schreibt er an anderer Stelle (*VC*, p. 90) und berichtet sich sogleich in logifizierender Absicht, als wolle er den Mechanismus der Zensur illustrieren: "Comme dans un rêve". Die Niederschrift/-Deutung des Traums stellt Breton als fortgesetzte Sekundärbearbeitung, d. h. Traumakt selbst, dar.

Das sind erste Hinweise auf eine kryptogrammatische Schreibfunktion. Die Theorie des Kryptogramms ist aber verstellt durch andere theoretische Motive, die es zuerst zu entziffern gilt.

3. Der "prophetische" Sinn oder die Nützlichkeit des Traums: dialektische und biologistische Motive in den "Vases communicants"

Zwar ist die problemlösende Funktion, d. h. die Zukunftsbedeutung des Traums, die Breton hervorhebt, für Freud nur eine unwesentliche, weil auf der Ebene des vorbewußten Wachdenkens lokalisierbare Traumfunktion, doch stimmt er mit Breton darin überein, daß dem Traum eine *Funktion* oder ein Telos zuzuschreiben sei. Bereits in der Einleitung der *TD* hatte er diese Ansicht ausgesprochen:

> Eine Funktion, d. i. ein Nutzen oder eine sonstige Leistung des Traumes, wird nicht notwendig aus der Theorie ableitbar sein müssen, aber unsere auf die Teleologie gewohnheitsmäßig gerichtete Erwartung wird doch jenen Theorien entgegenkommen, die mit der Einsicht in eine Funktion des Traumes verbunden sind. (*TD*, p. 97)

Im Schlußkapitel löst Freud diesen Anspruch ein. (*TD*, p. 551 ff.) "Eine zweckmäßige Einrichtung" ist der Traum, weil er den Schlaf hütet, indem er den unbewußten Wunsch auf der Ebene des Vorbewußten bindet und so dem Schlafwunsch des Vorbewußten verträglich macht.

In der *TD* hat diese Funktionsbestimmung nur den Status eines Nebentheorems mit plausibilisierender Kraft. Der Nachweis einer spezifischen Traumfunktion, eines Nutzens, der "utilité capitale" (*VC*, p. 59) des Traums ist hingegen - jedenfalls vorgeblich - das zentrale Anliegen der *VC*. In dem Maße, in dem die Argumentation dieses Ziels verfolgt, wird sie von der Funktion Parteimitglied aus gesteuert, denn nützlich und auf die Zukunft bezogen, "prophetisch" soll der Traum in einem ganz bestimmten Sinn sein: Er soll zur *revolutionären Tat befreien*. (Vgl. z. B. *VC*, p. 59, p. 135 ff.)

Im ersten Teil der *VC* behauptet Breton, wie oben ausgeführt, daß dem Traum prophetische Kraft zukomme, sofern er affektive Probleme bewältige, an denen das Bewußtsein im Wachzustand sich vergeblich abarbeite und die das (revolutionäre) Handeln blockierten. Im zweiten Teil baut Breton diese Bestimmung theoretisch weiter aus. Auffällig sind die Hegelschen Motive, die sich in die Traumtheorie einschieben.

Hegelsche Motive bestimmen auch die späte rationalistische Freud-Deutung Habermas'. Auf dem impliziten Vergleich des theoretischen Entwurfs der *VC* mit dieser Deutung beruhte ja das Urteil Bürgers, Breton falle im ersten und zweiten Teil der *VC* in den Irrationalismus zurück. (s. 1. Kap.) Ich will im folgenden diesen Vergleich einmal ausführen, ausgehend von der Behauptung, daß die Theorie Bretons - gerade im zweiten Teil - sich in einigen Motiven mit der Habermasschen Theorie deckt und im Vergleich mit dieser Kontur gewinnt. Zugleich werden da, wo die Theorien auseinandergehen, Brüche in der Argumentation Bretons sichtbar, und wird das, was Bürger irrational nennt, allererst bestimmbar.

Subjektiver Traumzustand und Wachzustand, d. i. derjenige Zustand, in dem das Subjekt handelnd auf die objektive Welt bezogen ist und verändernd in sie eingreift, befinden sich in einem gleichgewichtigen Verhältnis, weil sie im Geheimen miteinander kommunizieren oder sich miteinander austauschen - so die zentrale These der *VC*, auf die die physikalische Titelmetapher anspielt. Die Flüssigkeit, das Medium, in dem die verschiedenen Zustände - wie die verschieden geformten Gefäße - miteinander kommunizieren, ist die universale, eine sozusagen aufgeklärte, befreite, auf die objektive Welt hin geöffnete Subjektivität im Gegensatz zu einer unaufgeklärten, trüben, in sich verkapselten, idiosynkratischen (selbstvergifteten) Subjektivität. (Vgl. die Metapher "fond marécageux", aus dem sich "des bulles troubles, déformantes" lösen, *VC*, p. 152). Im ersten Teil geht es Breton um den theoretischen Nachweis des dialektischen Verhältnisses von Träumen und Wachen, der zweite Teil handelt von einer *gestörten Kommunikation* und von der Aufhebung der Störung.

Der Begriff der gestörten oder "verzerrten" Kommunikation bezeichnet genau die Einlaßstelle des psychoanalytischen Modells in die Gesellschaftstheorie Habermas'. Das Gespräch zwischen Arzt und Patient in der psychoanalytischen Kur stellt das Modell der Entzerrung von Kommunikation dar. Im Verlauf der Kur verwirft der Patient die verzerrten Deutungen seiner Lebensgeschichte und nimmt die "unverfälschten", wahren Deutungen des Arztes an, die das "Wissen für uns" repräsentieren.[29] Er findet so die ursprüngliche *Einheit* des Anderen (der Krankheit) und seiner selbst wieder. Die Kur hebt die Krankheit auf, sowie es gelingt, den Patienten in den Besitz des originalen, ganzheitlichen, lückenlosen Textes seiner Lebensgeschichte zu bringen, als dessen undurchschauter Gehalt sich der sekundäre Text der ihm selbst unverständlichen, lückenhaften, kranken Äußerungen im nachhinein erweist.[30] Das Telos der psychoanalytischen Kur ist laut Habermas Handlungsfähigkeit, sofern in ihr "sprachliche Elemente, Expressionen und Handlungsmuster", die in der Krankheit auseinandertreten, wieder integriert werden.[31] Der Patient überwindet seinen Zustand privatsprachlicher Deformiertheit und tritt wieder in den Prozeß umgangssprachlicher Verständigung ein, in der alle drei "Kategorien von Ausdrücken"

---

29 Habermas, *Erkenntnis und Interesse*, a. a. O., p. 282 f.
30 Vgl. ebd., p. 267.
31 Ebd.

verschränkt sind. Die Aufhebung der Sprachzerstörung wird ermöglicht durch die logische Syntax der Umgangssprache. Sie bildet den unhintergehbaren Grund der Kommunikation, in der Arzt und Patient den Prozeß der Selbstreflexion in Gang setzen.

Breton charakterisiert im zweiten Teil der *VC* seinen wachträumenden Zustand, der etwa drei Wochen lang währt, als pathologischen Zustand, dem Verfolgungs- und Größenwahn nahe (*VC*, p. 131), ein Interpretationsdelirium (*VC*, p. 110), und philosophisch als Störung des "dialektischen Gleichgewichts" zwischen Subjekt und Objekt zu Gunsten des Subjekts. (*VC, p. 132*) Es ist sein emanzipatorisches Interesse, diesen subjektiven Idealismus zu überwinden: "(...) se défaire (...) de toute attache idéaliste." (*VC*, p. 88) Die objektive Welt vergleicht Breton dem Warenlager eines bankrotten Geschäfts. (*VC*, p. 132) Die Magazinierung neuer Waren bedeutet nur die nutzlose Anhäufung von "Dingen an sich", und der verarmte Warenbestand ist nur "für mich" (*VC*, p. 128). Der Traum ist zugleich krankhafter Zustand und therapeutisches Mittel: Er hat die Funktion des "liquidateur" (*VC*, p. 132), d. h. betreibt den Ausverkauf der nutzlosen "Dinge an sich". Schon im ersten Teil hatte Breton gefordert, die Dinge aus dem Status des "An sich" in den des "Für uns" zu überführen. (*VC*, p. 26) Im Bild des Geschäfts: Sowie das Subjekt von den Dingen an sich entlastet ist, kann es wieder anfangen, mit den Dingen zu handeln und diese erlangen so den Status des "Für uns". Denn eine "nouvelle raison sociale" (*VC*, p. 132) erhofft sich Breton vom Ausgang der Traumkur. Der gleichgewichtige Zustand ist sozialer Daseinsgrund, sofern er das Subjekt zur kollektiven Aktion befähigt. Die (revolutionäre) Handlungsfähigkeit war nämlich im Traum verloren. "Il (le rêve, G. H.) me barre littéralement l'action pratique." (*VC*, p. 132) Die Handlungsunfähigkeit charakterisiert Breton einmal auch als relative privatsprachliche Deformiertheit:

> On finira bien par admettre, en effet, que tout *fait image* et que le moindre objet, auquel n'est pas assigné un rôle symbolique particulier, est susceptible de figurer n'importe quoi. (*VC*, p. 128)

Wiederholt hebt Breton die "Einheit" und "Identität" ("l'unité/l'identité", vgl. z. B. *VC*, p. 127) von Wachen und (Wach-)Träumen hervor. Eine ursprüngliche Einheit oder Ganzheit garantiert ja erst, daß das Subjekt in ein "ausgeglichenes" dialektisches Verhältnis zur Objektwelt wieder treten kann und sich nicht (bis zum Selbstmord) in diesen Zustand vollends verkapselt. Eine ursprüngliche Ganzheit, die Selbigkeit des (wach-)träumenden und wachenden ("gesunden") Subjekts suggeriert auch der ich-psychologisch verdächtige Ausdruck "reconstitution du moi" (*VC*, p. 126). Im zweiten Teil wird diese Ganzheit/Einheit nur abstrakt behauptet - es ist die Rede davon, daß die Außenwelt, so beschädigt ihre Wahrnehmung sei, nicht aufhöre, für das tagträumende Ich zu existieren

(*VC*, p. 125), daß das Erlebnismaterial im "normalen" Wachzustand und Wachtraum aus der *einen* materiellen Welt stamme (*VC*, p. 135), daß die Liebeskonzeption verwirrt, aber unbeschädigt sei (*VC*, p. 136). Im ersten Teil besteht Breton auf einer einheitlichen erkenntnistheoretischen Syntax im Traum- und Wachzustand: Raum, Zeit und Kausalität. Wenn er damit auch offene Türen einrennt und die Argumentation nicht ohne humoristischen Unterton ist, so ist doch auffällig, daß er mit Habermas im theoretischen Motiv einer logischen Struktur (bei Habermas: die logische Syntax der Alltagssprache) übereinstimmt, die es ermöglicht, einen der Vernunft entfremdeten Zustand in der Vernunft (kommunikative Vernunft, "raison sociale") aufzuheben.

Doch bleibt die Position des Traumdialektikers Breton uneinheitlich. Sie wird von einem Bruch durchzogen, der eine wesentliche Differenz zur dialektisch konsequenten Psychoanalyse-Deutung Habermas' sichtbar macht.

Während bei Habermas das emanzipatorische Interesse an der Aufhebung der Entfremdung den analytischen Prozeß reguliert und für den Patienten im nachhinein als systematische Durchsetzung der Vernunft (= das Wissen des Arztes) durchschaubar macht, nennt Breton den Tagtraum, nachdem er ihn niedergeschrieben/gedeutet hat, einen "moment particulièrement irrationnel" seines Lebens (*VC*, p. 127), in dem er der Willkür des "désir" ausgesetzt gewesen sei. Der pathologische Zustand wird auf keinen vernünftigen Gehalt hin durchschaubar. Er bleibt ganz opak. Zwar artikuliert sich in der weiteren Argumentation so etwas wie ein emanzipatorisches Interesse, wenn Breton den subjektiven Idealismus und die privatsprachliche Deformation im Tagtraum beklagt. Doch gerät die Klage dann zur Apologie eines poetischen Zustands, der das analoge Denken stimuliert und radikal besondere Dingbeziehungen zu sehen erlaubt. (*VC*, p. 128 f.) Das emanzipatorische Interesse bleibt zweitrangig gegenüber dem undurchschaubaren, in keine Vernunft einholbaren "désir". Im folgenden schalten sich die dialektischen Motive mit zunehmender Stärke am Theorie-Pol ein. Die Funktion Parteimitglied macht sich bemerkbar. Die Argumentation gerät gleichsam in den Theoriesog des dialektischen Materialismus. Sowie Breton sich gezwungen sieht, den Wachtraum auf die weltverändernde "action" hin zu interpretieren, unterschiebt er ihm einen rationalen, therapeutischen Gehalt, d. i. die "liquidateur"-Funktion des Traums, eine Art List der sozialen Vernunft. Der "désir" wird mit einem emanzipatorischen Interesse identifiziert, dessen Bewegung aber ganz im Dunkeln bleibt. Die Pole Verhüllung/Enthüllung werden kurzgeschlossen, das Aufhebungsergebnis ist = 0. Ganz am Ende des zweiten Teils wird sich das Theoretiker-Ich dessen wohl vage bewußt, denn sowie es nochmals bestätigt, daß die Vernunft, die "faculté critique", im Wachtraum ganz ausgeschaltet gewesen sei, bleibt ihm nichts anderes übrig, als sich für die geistigen Verwirrungen zu *entschuldigen* und eine einheitliche, ideelle Substanz, die durch diesen Zustand nicht gefährdet gewesen sei, zu *beschwören*:

> (...) ce temps d'indisponibilité passé, je demande qu'on me rende cette justice, rien de ce qui jusquelà avait fait pour moi la grandeur et le prix exceptionnels de l'amour humain n'était, dans son essence, compromis. (*VC*, p. 136)

Kurz: Die Dialektik zerbricht bei Breton am undurchschaubaren "désir", während es Habermas, zwar um den Preis etlicher Verzerrungen der Freudschen Theorie[32], gelingt, seine Freud-Deutung zur Deckung mit der Hegelschen Aufhebungsfigur zu bringen.

Daß die Dialektik bei Breton hinkt, geht nicht nur auf Theorieschwäche zurück oder darauf, daß der Theorie-Pol äußeren Zwängen wie z. B. der Funktion Parteimitglied ausgesetzt ist, sondern hängt auch mit immanenten Spannungen am Theorie-Pol zusammen, wo verschiedene theoretische Motive sich durchkreuzen und z. T. miteinander verschmelzen. Im Falle des Aufhebungsmotivs verweist auf eine solche Motivverschmelzung schon die "liquidateur"-Metapher, sind ihr doch organische Prozesse der Verflüssigung, im Besonderen Prozesse der Körperausscheidung konnotiert. Die Idee der dialektischen Bewegung wird tatsächlich durch die Vorstellung eines organischen Funktionszusammenhangs, durch ein biologistisches Motiv gedeckt. Das bezeugt die Vielzahl der biologischen, genauer: physiologischen Metaphern. Von der Eliminierung und Assimilierung der Vergangenheit, von Vernarbungen und Heilungen, von einer Störung der Lebensreaktionen und einem vitalen Sprung ist die Rede. (Vgl. *VC*, p. 59)

Eine berühmte physiologische Metapher in den *VC*, die Breton auch in den *Entretiens* zitiert (*E*, p. 172), ist die des Kapillargewebes im dritten Teil.[33] Sie spielt auf die physikalische Titelmetapher an und übersetzt sie aus der unbelebten Physis ins Organische.

> Il m'a paru et il me paraît encore, c'est même tout ce dont ce livre fait foi, qu'en examinant de près le contenu de l'activité la plus irréfléchie de l'esprit, si l'on passe outre à l'extraordinaire et peu rassurant bouillonnement qui se produit à la surface, il est possible de mettre à jour un *tissu capillaire* dans l'ignorance duquel on s'ingénierait en vain à vouloir se figurer la circulation mentale. Le rôle de ce tissu est, on l'a vu, d'assurer l'échange constant qui doit se produire dans la pensée entre le monde extérieur et le monde intérieur, échange qui nécessite l'interpénétration continue de l'activite de veille et de l'activité de sommeil. Toute mon ambition a été de donner ici un aperçu de sa structure. (*VC*, p. 160 f.)

---

32 Vgl. Nägele, a. a. O.
33 Diese Metapher wurde vielfach interpretiert, aber nicht auf ihre theoretischen Implikationen hin untersucht. Vgl. etwa Lenk, a. a. O., p. 119 f; Warhime, "Beginning and ending. The utility of dreams in 'Les Vases communicants'" in: *French Forum* VI, 1981, pp. 163-171.

"Das außergewöhnliche und verunsichernde Brodeln" auf der Oberfläche korrespondiert den "trüben, deformierenden Blasen, die sich vom Sumpfboden, dem Unbewußten des Individuums, abheben". (*VC*, p. 152) Von dieser Oberfläche des manifesten Trauminhalts ("le contenu de l'activité la plus irréfléchie de l'esprit") unterscheidet Breton eine latente "Struktur". In der Rückführung der Manifestationen des Unbewußten auf diese Struktur erhellt sich das Unbewußte als bestimmender Faktor der Subjekt-Objekt-Beziehung und hört auf, nebulöse, trübende, das Subjekt über sich selbst täuschende Erscheinung zu sein. Nun identifiziert Breton die latente Struktur keineswegs als Gedanken, der in der Deutung rekonstruiert wird, sondern er setzt sich vom Freudschen Modell ab und umschreibt das, was die Oberfläche verbirgt, metaphorisch als Kapillargewebe, in dem die beiden verschiedenen Gefäßsysteme: Traum- und Wachzustand kommunizieren, sich austauschen oder durchdringen. Das Kapillargewebe ist der Ort eines "mentalen Kreislaufs". In diesem Augenblick vermischen sich das Bild aus der Körper-Physiologie und die - wörtlich zu nehmende - Beschreibung geistiger Vorgänge. Wenn die Kommunikation tatsächlich als physiologischer Vorgang vorgestellt wird, dann ist sie psychologisch aber gar nicht explizierbar. Dann ist es nicht möglich, die latente Struktur qua (psychologischer, psychoanalytischer) Deutung "freizulegen".

Im zweiten Teil verzichtet Breton, nachdem er den dialektischen Ausdruck "reconstitution du moi" in die Argumentation einbrachte, explizit auf diese Erklärung:

> Par quel discernement incompréhensible une pareille chose (la reconstitution du moi, G. H.) se peut-elle? C'est là, selon moi, une question de caractère métaphysique à quoi tout me dissuade de fournir une réponse, au cours de laquelle ne saurait intervenir à nouveau que la nécessité naturelle, qui continue à ne pas être la nécessité humaine ou logique et qui est la seule nécessité dont puisse dépendre que j'aie commencé à exister et que je cesse d'exister. (*VC*, p. 126)

Breton gleicht den Traum einem Naturprozeß an und imputiert ihm eine innere Zweckmäßigkeit ("nécessité naturelle") im Gegensatz zur äußeren ("nécessité humaine"), die der Urteilskraft ("discernement") untersteht. Die innere Zweckmäßigkeit, die im Traum wirksam wird, steigert er schließlich zum Telos, das der individuellen Geschichte innewohnt; er stilisiert so das Leben von Geburt bis Tod zum entelechetisch sich entfaltenden, organischen Gebilde. Dem Telos spricht er aber Intelligibilität ab. Es ist reflexiv nicht nachvollziehbar. Die Aufhebungsfigur wird dementiert.

Auch der Teleologismus bei Freud steht dem organologischen Motiv nicht fern. Freud verweist bei der Erörterung der Traumfunktion auf Roberts, den er bereits in der Einleitung ausführlich zitierte. (*TD*, p. 100 ff.) So unzureichend dessen Erklärungen für die Deutung des Traums seien (vgl. die Kritik *TD*, p.

190), so sei diesem Autor Recht zu geben in der Funktionsbestimmung des Traums, meint Freud. Roberts hatte den Traum als "körperlichen Ausscheidungsprozeß" von solchen Eindrücken des wachen Bewußtseins charakterisiert, die die Seele überflüssig belasteten. Wenngleich in einem nurmehr metaphorischen Sinne (und nicht wörtlichen wie bei Roberts) ist der Traum bei Freud ein körperlicher Vorgang: Er entschlackt gleichsam den Organismus von den Erregungen des Unbewußten, indem er sie auf der Ebene des Vorbewußten bindet, und verhindert so dessen Überreizung; er ermöglicht den Schlaf.

Im Grunde macht Breton nichts anderes als diese Funktionsbestimmung auszuweiten: Die Störung, die der Traum ausschaltet (liquidiert, eliminiert), bezieht er nicht auf den Schlafzustand, sondern auf einen übergreifenden, organischen Lebenszusammenhang (mentalen Kreislauf). Das genau ist die "prophetische", problemlösende oder "liquidateur"-Funktion des Traums.

Ich habe das Aufhebungsmotiv bisher nur am Theoriepol selbst untersucht. Da Breton der "liquidateur"-Funktion des Traums proklamatorisch eine so zentrale traumtheoretische Stellung einräumt, da er auch mehrfach hervorhebt, die Traumberichte/-deutungen dienten dazu, diese Funktion nachzuweisen, er ihnen also einen illustrativen Status verleiht, stellt sich schließlich die Frage, ob die Problemlösung, die Aufhebung von Zwängen oder Störungen, auf der Ebene der Traumberichte/-deutungen selbst zur Darstellung gelangt. Die Darstellbarkeit (Einsehbarkeit) der Traumfunktion im Traum ist eine Implikation der dialektischen Figur. Gelingt sie nicht, so könnte Breton immerhin noch biologistisch argumentieren: Die Traumfunktion sei eben nicht darstellbar, weil im Dunkel organischer Prozesse verborgen. Dann fragt sich allerdings, warum er denn Träume aufschreibt/deutet.

Die Darstellung der Traumfunktion im Traum nennt Silberer "funktionales Phänomen". Freud zitiert die von Silberer beobachtete Schwellensymbolik. Hin- und Herschreiten über einen Bach etwa drückt die Kompromißbildung zwischen endogenem Wachreiz und dem Schlafwunsch aus. Freilich ist die Darstellung der Traumfunktion für Freud nebensächlich, da diese Funktion nur die *Theorie* der Traumvorgänge plausibler macht und gar nicht im Traum nachweisbar zu sein beansprucht. Die Darstellung der "liquidateur"-Funktion im Traum ist aber der Prüfstein einer dialektisch-materialistischen Traumtheorie. Gibt es also dialektisch funktionale Phänomene in den Traum-"Beispielen" Bretons?

Im Wachtraumbericht/der Deutung des zweiten Teils beschreibt Breton wohl eine dialektische Bewegung: die Negation der Negation der konkreten Existenz der Frau, auch "le détour par l'essence" genannt. (Vgl. *VC*, p. 87) Die Negation bleibt aber ohne Aufhebungsergebnis (Rückkehr zur konkreten Existenz der Frau). Der Wachtraum verharrt in der Negation. Eines Tages wacht Breton plötzlich aus ihm auf: Die letzte Traum-Tatsache ist die Begegnung mit André Derain, die mit einem gewaltigen Donnerschlag und darauf einsetzenden Sturzregen zusammenfällt. (VC, p. 122) Das Erwachen ist naturhaftes Geschehen, anti-dialektisch: Entladung, Kurzschließung gegensätzlicher Pole, nicht deren Aufhebung.

Auch im zweiten Nachttraumbeispiel des ersten Teils deckt Breton nicht einen "prophetischen" Gehalt auf: Der Kommentar des Traums im Traum beschränkt sich darauf, die Unterscheidbarkeit von Traum und Wirklichkeit an einem Extrembeispiel vorzuführen.

Der Nachweis eines "prophetischen" Gehalts gelingt aber in der Deutung des ersten Nachttraums des ersten Teils. Breton stößt auf eine "Schwellensymbolik". Es ist dies das Motiv der Überschreitung einer Brücke, auf das der manifeste Inhalt dreifach hinweist. (Es kommt selbst nicht in ihm vor.) Die Überschreitung der Brücke bringt die Funktion des Traums zur Darstellung: d. i. die Liquidierung störender Einflüsse, die Befreiung von der Fixierung auf die Geliebte, die sich von ihm trennte. Auch das Motiv der Krawattenauswahl und des Spielautomaten, die, so Breton, die Idee der Wahlfreiheit zum Ausdruck bringen, verweisen auf diesen "prophetischen" Gehalt. Den Optativ, die grammatische Form, in der Freud zufolge der Traumgedanke gegeben ist[34], braucht Breton nurmehr in den Imperativ umzuwandeln. Der Traum sagt, er solle sich von X lösen und anderen Frauen zuwenden.

Indirekt gibt Breton aber doch gewisse Verluste zu, wenn er am Theoriepol mit einiger geistiger Anstrengung die Deutung *zusammenfaßt* und in der Form jenes platten und simplen Imperativs funktionalisiert:

> L'analyse précédente a montré que, contrairement à ce que le contenu manifeste du rêve tend à faire apparaître comme préoccupation principale, la trouvaille de la cravate répondant d'ailleurs bien réellement au goût que je puis avoir de découvrir et même de posséder toutes sortes d'objets bizarres, d'objets"surréalistes", l'*accent* est, en réalite, posé ailleurs et, tout particulièrement, comme on l'a vu, sur la nécessité de rompre avec un certain nombre de représentations affectives, de caractère paralysant. Sous une forme des plus impératives, le rêve, dans le récit duquel l'idée de passage de pont n'est pas exprimée mais, par contre, est suggérée d'au moins trois manières et poertée au premier plan de l'interprétation par les acteurs les plus marquants (...) m'engage à éliminer et, peut-on dire, élemine pour moi la part consciemment la moins assimilable du passé. (VC, p. 58/59)

Die Satzkonstruktion bringt einen Verdrängungsakt zum Ausdruck: In die Parenthese ("d'ailleurs ...") verdrängt wird der Surrealismus infolge der Zensur, die der "dialektische Materialismus" ausübt. Der Bilderreichtum des Traums und die Vielheit der Elemente, das Unkommunizierbare, wird auf einen kommunizierbaren Sinn reduziert, der, wie die Folge der Argumentation zeigt, auf

---

34 Freud, *"Über den Traum"* (1901) in: Ders., *Über Träume und Traumdeutungen*, Ffm 1971, p. 22.

die weltverändernde "action" hin interpretierbar ist. Der Traum träumt sich nicht selbst (seine "liquidateur"-Funktion), er träumt die "materialistische Traumtheorie", die dem Primat der Nützlichkeit des Traums untersteht.

Die "dialectisation" (*VC*, p. 74) des Traums ist also nicht nur als theoretisches Konstrukt gebrochen und mit theoretischen Motiven verschmolzen, die sie revozieren, sondern gelingt auch auf der Ebene der Traumberichte/-deutungen nicht oder nur um den Preis der vereinheitlichenden und vereinfachenden Reduktion der surrealistischen Bildervielfalt.

Der Pol Enthüllung, den Breton schon im Vorspann über den Marquis d'Hervey anschaltete und der bis zuletzt angeschaltet bleibt (vgl. *VC*, p. 170/71), d. i. der Ort einer idealen Kommunikation, der Aufhebung von Traum und Wachzustand im Telos einer *durch* den Traum befreiten und durchschaubar gewordenen Subjektivität - erweist sich so als leerer Ort. Zugleich wird die Traumtheorie/-aufschreibung/-deutung so vom Zwang einer prophetischen oder problemlösenden Funktion, also irgendeinem Nutzen befreit und für andere Funktionen frei.

4. Deutung als "Übersetzung" von "Geheimakten"; theatralische Räume; die Spinndrüsenfunktion der Traumarbeit

Über den Zusammenhang von Interpretation und der "prophetischen", in die Zukunft und zur "action" drängenden Kraft des Traums handelt eine Passage im ersten Manifest, die wie keine andere dieser Schrift mit den *VC* korrespondiert und deren Tragweite erst in Konstellation mit dem späteren Text ausmeßbar wird.

Vergleicht man die *VC* und das erste Manifest, so wird man zunächst auf den Widerspruch zwischen dem Postulat von der "kapitalen Nützlichkeit" des Traums und der radikalen Absage an jegliches Utilitätsdenken in dem früheren Text stoßen. Unter das Utilitätsdenken fällt nach surrealistischer Ansicht insbesondere die Forderung, daß eine Äußerung einen "Sinn" machen müsse, den ihr Autor zu verantworten habe. Aber die schöne Unverantwortlichkeit hat ihren Preis: Die surrealistischen Äußerungen (z. B. automatische Sätze) sind *handlungsirrelevant*:

> Autrement graves me paraissent être, je l'ai donné suffisamment à entendre, les applications du surréalisme à l'action. Certes, je ne crois pas à la vertu prophétique de la parole surréaliste. "C'est oracle, ce que je dis" (Rimbaud): Oui, *tant que je veux*, mais qu'est lui-même l'oracle? La piété des hommes ne me trompe pas. La voix surréaliste qui secouait Cumes, Dodone et Delphes n'est autre chose que celle qui me dicte mes discours les moins courroucés. Mon temps ne doit pas être le sien, pourquoi m'aiderait-elle à résoudre le pro-

143

blême enfantin de ma destinée? Je fais semblant, par malheur, d'agir dans un monde où, pour arriver à tenir compte de ses suggestions, je serais obligé d'en passer par deux sortes d'interprétes, les uns pour me traduire ses sentences, les autres, impossibles à trouver, pour imposer à mes semblables la compréhension que j'en aurais. (*M*, p. 60 ff.)

Der Ton Bretons ist resignativ. Hieß es in derselben Schrift zuvor noch, der Surrealismus strebe die "résolution des principaux problèmes de la vie" an (M, p. 37 f.), so werden nun Zweifel an der Einlösung dieser Aufgabe laut. Das Problem seines Schicksals, das es mit surrealistischen Mitteln zu lösen gilt, nennt Breton kindisch. Das, was ihm die surrealistische Stimme eingibt, ist ohne prophetischen Wert, weil bar eines als Handlungsanweisung interpretierbaren "message"; es ist unverständlich und also praktisch folgenlos. Die Gewißheit Rimbauds ebenso wie die religiöse Gewißheit sind nichts als Effekte des Spiegeltrugs, der die subjektive Intention als ein Anderes ausgibt. Das Andere als Rätsel des Schicksals verschließt sich in einer Sphäre der Intentionslosigkeit; es läßt sich nicht befragen noch aussprechen. - Der "message" wird als diktierende Stimme vorgestellt, und das Diktat dieser "göttlichen", sich selbst gleichen Orakelstimme könnte, so Breton, deswegen unverständlich, unvermögend sein ("[elle] me dicte mes discours les moins courroucés"), weil der Ort ihrer Rede zeitlich differient von ihrem lebendigen Kraftzentrum ("la voix [...] qui secouait Cumes, Dodone et Delphes"). Sie bedarf eines Artikulationsmediums, der (Wort-)Träger oder der *Interpreten*. Zwei Weisen der Interpretation unterscheidet Breton: 1) die Übersetzung, Entzifferung; 2) die Kommunikation: die Verwandlung des einen Wortes in kommunikative, allgemeine Bedeutung, als solche es erst verstehbar und handlungsrelevant wird, also einen "prophetischen" Wert erhält. Die Kommunikation bezeichnet Breton zugleich als Unmöglichkeit ("impossibles à trouver") und als Zwangsverhältnis ("pour *imposer* à mes semblables la compréhension"). Daß die Kommunikation als Artikulationsmedium des Schicksalsrätsel kompromittiert ist, ist aus Bretons früher Sprachkritik bekannt: Kommunikation beruht auf allgemeinen Bedeutungen, unterstellt die Sprache dem Verstehenssimperativ und impliziert Intentionalität ("la force de me faire entendre"). (Vgl. Teil I, 2. Kap. u. Teil III, 6. Kap.)

Unmöglich ist aber nur die zweite Art der Interpretation, die erste, Übersetzung genannt, ist für Breton im ersten Manifest eine mögliche, wenn auch ungelöste Aufgabe. Lösbar ist sie für ihn in den *VC* geworden. Er zitiert dort eine Fußnote, die in die Passage des ersten Manifests (nach: " [...] mais qu'est lui-même l'oracle?") eingefügt ist. In dieser Fußnote gibt Breton ein Beispiel für die Unverständlichkeit der surrealistischen Äußerung. "Béthune, Béthune" souffliert ihm die Stimme. Aber der Ortsname sagt ihm nichts. "(...) Béthune n'évoque rien pour moi, pas même une scène des TROIS MOUSQUETAIRES." In den *VC* heißt es dazu:

> J'ai eu le tort, jadis, au cours du premier *Manifeste du Surréalisme*, de donner une interprétation par trop lyrique du mot "Béthune" qui m'etait revenu avec insistance à l'esprit sans que je parvinsse à lui accorder de détermination spéciale. Je pense aujourd'hui que j'avais mal cherché. (*VC*, p. 118 f.)

Es folgt die "prosaische" Deutung einer dem ersten Anschein nach ebenso unverständlichen Äußerung nach Freudschen Mustern.

Die Funktion Entzifferung, seit *Nadja* im surrealistischen Diskurs installiert, wird auch auf frühsurrealistische Textproduktionen anwendbar gemacht: vereinzelte automatische Sätze, Traumberichte, surrealistische Bilder/Zeichnungen (vgl. *VC*, p. 62 ff.). Sie sind *entzifferbare Hieroglyphen* wie die Text-Tatsachen in *Nadja* und z. T. in den Tatsachentext eingewoben. (2. Teil)[35]

Ich behaupte nun, daß die zitierte Passage aus dem ersten Manifest eine Perspektive entwirft, die es erlaubt, am zwanghaft synthetischen Theorie-Pol der *VC* zwei entgegengesetzte Pole wahrzunehmen, um die sich die verschiedenen Theoreme und Positionen gruppieren und die keineswegs mit dem Diskursgegensatz Marx/Freud zusammenfallen. Die zwei verschiedenen Interpretationsweisen sind zugleich zwei verschiedene Kommunikationsweisen von Wachen und Träumen:

POL I: Kommunikation (im Sinne der Habermas'schen Kommunikationstheorie); Enthüllung/Aufhebung. - Aus der Position des dialektischen Materialisten heraus betreibt Breton vorgeblich die unmögliche und zwanghafte Verwandlung des Traums in einen "prophetischen" Gehalt, in ein dialektisch funktionales Phänomen. Träumen und Wachen kommunizieren jenseits der Schrift in einer vermeintlichen Bedeutung des Traumtextes.

Zu den inneren Widersprüchen dieses Pols und zum Scheitern des Versuchs, den Traum von dort aus zu besetzen, s. 3. Kap. Die Enthüllung/Aufhebung bleibt leere Demonstration.

POL II: Übersetzung; Entzifferung; kryptogrammatische Schriftfunktion; Praxis des Traums = Deutung/"interprétation" Verhüllung. Der "désir" ist konstitutiv verhüllt, das Andere der Vernunft, unverfügbar, verborgen in einem organischen Funktionszusammenhang.

Den Begriff der "interprétation" entlehnt Breton Freud, doch ergaben sich schon bei der Untersuchung der Freud-Rezeption in den *VC* entscheidende Modifikationen: Deutung ist nicht sukzessive Aufdeckung eines vorgängigen latenten Gehalts. Freud macht ebenso wie der dialektische Materialist Breton

---

35 Von entzifferbaren Hieroglyphen spricht Breton drei Jahre später explizit in *PosPol*, p. 11: "(...) les signes d'apparence hièroglyphiques (...) ne sauraient être retenus pour leur étrangeté immédiate ni pour leur beauté formelle et cela pour l'excellente raison qu'il est établi dès maintenant qu'ils sont *déchiffrables*."

den Traum als allgemeine Bedeutung kommunizierbar. Deutung ist vielmehr Fortschrift des Traums. (s. 2. Kap.)

Wenn die Deutung eine Funktion des Wachlebens ist, *dann kommunizieren Träumen und Wachen tatsächlich in dem einen Medium der Schrift.*

Pol II ist im folgenden Gegenstand meiner Untersuchung. In Anlehnung an die Theorie des kryptogrammatischen Schreibens in *Nadja* werde ich zunächst einige theoretische Bestimmungen des Traum-/Deutungstextes in den *VC* hervorheben.

Das Kryptogramm in *Nadja* war Umschrift des Lebenstextes. Die Vorstellung vom Leben als bereits Geschriebenem/ Produktion von Schrift ist auch in den *VC* wirksam. Das Leben bietet sich dem surrealistischen Blick allerdings nicht als Geheimschrift, sondern es ist eine Akte mit geheimen Schriftstücken:

> C'est dire si la solution ainsi découverte et admise par le rêveur (die Lösung eines affektiven Problems im Traum, G. H.) qu'elle soit ou non connue de lui au réveil, est de nature à influencer profondément ses dispositions, à forcer chez lui, par le versement au dossier de pièces secrètes, le jugement. Ce n'est sans doute pas dans un autre sens qu'il faut entendre que "la nuit porte conseil" et l'on voit que ce n'était pas pure extravagance, de la part des anciens, de faire interpréter leurs rêves. (VC, p. 45)

Die Metapher des "dossier" nimmt die des "livre battant comme une porte" auf. Die Schreibakte, die den Lebensdossier entziffern/übersetzen/interpretieren, bringt einen Text hervor, der nicht fest umrissen ist, ohne Anfang und Ende, in den einzelne Akten oder Dokumente noch "Eingang finden" können. Es sind dies zwei Sorten von Dokumenten: öffentlich zugängliche, zur Akteneinsicht freigegebene (Text des gewöhnlichen mehr oder minder bewußten Wachlebens) und exklusive, geheime (Traumtexte). Zugleich unterstreicht die "dossier"-Metapher den integralen Textzusammenhang zwischen Traum und Wachleben, den Breton bei Freud zu vermissen meinte.

Die Aufschreibung des Lebens und die Einfügung der Geheimakte in den Lebensdossier artikuliert jenen inintelligiblen, naturteleologischen Prozeß, in dem der Traum in seiner problemlösenden oder liquidierenden Funktion wirksam ist. Dieser Prozeß ist aber ein der Schrift selbst Jenseitiges. Der Lebensdossier: geheime und öffentliche Akten bilden eine Oberflächentextur, die das Telos verbirgt. Seine liquidierende Funktion erfüllt der Traum, ob dem Träumer bei Erwachen die Lösung bekannt ist oder nicht, ob sie bewußt wird oder nicht, ob er die Dokumente zur Kenntnis nimmt oder nicht. In Hinsicht auf die Traumfunktion ist die Lektüre der Geheimakte: die Deutung überflüssig, eine Ausfällung aus dem unmittelbaren Lebensprozeß. Könnte sie die zukunftsweisende Lösung der Konflikte im Traum zu Bewußtsein bringen, so könnte sie nur ein bereits Vergangenes, schon Vollzogenes nachzeichnen. Im Zusammenhang der Bretonschen Argumentation hätten "die Alten" durchaus keine Veranlassung gehabt, ihre Träume interpretieren zu lassen. Die Abschrift und die Umschrift der Geheimpapiere (Deutung) ist notwendig nachträglich, und die Umschrift ist als Produktion einer "prophetischen", handlungsrelevanten Bedeutung irrelevant. Die Lösung (des affektiven Problems) wird immer schon stattgefunden haben.

Die Entzifferung der Geheimdokumente schreibt sich in einer anderen Ordnung als der der kommunizierbaren Bedeutung. Einige aufschlußreiche, auf andere Textstellen verweisende Aussagen über diese Ordnung macht Breton einmal am Ende des ersten Teils, als er die Verdichtungsarbeit im Traum kommentiert:

> Que je sois amené, au cours d'un seul rêve, à faire intervenir les divers personnages qui peuplaient la scène tout à l'heure et qui n'ont dans la vie, hors de moi, précisément aucune raison d'agir d'une manière interdépendante, témoigne du besoin inhérent au rêve de magnifier et de dramatiser, autrement dit de présenter sous une forme théâtrale des plus intéressantes, des plus frappantes, ce qui s'est en réalité conçu et développé assez lentement, sans heurts trop appréciables, de sorte que la vie organique puisse se poursuivre. Peut-être même y a-t-il là, puisque je parle théâtre, de quoi justifier dans une certaine mesure la régle des trois unités, telle qu'elle s'est imposée curieusement à la tragédie classique et cette loi de l'extrême raccourci qui a imprimé à la poésie moderne un de ses plus remarquables caractères. Entre ces deux tendances à résumer sous une forme succincte, brillament concrète, ultra-objective, tout ce à quoi l'on veut imposer et faire imposer telle ou telle espèce de dénouement, il ne doit y avoir que la distance historique de trois siècles, passés par l'homme à épiloguer de mieux en mieux sur son sort et à vouloir faire épiloguer de même les hommes futurs. (VC, p. 61)

1) Der Mensch *epilogiert*, den Traum notierend und deutend, über sein Schicksal. Der Epilog ist nachträgliche Rede, verschoben vom Ereignis selbst, der Lösung ("dénouement"). Und der Epilog über das *Schicksal* ist auch keine verfügende Rede über eine transparent gewordene Lebensgeschichte (dialektisches Psychoanalyse-Modell), sondern Artikulation eines unverfügbar Gebliebenen, des zum Rätsel geprägten Lebens.
2) Der Traum ist anorganischer, antiphysischer Raum: Er opponiert dem Oberflächenraum des "organischen" Lebens, das sich *langsam* und ohne nennenswerte *Sprünge* vollzieht.

Das, was aus dem "plan organique" herausfalle, wolle er aufschreiben, sagte Breton in *Nadja* und bezeichnete so den Raum des Lebenskryptogramms, einen Schrift- und *Erinnerungs*raum: Im Rücken des schreibenden Subjekts, in der nicht-intentionalen Erinnerung, im freien Flottieren der Texttatsachen wurde der organische Lebenszusammenhang aufgebrochen und stellte sich das Kryptogramm her.

Traumtheoretisch argumentierend, setzt Breton in den *VC* den "désir" in die Funktion: Zerstückelung des "plan organique" ein. Die Textzerstückelungsfunktion des "désir" verselbständigt sich in gewisser Weise bei Breton, während sie der Freudschen Theorie nach doch selbst nur eine Ableitung der Funktion:

Wunscherfüllung ist, die im organischen, verständlichen Text der latenten Gedanken lesbar wird. Der "désir" zerstückelt Text/artikuliert sich:

> Le désir est là, taillant en pleine pièce dans l'étoffe pas assez vite changeante, (d.i. der "plan organique", G. H.), puis laissant entre les morceaux courir son fil sûr et fragile. (VC, p. 123)

3) Der Traum ist "glänzend konkret, ultra-objektiv". Breton prägt die materialistischen Vokabeln durch die Beiwörter zu surrealistischen Ausdrücken. Als Artikulation des "désir" ist der Traumtext der "Wirklichkeit" oder dem organischen Tatsachentext überlegen. Er bringt das "Schicksal" erst zur Intelligibilität: als Rätsel, nicht als aufgedeckten latenten Gedanken. Er ist verhüllt/enthüllt, aufgedecktes Scheinhaftes. Breton gerät in einen apologetischen Ton. Von der dialektisch-materialistischen Argumentation abweichend, hebt er den poetischen Überschuß des Traums hervor, statt ihn zur Aufhebung in einem prophetischen Gehalt zu zwingen.

Dann wäre aber doch die "Übersetzung" bloße Abschrift des Geheimdokuments. Der "désir" hat die ganze kryptogrammatische Arbeit schon getan. Daß das Traumkryptogramm auch Umschrift/Deutung ist, geht aus der folgenden Bestimmung hervor:

4) Der Traum ist ein *theatralischer* Raum, eine *Szene*. Den organischen Plan zerstückelnd, *magnifiziert und dramatisiert* er das Leben.

Das Theater ist als Bild des Schrifttraums aus dem "discours" bekannt. ("O théâtre éternel [...]", PJ, p. 8) Der theatralische Schrifttraum war ein zu Überschreitendes, in ein magisches Theater zu verwandeln, weil er vom universalen Theatergesetz des Spiegeltrugs regiert wurde. Das Theater war der Ort der imaginären Ich-Identifikation und der Entfremdung von der "véritable pensée". In den *VC* positiviert Breton den imaginären Theaterraum. Das Buch setzt ein mit der Apologie der Traum-*Inszenierungen* des Marquis d'Hervey. Aber der Marquis, so stellt Breton schließlich fest, verflachte den Schrifttraum des Traums wieder zum tautologischen Spiegeltrug: Er ließ den "désir", den er vorab festmachte, identifizierte, sich im Traum spiegeln.

Breton selbst praktiziert den Traum, indem er ihn aufschreibt und deutet: Aus der Position des aufschreibenden/ deutenden Ichs eröffnet er einen theatralischen, imaginären Schrifttraum, in dem sich der "désir" - die unverfügbare, nicht vorab arretierbare "véritable pensée" - artikuliert. Die Inszenierung vollzieht aber nicht ein universales Theatergesetz, sondern entfaltet das Spiel des "désir", gestützt auf die Kenntnis bestimmter Regeln. Diese Entfaltung heißt Breton Deutung, sie ist die Um- und Fortschrift des Traumtextes, und die theatralischen Regeln sind die Mechanismen der Traumarbeit nach Freud.

Nicht nur die oben genannte Verdichtung, sondern die komplette Freudsche Traumgrammatik entlehnt Breton der *TD:*

> Que ce soit dans la réalité (im Wachtraum, G. H.) ou dans le rêve (im Nachttraum, G. H.),
> il (le désir, G. H.) est contraint, en effet, de la (das Material des organischen Lebens, G.
> H.) faire passer par la même filière: condensation, déplacement, substitution, retouches.
> (VC, p. 129)

Die Metapher der "filière" ist aufschlußreich: (techn.) Spinndüse (in der Metallverarbeitung), (biolg.) Spinndüse. Freud hätte die Metapher wohl kaum akzeptiert, da sie die Vorstellung einer irreversiblen Produktion impliziert. Das formlose Spinnsekret, das organische Leben, wird in intelligible Spinnennetze verwandelt. Vom kryptogrammatischen Tatsachentext als Spinnennetz war schon in *Nadja* die Rede (vgl. *N*, p. 20), auch wird die Erinnerung an die postalischen Netze wachgerufen.

Mit den "retouches" meint Breton die Sekundärbearbeitung (*VC*, p. 131), die für die "kritischen Elemente" (ebd.) in dem Traumbericht verantwortlich ist. Sie ist eine ausgezeichnete Spinndrüsenfunktion, die die anderen unter sich faßt. Breton nennt sie auch Erinnerung:

> La mémoire ne me restitue de ces quelques jours (die Rede ist vom Tagtraum des zweiten
> Teils, G. H.) que ce qui peut servir à la formulation du dèsir qui primait à ce moment
> (während des tagträumerischen Zustands, G. H.) pour moi tous les autres.(VC, p. 130)

Während die Sekundärbearbeitung für Freud so etwas wie eine erste, die Entstellungsarbeit fortsetzende, statt rückgängig machende Deutung ist (vgl. *TD*, p. 491 ff.), ist sie für Breton schon die ganze Deutung. Erinnerung = Sekundärbearbeitung = Aufschreibung/Deutung ist Entstellungsfunktion wie in *Nadja*. Der Erinnerungspol ist aber differenzierter, das Repertoire der Entstellungsfunktionen wird um die "Primärmechanismen" der Traumarbeit erweitert. Das setzt einen höheren Bewußtheitsgrad am Erinnerungspol voraus: Die Text(-Traum-)-Tatsachen werden nicht nur ausgewählt/ konstelliert, sondern im Raster jener Entstellungsfunktionen miteinander verflochten und fortgesponnen. Zwar wird die Erinnerungsfunktion differenzierter, bewußter, sie bleibt aber nicht-intentional. Die Komplikationen des (Traum-)Tatsachennetzes in der Aufschreibung/Deutung sind nicht gerichtete Sendung, sie werden nicht arretiert in der Wahrheit, dem aufgedeckten latenten Gedanken. Sie dienen der "formulation du désir", der fortgesetzten Verhüllung eines konstitutiv Verhüllten.

Die Theorie des kryptogrammatischen Schreibens oder der neuen Traumpraxis in den *VC*, die ich aus einigen verstreuten Theoremen extrapolierte, bedürfen der Stützung durch die Untersuchung der Traumpraxis selbst. Bevor ich mich aber einem konkreten Traumbeispiel Bretons zuwende, möchte ich den Gegensatz der Deutungstheorien von Freud und Breton am Begriffspaar "Rebus - Kryptogramm" pointieren, denn soviel leisten die kryptogrammatologischen Theoreme der *VC* immerhin schon: Sie legen als einen "cheminement souterrain" die Kritik am hermeneutischen Programm Freuds frei.

5. Rebus und Kryptogramm; Einführung in das funktionale Phänomen

> FREUD (Siegmund), né en 1856. - "L'Eternité: - Vive Freud, le grand savant viennois!" (Louis Aragon et André Breton, 1929). "Le surréalisme a été amené à attacher une importance particulière à la psychologie des processus du rêve chez Freud et, d'une manière générale, chez cet auteur, à tout ce qui est l'élucidation, fondée sur l'exploration clinique, de la vie inconsciente. Nous n'en rejetons pas moins la plus grande partie de la philosophie de Freud comme métaphysique." (André Breton [PosPol, p. 15])
>
> Dictionnaire abrégé du surr.

Die Auffassung des Traums als Kryptogramm findet sich schon in Freuds *TD*. In einer von strukturalistischen Interpreten oft hervorgehobenen Passage[36], nämlich der Einleitung zum Kapitel über die Traumarbeit, nennt Freud den Traum einen Rebus:

> Traumgedanken und Trauminhalt liegen vor uns wie zwei Darstellungen desselben Inhalts in zwei verschiedenen Sprachen, oder besser gesagt, der Trauminhalt erscheint uns als eine Übertragung der Traumgedanken in eine andere Ausdrucksweise, deren Zeichen und Fügungsgesetze wir durch die Vergleichung von Original und Übersetzung kennen lernen sollen. Die Traumgedanken sind uns ohne weiteres verständlich, sobald wir sie erfahren haben. Der Trauminhalt ist gleichsam in einer Bilderschrift gegeben, deren Zeichen einzeln in die Sprache der Traumgedanken zu übertragen sind. Man würde offenbar in die Irre geführt, wenn man diese Zeichen nach ihrem Bilderwert anstatt nach ihrer Zeichenbeziehung lesen wollte. Ich habe etwa ein Bilderrätsel (Rebus) vor mir: ein Haus, auf dessen Dach ein Boot zu sehen ist, dann ein einzelner Buchstabe, dann eine laufende Figur, deren Kopf wegapostrophiert ist u. dgl. Ich könnte nun in die Kritik verfallen, diese Zusammenstellung und deren Bestandteile für unsinnig zu erklären. Ein Boot gehört nicht auf das Dach eines Hauses, und eine Person ohne Kopf kann nicht laufen; auch ist die Person größer als das Haus, und wenn das Ganze eine Landschaft darstellen soll, so fügen sich die einzelnen Buchstaben nicht ein, die ja in freier Natur nicht vorkommen. Die richtige Beurteilung des Rebus ergibt sich offenbar erst dann, wenn ich gegen das Ganze und die Einzelheiten desselben keine solchen Einsprüche erhebe, sondern mich bemühe, jedes Bild durch eine Silbe oder ein Wort zu ersetzen, das nach irgendwelcher Beziehung durch das Bild darstellbar ist. Die Worte, die sich so zusammenfinden, sind nicht mehr sinnlos, sondern können den schönsten und sinnreichsten Dichterspruch ergeben. Ein solches Bilderrätsel ist nun der Traum, und unsere Vorgänger auf dem Gebiete der Traumdeutung haben den Fehler begangen, den Rebus als zeichnerische Komposition zu beurteilen. Als solche erschien er ihnen unsinnig und wertlos.(*TD*,p. 289 f.)

Die Zeichen nach ihrer Zeichenbeziehung statt nach ihrem Bilderwert zu lesen (...) - Diese Neubewertung des Traums trifft sich mit der etwa zeitgleich ausgearbeiteten Zeichentheorie Ferdinand de Saussures, der Bezugstheorie aller strukturalistischen Theorien. Freud setzt an die Stelle einer natürlichen Beziehung von "signifiant" und "signifié" eine arbiträre. Der Traum erhält einen Sinn

---

[36] Vgl. z. B. die strukturalistische Interpretation der *TD* in Steinwachs, *Mythologie des Surrealismus*, Neuwied/Bln 1970, p. 25 ff.

erst, wenn man ihn als Reihe von Signifikanten auffaßt, die (in der Horizontalen) negativ, nämlich allein durch ihre Differenzen gegeneinander abgegrenzt sind und (in der Vertikalen) den Verknüpfungsregeln der Traumarbeit folgend eine arbiträre Einheit mit einem Signifikat bilden. Der Traum entspricht dem "système de la langue" bei Saussure: Die Differenzen der Signifikanten und ihre arbiträre Verknüpfung mit einem Signifikat gehen allein aus diesem System hervor. Die Signifikanten sind nichts für sich, außerhalb des Systems. Ihr Wert ist nicht durch präexistente positive Bezugsgrößen außerhalb des Systems festgelegt. Auf solche Bezugsgrößen geht allerdings der Bilderwert der Traumzeichen zurück; die Deutung der Traumzeichen nach ihrem Bilderwert trägt präexistente konventionelle Bedeutungssysteme von außen an den Traum heran.[37]

Derrida hat den metaphysikkritischen Gehalt der Saussure'schen Zeichentheorie hervorgehoben.[38] Metaphysikkritisch kann sie heißen, sofern der differentielle und arbiträre Charakter des Zeichens dessen Totalität betrifft. Auch die Signifikate konstituieren sich als Einheiten erst im System der "langue" qua Differenz und arbiträrer Verknüpfung mit dem Signifikanten.[39] Das Zeichen in seiner Doppelseitigkeit von "signifiant" und "signifié" ist der "Effekt" einer Produktion, einer differierenden Bewegung oder der "différance". Diese Zeichentheorie subvertiert die klassische Semiologie: "Suivant cette sémiologie classique, la substitution du signe à la chose même est à la fois *seconde* et *provisoire*: seconde depuis une présence originelle et perdue dont le signe viendrait à dériver; provisoire au regard de cette présence finale et manquante en vue de laquelle le signe serait en mouvement de médiation".[40] Saussure zufolge ist das Signifikat, der Sinn[41], nicht primär und präexistent (außerhalb des Systems), der Signifikant weder sekundär, dem Signifikat nachgeordnet, noch vorläufig, auf Re-Präsentation des verlorenen Sinnes gerichtet.

Die strukturalistische Lesbarkeit der *TD* hat ihre Grenze genau an diesen metaphysischen Annahmen der klassischen Semiologie, die in ihr in aller Deutlichkeit ausgesprochen werden. Der differentielle und arbiträre Charakter betrifft nämlich nur das Spiel der Signifikanten auf der Ebene des manifesten Inhalts. Die Reihe der Signifikate, denen die Signifikanten sich arbiträr verbinden, konstituiert sich nicht erst in der Deutung, sondern der Deuter *erkennt* den Text *wieder:* "Die Worte, die sich zusammenfinden", ergeben einen "sinnreichen", "uns ohne weiteres verständlichen", weil umgangssprachlich formulierten

---

37 Zu den hier verwandten Elementen der Saussure'schen Theorie vgl. insbes. F. de Saussure, *Cours de linguistique générale*, Ps 1981, p. 155 ff.
38 Vgl. z. B. Derrida, "La différance" in: Ders., *Marges de la philosophie*, Ps 1972, p. 10 ff.
39 Vgl. Saussure, a. a. O., p. 158 ff.
40 Derrida, a. a. O., p. 9/10.
41 Derrida spricht von der Sache, erläutert aber zuvor: "'chose' valant ici aussi bien pour le sens que pour le référent." (Derrida, a. a. O., p. 9).

und also auf ein Bezugssystem außerhalb des Traumes selbst rekurrierenden Text. Wie zwei Darstellungen desselben Inhalts lägen Traumgedanken und Trauminhalt vor uns, schreibt Freud. Drückt sich in dieser Formulierung der Primat des (einen) Inhalts vor der (verschiedenartigen) Darstellung aus, so hat es doch den Anschein, daß Freud den beiden Darstellungen den gleichen Rang zuspricht; er verbessert sich aber gleich ("besser gesagt") und bringt sie in eine Hierarchie: die von Original und Übertragung. Das Original ist zwar eine "Ausdrucksweise", Text, dem idealen Inhalt (Signifikat) aber zumindest näher als die mittels der "Fügungsgesetze" des Traums aufgeschobene, entstellte, lükkenhafte, dem Original entfremdete Übertragung. Wenn die Traumgedanken das Original sind, dann sind sie auch ein verlorener und wiederaufzufindender Sinn, mag das Original auch selbst beschädigt sein, d. h. vom idealen Sinn um ein Geringes verschoben, denn Freud hebt mehrmals in der *TD* die Unabschließbarkeit der Deutung hervor. Es bleibt: Der Rebus ist auf seine integrale, korrekte Lösung gerichtet, er schiebt den ursprünglichen, vorgängigen Sinn auf.

Bei Breton ist die Deutung nicht *Aufdeckung* eines ursprünglichen latenten Gedankens, sondern Fortschrift des kryptogrammatischen Traumtextes, *Produktion* eines latenten Gedankens, genauer: da diese Produktion nicht intentional ist: Produktion der Produktion. Ausgehend von den Traumsignifikanten und gestützt auf die Kenntnis der Traumgrammatik entfaltet Breton in der Deutung ein Signifikanten*spiel*. Die Deutung ist vorläufig, nicht rückläufig wie bei Freud.

Erst in der Traumdeutung Bretons erhält das Prinzip der Arbitrarität seine volle Gültigkeit. Die differentielle Serie der Traumsignifikanten steht nicht in einem vorgängigen Sinn ein, sondern verbindet sich nachträglich mit der ihrerseits differentiellen Signifikatserie. Die Traumsignifikanten behalten ihr Primat, sind aktivisch, lösen die Deutung erst aus, bringen die (Deutungs-)Zeichen allererst hervor. Die Deutung ist ein Effekt der aufschiebenden Ab- und Umschrift des Traums. (Bei Freud ist die Deutung, obzwar sie de facto von den Signifikanten des manifesten Inhalts ausgeht, stets als Umkehrung der passivischen, nicht-schöpferischen Übertragung des latenten Gedankens in den manifesten Inhalt gedacht.[42]

Der "prophetische" Gehalt im ersten Traum des ersten Teils arretiert das Signifikantenspiel. Breton deckt einen Sinn auf. Bemerkenswert ist aber auch dabei, daß er nicht - wie Freud - die Problemlösung nur als präexistentes Material, das im nachhinein im Traum verarbeitet wird, zuläßt, sondern die Problemlösung sich im Traum erst vollziehen läßt. Die Hinweise auf X, die Geliebte, werden im Verlauf des Traums (lt. Bretonscher Deutung) zunehmend verhaltener, und Breton schließt daraus, daß am Ende des Traums die "Brücke überschritten

---

42 Vgl. Freud, *Über Träume u. Traumdeutungen*, a. a. O., p. 37.

sei" ("que le'pont' est passé" [*VC*, p. 57]). Breton faßt den Traum also als in diesem Falle zwar sinnvolle Produktion auf, doch nicht wie Freud als Produkt der Umsetzung eines vorgängigen latenten Gedankens.

Der "prophetische" Gehalt ist aber nur ein vorgeblicher Kern ("noyau", *VC*, p. 130) des Traums, der überwuchert wird vom Signifikantenspiel der Deutung. Die Traumzeichen bleiben hieroglyphisch in der Deutung, die Worte finden sich nicht zu einem "Spruch" zusammen. Die Signifikate funktionieren ihrerseits wie Signifkanten: Sie eröffnen einen unbestimmten Verweisungszusammenhang, sie erneuern das Spiel des Bezeichnens. Die endgültige Bezeichnung ("signification", die Vereinigung von "signifiant" und "signifié") bleibt aufgeschoben. - In diesem Sinne vermischen sich manifester Trauminhalt und latenter Gedanke. Es gibt kein aufdeckbares Original, das Original ist eine Leerstelle oder ein Leerraum, der sich mit Hieroglyphenschrift füllt.

Ein vorläufiges Beispiel, das das Signifikantenspiel in den *VC* zugleich als Erneuerung des postalischen Systems in *Nadja* ausweist: Es kommt im ersten Traum des ersten Teils einmal die Hieroglyphe "Manon" vor. Breton kritzelt diesen Namen auf einen Zettel, der an X gerichtet ist. Die Veränderung des Namens soll Nadja, die X auflauert, verwirren. - Die Substitution der Signifikanten, so deutet Breton, bringt X und seine Kusine Manon zur Deckung, die ihn, als er 19 Jahre alt war, sexuell anzog, die er aber nicht liebte. Der Traum, fährt Breton deutend fort, wolle die Bedeutung, die X für ihn habe, herunterspielen - das ist der Sinn, der zunächst aus dem Spiel der Signifikanten herausspringt. Die Deutung steht aber nicht in diesem Sinn still. Unter dem Vorwand, die Herkunft des Signifikanten aus dem rezenten Wachleben zu erhellen[43], verknüpft Breton ihn qua Kontiguität (Verwandschaftsbeziehung) einem weiteren: dem Vater Manons (seinem Onkel), von dem, so hatte Breton seinem Freund Sadoul am Vortag erzählt, er eines Tages ein Dankesschreiben mit Bezug auf einen Glückwunsch erhalten habe, den er nie geschickt hatte. Die Anekdote des latenten Gedankens verhält sich invers zum Element des manifesten Inhalts, an das sie sich knüpft (ein Brief, der nie ankommt - Antwort auf einen Brief, der nie geschickt wurde), sie bildet mit ihm eine rhetorische Figur aber keinen Sinn. Die Briefe (Sendungen) sind voneinander verschoben und schließen sich nicht zu einem "sinnvollen" Zirkel (ein Brief, der ankommt - eine Antwort auf diesen Brief). Der Signifikant, den der Traum "verschickt", kommt in der Deutung nicht an; das vermeintliche Signifikat, der Brief, den die Deutung "empfängt", (das "Antwortschreiben" des Onkels) ist selbst ursprungslose Sendung, Signifikant, der unbestimmt auf ein Signifikat verweist.

---

43 Wenn Bürger schreibt: "(...) er (Breton) begnügt sich im wesentlichen damit, die Herkunft des Traummaterials aus der Wirklichkeit aufzuzeigen." (*Der frz. Surr.*, p. 91), so verfehlt er (Bürger) gerade das Wesentliche: Theorie und Praxis des kryptogrammatischen Schreibens.

Der Gegensatz der Deutungstheorie von Breton und Freud ließe sich an beliebigen weiteren Beispielen demonstrieren. Ich will diesen Gegensatz im folgenden an der Traumpraxis Bretons belegen, indem ich einen bestimmten verallgemeinerbaren *Aspekt* der surrealistischen (Traum-)Aufschreibung untersuche. Dazu ein kurzer theoretischer Vorspann:

Traum und Deutung *sind* ein postalisches Netz, ein kryptogrammatischer/Erinnerungsraum usf. - wie der Text *Nadja*. Und wie der Text *Nadja* thematisieren sie sich zugleich *als* postalisches Netz usf. Der Text bringt sich selbst/sein Funktionieren/Textfunktionen zur Sprache. Unter diesem Gesichtspunkt sind schon die frühen Prosatexte Bretons und *Nadja* reich an funktionalen Phänomenen:

> PHÉNOMÈNE FONCTIONNEL. - Phénomène découvert par Herbert Silberer (1909) sur les états hypnagogiques et retrouvé par lui dans le rêve: c'est la transposition en images non du contenu de la pensée du sujet mais du mode de fonctionnement actuel de celle-ci.[44]

Aber die Aussagen über Texte waren - ob Breton sie nun in eine eher diskursive oder eher poetische, bildhafte Form brachte - um den Theoriepol zentriert, der von dem Pol: Tatsachen aufschreiben/erinnern unterscheidbar blieb. Der Theoriepol ist in den *VC* weit stärker als in den vorhergehenden Texten besetzt (Auseinandersetzung mit Freud, dialektischer Materialismus), und daher, behaupte ich, findet eine Theorieverdrängung auf den Pol: Traumbericht/-deutung statt. Die Niederschrift/Deutung der Traumtatsachen übernimmt selbst Theoriefunktion, reichert sich mit funktionalen Phänomenen an, redet in höherem Maße über sich selbst als Textproduktion oder macht sich selbst in ihrer Produziertheit sichtbar.

Vom funktionalen Phänomen war schon im Zusammenhang der dialektischen Traumtheorie die Rede: Das dialektisch funktionale Phänomen meint die Darstellung der Traumfunktion: Problemlösung im Traum selbst. Aber diese Funktion arretiert Breton in der Deutung doch als (zwar nicht vorgängigen) Traumgehalt. ("Le fonctionnement" wird selbst zum "contenu".) Ich verstehe im folgenden unter funktionalem Phänomen die Darstellung des Sich-selbst-Produzierens des Textes im Text, das nicht mehr arretierbarer Gehalt, sondern pure, permanente Produktion ist.

Freud schenkt dem funktionalen Phänomen wenig Beachtung: Tatsächlich ist ja, wie ich oben darlegte, die Darstellung der Traumfunktion: Hüter des Schlafes nahezu bedeutungslos. Freud schiebt das funktionale Phänomen zur Seite mit Hinweis auf seltenes Vorkommen. Er interessiert sich fast ausschließlich für die "materialen Phänomene": die Darstellung des materialreichen latenten Gedankens. Man sieht nun aber, daß die Abwertung des funktionalen Phäno-

---

44 Laplanche/Pontalis, *Vocabulaire de la psychanalyse*, a. a. O., p. 313.

mens tieferliegende Gründe hat. Sie beruht auf einer Abwehrreaktion, denn der Begriff des funktionalen Phänomens impliziert die Subversion der Freudschen Deutungstheorie durch diejenige Bretons. Die klaren analytischen Grenzziehungen (vbw, bw/ubw; manifest/latenter Inhalt; Traum/Deutung) werden massiv bedroht in dem Augenblick, da der Traum sich in seiner Produziertheit thematisiert und als Produkt, das durch den latenten Gehalt prästabiliert ist, in Entzug gerät. Das funktionale Phänomen macht manifesten und latenten Trauminhalt als zwei Aspekte einer Produktion sichtbar. Der Traumtext hat nicht länger den Status des verhüllten Originals, die Deutung verliert ihr Pathos der Enthüllung. Der Traumtext erscheint quasi nackt als pure Produktion von Schrift, die Deutung entfaltet diesen Aspekt.

In Anerkennung der Forschungsergebnisse Silberers koppelt Freud das funktionale Phänomen an die *Selbstbeobachtung:* "(Silberer hat) (...) gezeigt, daß manche Schlüsse und Absätze innerhalb des Trauminhalts nichts anderes bedeuten als die Selbstwahrnehmung des Schlafens und Erwachens. Er hat also den Anteil der Selbstbeobachtung - im Sinne des paranoischen Beobachtungswahn - an der Traumbildung nachgewiesen."[45]

Wenn das funktionale Phänomen so bedeutsam wird für Breton, so heißt das zugleich, daß die Funktion Selbstbeobachtung verstärkt wird. Breton sieht sich bei seiner eigenen Produktion zu. Das will ich im folgenden zeigen.

6. "La nappe blanche" - über eine Szene der Schrift (ein Traum-Traum)

> On a rêvé (...) d'un lieu d'où l'on puisse *surmonter la vue rétrospective* qu'on est accoutumé à avoir de la création véritable en matière artistique par exemple. (*CC*, p. 32)

Der Traum des ersten Teils thematisiert sich selbst als Produktion von Text auf der Schwelle zum Erwachen: Im letzten Teil des Traums trifft Breton im Krawattengeschäft Mitglieder der Partei, die mit ihm eine Reise nach Berlin besprechen, wo er einen Vortrag über Surrealismus halten soll. Er denkt daran, für den Vortrag Elemente des Buches zu verwenden, mit dessen Niederschrift zu beginnen er sich unaufhörlich (in der Zeit, als er den Traum hatte) vornahm.

---

45 Freud, "Zur Einführung des Narzißmus" in: *Stud.-A.* Bd. III, p. 63 f. - Freud identifiziert im gleichen Absatz Selbstbeobachtung und philosophische Introspektion/ Spekulation/spekulative Systembildung (ihrerseits typisch für die Paranoia). Nimmt man hinzu die starke Eingrenzung des Geltungsbereichs des funktionalen Phänomens auf den Übergang zwischen Träumen und Wachen, so erhellt sich der intuitive Satz bei Rudolf Heinz: "Jedenfalls sehe ich im Falle Silberer nicht zuletzt ein Dokument der recht unverhohlenen Ablehnung von Philosophie durch Freud." (Heinz, *Minora aesthetica*, Ffm 1985, p. 171)
Übrigens spricht sich Freud selbst die Gabe der Selbstbeobachtung ab. Es mangele ihm an philosophischer Begabung, heißt es am Ende des Absatzes, aus dem das Zitat stammt.

Eine Fußnote läßt keinen Zweifel daran, daß es sich bei dem Buch um die *VC* handelt. (*VC*, p. 34) Die Analyse braucht den "Plan" (das Buch zu schreiben) nurmehr als "Wunsch" zu deuten. (*VC*, p. 57) Das funktionale Phänomen ist im Traum schon vollkommen explizit. Der Traum stellt dar, wie die Buchproduktion funktioniert: Das Buch entsteht in dem Maße, in dem es über sich selbst spricht. Und im Moment, da das Buch entsteht, d. h. da Breton den Traum niederschreibt und deutet, beobachtet er sich selbst bei der Niederschrift und Deutung.

Auf die Instanz der Selbstbeobachtung verweist auch die Traumtatsache, daß von der Buchproduktion im Zusammenhang mit den Parteifunktionären die Rede ist, die die Funktion Parteimitglied, also eine die surrealistische (Buch-)-Produktion zensurierende Instanz darstellen. Breton entledigt sich ihrer humoristisch. Sie erscheinen nicht als bedrohliche Macht, die das Ich in Gewahrsam hält, sondern unter ihrem lächerlichen Aspekt; sie werden vom Über-Ich aus betrachtet, in der Distanz desjenigen Ichs, das gerade dabei ist, ein surrealistisches Buch zu schreiben. "Vaillant-Couturier (ein Parteifunktionär, G. H.) (...) m'explique assez couteleusement que 'ma foi, le sujet de la conférence à faire leur avait fort bien pouvoir être le surréalisme'." (*VC*, p. 33)[46]

Das funktionale Phänomen am Traumende macht eine Spur sichtbar, die in den Traum zurückführt, und zwar in dessen Zentrum. Die Einlaßstelle in den Traum als Text-Text bezeichnet das leere weiße Tischtuch, das im Übergang vom Vor- zum Haupttraum ins Spiel kommt. Über das Tischtuch ergeht im Traum selbst die moralisierende und leere Rede des Vaters: In nörgelndem Ton vergleicht er X mit der geisteskranken Nadja und erregt so die Empörung Bretons, der auf den Altersunterschied der beiden Frauen hinweist.

Nadja und X sind die Hauptakteure des Vortraums. Nadja erscheint als alte Frau. Ihre plötzliche Alterung erweist sich in der Deutung als Umkehrung der Beobachtung, die Breton tags zuvor Sadoul mitteilte, daß nämlich die Geisteskranken nicht zu altern schienen, wie er bei seinem letzten Besuch in Sainte-Anne festgestellt habe. Diese Beobachtung sei ihrerseits, so schreibt Breton, als Abwehrreaktion zu deuten:

> (*défense* contre l'éventualité d'un retour de Nadja, saine d'esprit ou non, qui pourrait avoir lu mon livre la concernant et s'en être offensée, *défense* contre la responsabilité involontaire que j'ai pu avoir dans l'élaboration de son délire et par suite dans son internement,

---

46 Der Parteifunktionär kommt in der Deutung noch mehrmals vor, auch im Tagtraumbericht des zweiten Teils. Den Typus des Parteifunktionärs verknüpft Breton auch oft mit dem des Professors, die Zensur akademischer Wissenschaftlichkeit repräsentierend. Lenk hat diese Motivreihe untersucht und interpretiert sie als Rache Bretons an den zensurierenden Instanzen, ohne sie als humoristische funktionale Phänomene in den Blick zu bekommen. (Vgl. Lenk, a. a. O., p. 141 ff.)

responsabilité que X m'a souvent jetée à la tête, dans des moments de colère, en m'accusant de vouloir la rendre folle à son tour) (*VC*, p. 38)

Geisteskranke altern nicht: Alles soll so bleiben wie es ist. Die Rückkehr Nadjas aber bedeutet: die Revokation ihrer Verwandlung in ein Buch, ihrer Internierung in der Schrift. Was Breton tagsüber glücklich abwehrt, realisiert der Traum: Nadja kehrt zurück: als alte Frau, gleichsam von den Spuren der Verschriftung, die Breton ihr zufügte, gezeichnet. Das Phantom Nadjas, verstorben als bedrohliche und verführerische Macht im Akt der Niederschrift, geht wieder um. Im Traum lauert Nadja X auf, um sie zu vernichten. Sie will sich dafür rächen, daß sich X am Ende des Buches über sie (Nadja) an ihre Stelle und an die Stelle des Schreibens (über sie) setzte.

X ist z. Zt. des Traums in den *VC* aber selbst im Begriff, sich in ein Phantom zu verwandeln und d. h. Schrift zu werden. Ihre Furcht, Breton wolle sie verrückt machen wie Nadja, bezeichnet den Verschriftungsakt. Die leidenschaftliche Liebe ist erloschen, die fortbestehende emotionale Fixierung löst sich im Traum und hebt die Schreibhemmung auf. Im Übergang vom Vor- zum Haupttraum stellt sich die Gleichgültigkeit und Distanz zu X ein, die die Niederschrift des Buches ermöglicht und auch den erneuerten Bedrohungsanspruch Nadjas annulliert:

(...) je songe que X ne reviendra jamais, qu'il est douteux que cette femme parvienne à l'atteindre ailleurs qu'où actuellement elle la cherche, ce qui me cause un sentiment mêlé de soulagement et de dépit (sentiment analysé très vite dans le rêve). *(VC,* p. 32)

Die Verschriftung von X und die Bejahung der Verschriftung ist genau das Thema des Traums, dessen Niederschrift die Abfassung eines neuen Buches initiiert.

Diese Verschriftung von X wird besiegelt in der Szene, in der Breton mit seinen Eltern um den Tisch mit der weißen Tischdecke versammelt ist. Zu Beginn der Szene ist er mit einem Revolver bewaffnet, weil er das Eindringen von Nadja fürchtet; am Ende ist er X und Nadja gegenüber gleichgültig.

Ist das weiße Tischtuch im Traum der Ort der Rede des Vaters, so verweist diese Rede, der Deutung zufolge, auf Schrift. Zunächst die tautologische Schrift eines Antwortschreibens des Vaters auf einen Brief Bretons, in dem er sich über X beklagte. Der Vater hatte in seinem Antwortbrief alle Ausdrücke Bretons wiederholt - eine Variation des Themas der gestörten Sender-Empfänger-Beziehung. Unterhalb dieser gedoppelten Schrift, die - mit komischem Effekt - die unglückliche Beziehung zu X nochmals thematisiert, zeichnet sich bereits eine andere, der affektiven Beziehung zu X jenseitige Schrift ab: Die Deutung entdeckt das weiße Tischtuch als Einschreibefläche des Textes der VC.

> *Une assez grande table rectangulaire recouverte d'une nappe blanche*: J'ai pris l'habitude à Castellane (der Ort des Traums, G. H.), de lire et d'écrire à une petite table rectangulaire située sous les arcades extérieures de l'hôtel. Le lundi 24 août (der Traum findet statt in der Nacht vom 25. zum 26. Aug., G. H.), par exception, je me tenais à une table ronde, voisine de celle-ci, quand je remarquai qu'à la table rectangulaire une jeune femme que je n'avais pas encore vue paraissait occupée à écrire des vers. Je songeai qu'elle pouvait revenir les jours suivants et que je devrais lui abandonner cette table, dont elle s'accommoderait peut-être mieux que des autres, comme moi. Cette jeune femme me parut curieuse et jolie, j'eusse très volontiers engagé la conversation avec elle. (...)
> Toujours est-il qu'au dîner, à une table ronde, la nappe de papier rectangulaire étant restée relevée sur ma droite du fait qu'elle touchait au mur par un de ses bords, je posai par mégarde sur la partie non recouvrante du papier la carafe d'eau qui se brisa à grand fracas, éclaboussant à mes pieds les cahiers sur lesquels j'avais pris quelques notes générales sur les rêves. Cet acte manqué était déjà par lui-même révélateur du désir de m'asseoir dehors à la table rectangulaire, en compagnie de la jeune femme. La table est rectangulaire dans le rêve pour cette même raison et aussi assez grande pour que ce qu'on pose sur elle ne se brise pas. (Sexuellement on sait que la table mise symbolise la femme; il est à remarquer que dans le rêve on se prépare seulement à servir.) *(VC,* p. 40)

Breton präzisiert das Schreiben als Notieren allgemeiner Bemerkungen über den Traum; über seine Lektüre sagt er an späterer Stelle (*VC*, p. 53), daß er gerade Bücher deutscher Autoren, u.a Kant, Hegel, Feuerbach, Marx gelesen habe. Vermutlich verfaßt er den theoretischen Teil des ersten Teils der *VC*.

Der Ort des Schreibens ist ein *leerer*: eine weiße papierne Tischdecke, auf der unbeschriebene Notizblätter und Bücher: unbenütztes Zitationsmaterial liegen. Die Leerstelle füllt sich in dem Maße mit Schrift, als die Schrift über sich selbst redet.

Sie beruht auf einem Betrug: dem Betrug am Begehren.

Die Deutung thematisiert sie in Konstellation zur Erscheinung einer jungen, hübschen Frau. Von ihrem ursprünglichen Ort (dem rechteckigen Tisch, an dem sich die Frau niederließ) ist die Schrift verschoben (auf den runden Nachbartisch hin). Die Orte sind nicht austauschbar: Die Deckungsungleichheit symbolisiert die Differenz der Schrift.

Nun interpretiert Breton schließlich die Szene auf das psychoanalytische Theorem der Wunscherfüllung hin. Der runde Tisch, an dem die Schrift über Schrift entsteht, ist auch der Ort einer Fehlleistung, die den Wunsch ausdrückt, die Verschiebung rückgängig zu machen, nämlich sexuellen Kontakt zu der jungen Frau aufzunehmen. Die Freud-Zitation der Tischsymbolik überdeterminiert diesen Wunsch nur. Der (manifeste) Traum gewährt dem Wunsch (halluzinatorische) Erfüllung, indem er Breton an den rechteckigen Tisch versetzt. Die Wunscherfüllung wird aber quasi "durchkreuzt" dadurch, daß der Tisch zugleich Ort der tautologischen Rede des Vaters ist. Der Wunsch, Kontakt zu der Frau aufzunehmen, steht in Opposition zum Schreibwunsch, der die Überschreitung der väterlichen Rede über die Beziehung zu X meint. Die Verschiebung, die Breton in der Deutung aufdeckt, ist sozusagen in beiden Richtungen lesbar, nicht nur in Richtung auf das begehrte Objekt, sondern auch als

Distanzierung von ihm, die die Schrift ermöglicht. Darin liegt das Betrügerische, Artifizielle der Schrift. Einerseits handelt sie vom Begehren, zu dessen Begriff die Tendenz zur (imaginären/realen) Erfüllung gehört, andererseits verdankt sich die Schrift dem permanenten Aufschub des Begehrens, seiner Nicht-Realisation. Die Realisation hätte zur Folge die Aufhebung des Traumanlasses und so der Produktion des Buches *Les VC*. Breton inszeniert die Schrift als die Bewegung, die das Begehren aufschiebt. Sie ist das Ritual der Distanzierung vom begehrten Objekt, das künstliche Arrangement einer mentalen Verführung.

Das Objekt ist der Schrift nicht inkommensurabel, es unterhält Beziehungen zur Schrift: Die junge, hübsche Frau schreibt nämlich Verse; zweitens ist sie Deutsche - später heißt es auch, daß sie Bücher auf deutsch liest (*VC*, p.50) -, d. h. die Sprache der Autoren, deren Werke Breton in französischer Übersetzung gerade liest und die er so sehr bewundert (*VC*, p. 53), ist ihre Muttersprache. Gerade diese Verbindungen zwischen dem Ort, auf den sich das Begehren richtet, und der Produktionsstätte der *VC* verleihen aber der Objekthaftigkeit und Fremdheit der Frau Relief. Weil sie deutschsprachig ist, rückt sie in Distanz zu Breton, der des Deutschen unkundig ist:

> Au moment où j'avais songé la veille à lier conversation avec elle (= der jungen Deutschen, G. H.), je m'étais représenté vivement la difficulté que j'eusse éprouvée à l'entretenir dans sa langue, difficulté d'autant plus surprenante pour elle qu'elle pouvait avoir déchiffré en passant près de moi les noms des auteurs allemands des ouvrages que je lisais. (*VC*, p. 53)

Durch die verschiedene Muttersprache Breton entfremdet, gehört die junge Deutsche der Ordnung des Imaginären an. Dorthin verweist sie Breton selbst: Er schickt sie nämlich ins Reich der Phantome. Am Tag nach ihrer ersten Begegnung beobachtet er in der Abenddämmerung von der Terrasse des Hotels aus, wie sie hinter einer Wegbiegung über eine kleine Brücke schreitet, bis sie seinem Blick entschwindet. Diese Szene verdichtet sich mit dem Satz aus dem Film "Nosferatu": "Quand il fut de l'autre côté du pont, les fantômes vinrent à sa rencontre." (*VC*, p. 50) Auf den Film und die Brückenszene verweist im Traum die "cravate Nosferatu", ein erträumtes "objet trouvé", das ein Verkäufer in einem Krawattengeschäft Breton anpreist. Es ist eine granatfarbene Krawatte, auf der mehrfach das Gesicht Nosferatus im Profil zu sehen ist. Das Gesicht bildet zugleich eine leere Frankreichkarte, deren Ostgrenze, in blau und grün gezeichnet - wie Flüsse -, die Vampirmaske darstellt. Im Vexierbild ist die reale Brückenszene emblematisch verschlüsselt: Im Traum "profiliert" Breton Deutschland durch Flüsse gegen Frankreich; das Reich der Phantome, in das die junge Deutsche über die Brücke gelangt, wird mit Deutschland selbst identifiziert. Die Grenzüberschreitung nach Deutschland verweist mehrfach auf die Schriftproduktion: Nicht nur wird das begehrte Objekt phantomatisiert und ermöglicht so - als distanziertes, phantomatisiertes Objekt des Begehrens - die Schrift, nicht nur sind die Autoren, deren Zitation die theoretische Auseinandersetzung mit dem Traum in den *VC* auslöst, deutschsprachig, sondern in Deutschland (Berlin) will Breton auch einen Vortrag über sein neues Buch: *les VC* halten.

Schrift thematisiert sich selbst nicht als Kompensation eines Mangels, sie geht nicht aus der realen Versagung eines Begehrens hervor. Die kompensatorische Explikation der (ästhetischen) Schrift leistet Freuds Sublimationstheorie, die Breton im zweiten Manifest - Freud aus den fünf Vorlesungen von 1909 in ironischer Absicht zitierend - kritisiert und verwirft. (Vgl. *M*, p. 117/18) Die Selbstbeobachtung des Surrealisten, die Breton in demselben Zusammenhang einfordert, d. h. die surrealistische Schrift, die über sich selbst schreibt, kommt zu einer der Freudschen entgegengesetzten Theorie.

Schrift erschleicht sich ihren Gegenstand, macht sich ihn verfügbar, indem sie ihn phantomatisiert, d. h. in die Distanz des Unverfügbaren, in die pure Objektalität bringt. Sie läßt sich verführen. Vom Begehren des Subjekts überlebt nur der Wille zur Schrift. Sofern es sich auf reale Objekte richtet, bleibt das Begehren permanent aufgeschoben.

Dieser Zusammenhang von Schrift und Begehren wird quasi beglaubigt durch die Mottos der drei Teile von *Les VC*, zumindest die des ersten und dritten Teils.

Das Motto des dritten Teils, eine Selbstzitation Bretons, nämlich ein Zitat aus *Nadja* - und ein Zitat Nadjas - stellen einen unmittelbaren Zusammenhang zur Theorie des kryptogrammatischen Schreibens in diesem früheren Text her. Den Stern, den sie gesehen habe - so stellt sich Nadja selbst dar, denn sie ist dieser Stern für Breton - sei wie das Herz einer Blume ohne Herz - "le coeur d'une fleur sans coeur". Mit dieser paradoxen Metapher macht sich Nadja, dem Verschriftungswunsch Bretons folgend, zum dezentrierten, originallosen phantomatischen Objekt der "mentalen Verführung", d. h. zum Schrift-Objekt: herzlos-tot. Von der Phantomatisierung eines begehrten Objekts handelt auch das Motto des ersten Teils, Jensens *Gradiva* entnommen, einem Text, auf den zweifellos Freuds Interpretation Breton brachte. Zwar kreist dieser Text um einen krankhaften Zustand, eine Verirrung: den Mangel des realen Liebesobjekts und handelt von dessen Wiederauffindung. Das römische Marmorrelief der schreitenden Gradiva, das der Held Hanold fetischisiert, ist ja nur der Ersatz der realen Zoé Bertgang.[47] Aus dem Roman, der den psychoanalytischen Schemata so leicht fügbar ist, zitiert Breton aber die Schlußszene, in offenkundiger An-

---

47 Vgl. Freud, *Délire et rêves de la "Gradiva" de Jensen*, traduit de L'allemand par Marie Bonaparte et précédé du texte de Jensen traduit par E. Zak et G. Sadoul. (Mit dem Gradiva-Übersetzer Sadoul verbringt Breton die Ferien in Castellane.)

spielung auf das Zitat aus dem Nosferatu-Film. "(...) Et retroussant légèrement sa robe de la main gauche, Gradiva Rediviva Zoé Bertgang, enveloppée des regards rêveurs de Hanold, de sa démarche souple et tranquille, en plein soleil sur les dalles, passa de l'autre côté de la rue." (*VC*, p. 7) Hanold bringt das wiedergefundene reale Liebesobjekt wieder zur Deckung mit dem toten Kunstgegenstand. In der Pose der Stein-Gradiva wird es mortifiziert/phantomatisiert.

Von einem Mangel: dem Verlust des Liebesobjekts handelt aber offensichtlich das Motto des zweiten Teils, ein Zitat Nervals: "Une dame que j'avais aimée longtemps et que j'appellerai du nom d'Aurélia, était perdue pour moi." (*VC*, p. 77) Gerade im zweiten Teil aber erzeugt Breton eine Phantom-Reihe, die sich der Aufhebung in einem originalen, lebendigen Wesen (mit Hegel: der Negation der Negation der konkreten Existenz der Frau, mit Freud: dem Modell der Wiederfindung des verlorenen Liebesobjekts) sperrt. Die Phantom-Reihe zerbricht an der Ordnung des Realen und wird nicht darin aufgehoben. Breton ist stets enttäuscht und verliert das Interesse, sowie er bei klaren Sinnen die Frauen kennenlernt, die er wachträumend- und deutend fetischisiert, zerstückelt, mortifiziert: Beine und Augen schneidet der begehrliche Blick aus den Frauengestalten und setzt sie zu toten, abstrakten Idolen zusammen.

Daß die Fetischisierung/Phantomatisierung der begehrten Objekte im zweiten Teil gleichbedeutend mit Verschriftung/Produktion von Schrift ist, darauf verweist dessen Eingangsszene, ein Doppel des funktionalen Phänomens im Traum des ersten Teils. Schauplatz der Schrift ist nicht eine "nappe blanche", sondern die "place blanche" - Breton verweist selbst auf die Ähnlichkeit der Signifikanten (*VC*, p. 128). Im Surrealistencafé "Le Cyrano" an jenem Pariser Platz erscheint Breton eine Doppelgängerin der Deutschen des ersten Teils, ebenfalls eine Deutsche, in objektale Distanz gerückt aber weniger durch ihre Fremdsprachigkeit denn durch die Begleitung eines Mannes, der eifersüchtig über sie wacht (während die Frau im ersten Teil doch nur mutmaßlich mit einem Bauingenieur verheiratet war). Die fetischistische Beschreibung der Beine und Augen der Frau zitiert alle möglichen Phantom- oder Objekt-Frauen: die Stein-Gradiva, deren Schritt (ebenso wie die Sitzhaltung der Frau im Café) die Beine entblößt, die lesbische Freundin Solanges aus "Les Détraquées", die ihre wunderbaren Schenkel entblößt, ein wenig bis über die dunklen Strumpfhalter (*N*, p. 49), die Wachspuppe im Musée Grevin, die ihre Strumpfhalter befestigt, die einzige Statue, die Augen hat: "Ceux même de la provocation" (*N*, p. 179). "Ceux qu'on ne revoit jamais" - heißt es in den *VC* über die Augen der Café-Frau (*VC*, p. 80). Sie ist ganz verführerisches, sphinxhaftes, Augen aufschlagendes Objekt, verführerisches und nicht verführtes Objekt des Begehrens. Verführt wird sie allein, sofern sie Schrift wird. Und als Ort der Schrift weist Breton auch die "place blanche" aus. Verschoben vom begehrten Objekt, in Distanz zu ihm, sitzt er an einem Tisch mit Eluard und deutet den Traum am Ende des ersten Teils der *VC*. Der zweite Teil, die Weiterschrift der *VC* setzt ein in dem Augenblick, da der erste Teil noch zu Ende geschrieben wird. Der Text redet über sich selbst als permanente Produktion.

Breton versucht, so erzählt der Text im Folgenden, Kontakt zu der Frau im Café aufzunehmen. Er schreibt einen Brief: einen Heiratsantrag. Nie ergibt sich aber eine Gelegenheit, den Brief zu übermitteln. Die Sendung, die den Wunsch des Subjekts zum Ausdruck bringt, nicht länger verführt zu werden, sondern das Objekt zu verführen, sich fügbar zu machen, kommt nicht an. Und dieser unendliche Aufschub ist die Bedingung der Produktion von *Les Vases communicants*.

V. Das Verlöschen der Krytogramme

> (...) denn heut zu Tage ist alles voller Polarität.
> Hegel, *Naturphilosophie*
>
> *Humour objectif, hasard objectif:* tels sont, à proprement parler, les deux pôles entre lesquels le surréalisme croit pouvoir faire jaillir ses plus longues étincelles. (*CC*, p. 20)

Im Dez. 1939 schreibt Breton an Jean Paulhan, er habe *Nadja, Les vases communicants* und *L'amour fou* als ein einziges Buch wiederveröffentlichen wollen; da *AF* aber noch nicht vergriffen sei, sei der Verleger auf das Projekt nicht eingegangen; bei der Wiederveröffentlichung von *VC* wolle er nun Photographien einfügen. "Ainsi pourrait être obtenue en partie l'unification que je souhaite rendre manifeste entre les trois livres." (*OeC*, p. 1560)[1]

Das Begehren nach Zusammenfassung ist doppeldeutig: Einerseits bezeugt es die Einheitlichkeit des kryptogrammatischen Schriftraums und die Arbitrarität der Buchgrenzen, andererseits indiziert der Begriff "unification" die Geschlossenheit eines Werks, so als ob mit *AF* eine Bewegung zu ihrem Ende gelangt wäre.

Daß das tatsächlich der Fall ist und diese Bewegung das Verlöschen der Kryptogramme ist, will ich abschließend darstellen.

1. Die Schrifttheorie im Sog des Liebespols

L'amour fou[2] setzt unmittelbar mit einer bekannten Szene der Schrift ein: Breton imaginiert ein "théâtre mental" (*AF*, p. 7). Die Szene weist sich deutlicher als in den früheren Texten als ein theoretischer/schrifttheoretischer Raum aus: Die Akteure sind "des êtres théoriques" (ebd.); das Stück ist eine "ideale Kon-

---

1 Die Neuausgabe der *VC*, in die acht Photographien eingefügt werden, erscheint erst 1955.
2 Das Buch erscheint 1937. Die Teile I - V wurden unter folgenden Titeln vorveröffentlicht:
Teil I: "La beauté sera convulsinve" in: *Minotaure* No 5, 12. Mai 1934, pp. 9 - 16;
Teil II: "Enquête" in: *Minotaure* No 3 - 4, 15. Dez. 1933, pp. 101 - 116 (einschließlich Antworten auf die "enquête", die in *AF* fehlen; in *AF* ein Abschnitt hinzugefügt [*AF*, pp. 32/37]);
Teil III: "Equation de l'objet trouvé" in: *Intervention surréaliste*, Bruxelles 1934 (vom Text in *AF* abweichender Einleitungsabschnitt, einige geringfügige Textänderungen in *AF*; in *AF* 2. Postskriptum angefügt);
Teil IV: "La nuit de Tournesol" in: *Minotaure* No 7, 10. Juni 1935, pp. 48 - 55;
Teil V : "Le château étoilé" in: *Minotaure* No 8, 15. Juni 1936, pp. 25 - 39 (mit Zeichnungen von Max Ernst).

struktion" (*AF*, p. 8). Eröffnet wird es durch eine ganz statische Szene, eher ein Bild: Sieben oder neun anonyme Darsteller - das Personal einer Ausstattungsrevue: "boys du sévère" - sitzen aufgereiht auf einer Bank vorn auf der Bühne; sie sind schwarzgekleidet; die Köpfe richten sie starr nach vorne. Breton interpretiert sie als Schlüsselträger - "porteurs de clés: ils portent les *clés des situations*, j'entends par là qu'ils détiennent le secret des attitudes les plus significatives que j'aurai à prendre en présence de tels rares événements qui m'auront poursuivi de leur marque." (*AF*, p. 7) Sie haben Enthüllungsfunktion: "(...) leur rôle étant de dévoiler cyniquement les mobiles de l'action" (ebd.). Aber der Prolog ist ganz unverständlich, zusammenhanglos. Über das Stück selbst erfährt man nichts; Breton schreibt, es lohne nicht, sich das auszudenken. (*AF*, p. 8) Ein elliptischer Einschub (*AF*, p. 9) suggeriert ein mittelmäßiges Revuestück. Was Breton wirklich interessiert, ist die phantasmatische Schlußszene. Sie verhält sich "antipodisch" (*AF*, p. 8) und "streng symmetrisch" (*AF*, p. 9) zur Eingangsszene, und sie verliert sich hinter der Bühne oder spielt in einer ungewohnten Tiefe der Bühne, an einem "point d'ombre" (ebd.) - Eine ganz dämmrige, kaum erleuchtete, schwer imaginierbare Szene. "Comme il fait noir!" (ebd.) Hell gekleidete Frauen, in der gleichen Zahl wie die Männer der Eingangsszene, sitzen diesen nun gegenüber, ein Mann tritt herein: "(...) il les reconnaît: l'une après l'autre, toutes à la fois? Ce sont les femmes qu'il a aimées, qui l'ont aimé, celles-ci des années, celles-là un jour." (Ebd.)

Der "point d'ombre" ist der eigentliche Ort und Gegenstand des "idealen Stücks". Er bezeichnet einen flüchtigen, sich entziehenden Punkt, an dem das "incommunicable" ins "communicable", die zeitliche Differenz in räumliche Strukturen umschlägt (symmetrische Reihen, Figur des Kontrastes: schwarze/helle Kleidung, männlich/weiblich, Vordergrund/Hintergrund).

Die Männer, die auf der Bank in Reihe sitzen, sind, erläutert Breton, "(les) hommes que j'aurai été, par exemple en aimant" (ebd.). Das Futur II macht die konstitutive Nachträglichkeit oder Verfehlung des lebendigen Augenblicks (Ich = Liebender) deutlich. Die ideale Gleichzeitigkeit des differierenden Ichs ist nur ein Trug, aber das Bewußtsein der differierenden Bewegung bleibt doch gewahrt, weil nämlich die Vielheit der Ichs nicht in der Ich-Einheit einstellt, weil die schwarzgekleideten Männer Schlüssel-*Träger* sind, eine Signifikantenreihe bilden, die sich der Arretierung im Einheits-"signifié", dem "message unique" sperrt. Denn die Rede der Männer ist handlungsirrelevant, sie gibt keine Auskunft über die Beweggründe der Handlung des Stücks. Erst nachträglich ist das Stück kommunizierbar geworden, und die Bedeutung, die es preisgegeben hat, ist eine recht platte, wie die eines mittelmäßigen Revuestücks.

Aber kurz bevor der Vorhang schließt, verwandelt sich die Revue noch in ein magisches Theater. Die mystische Zahl der Männer verwies schon auf Magie.

Der magische Effekt ist jener Mann, der am "point d'ombre", an einem Entzugspunkt, zur Erscheinung gebracht wird - wie unter einer großen Kraftanstrengung: "Il *est* à peine (...)" (ebd.). Dieser Mann genießt das Privileg, die verschiedenen Frauen, die er zu verschiedenen Zeitpunkten geliebt hat, in idealer Gleichzeitigkeit vor sich zu haben. Er gleitet zwischen den Reihen der Männer und Frauen hindurch - wie ein Bach, der mit seiner spielerischen Bewegung eins ist. Breton weiß allerdings um die Metaphysik dieser Vorstellung:

> Glisser comme l'eau dans l'étincellement pur, pour cela il faudrait avoir perdu la notion du temps. Mais quel abri contre lui: qui nous apprendra à décanter la joie du souvenir? (*AF*, p. 10)

Der Mann, der am Schattenpunkt erscheint, verdankt sich der Unterdrückung der Ich-Vielheit oder der differierenden Bewegung der Schrift. Er hat den Zeitbegriff verloren, er befindet sich - wie M. Delouit - außerhalb des Erinnerungsraumes. Er hat diesen Raum - so könnte man Breton wörtlich übersetzen - "abgegossen".

Der "point d'ombre" ist ein Indifferenzpunkt zwischen zwei Polen, ein Punkt, wo der Mann *noch* nicht außer der Zeit und nicht *mehr* bloßes Auseinander der zeitlich differierenden Ichs ist. Man erkennt in diesem Punkt unschwer den "bestimmten Geistesgrad" des zweiten Manifests wieder, oder auch den distanzierten Ort oder den Ort der Selbstbeobachtung, der in *Nadja* und den *VC* eine Schreibposition und eine Schrifttheoretiker-Position markiert. Auch in *AF* insistiert Breton auf dem Begriff der "indifférence". (Vgl. z. B. *AF*, p. 129) Im Gegensatz zur Schreibmetaphysik im letzten Teil von *Nadja* wird in *AF* der "coefficient émotif" als Störfaktor der Analyse/der Aufschreibung bestimmter Begebenheiten gekennzeichnet. (*AF*, p. 37)

Ich will die Pole, zwischen denen die Indifferenzzonen oder -punkte lokalisierbar sind, *Indifferenzpole* nennen und verwende diesen Begriff im Sinne eines operativen Begriffs, der dazu geeignet ist, das Positionengefüge und die Polaritäten von *AF* erkennbar und beschreibbar zu machen. Er ist vom Indifferenzbegriff bei Breton zu unterscheiden: Breton meint mit diesem Begriff einen *distanzierten Punkt*, von dem aus Differenzen oder polare Kräfte verzeichnet werden. Ich verstehe unter Indifferenz*pol* ein Kraftzentrum, das so stark wird, daß es die Indifferenzpositionen und die Verzeichnung der Differenzen von diesen Positionen aus vernichtet, quasi aufsaugt und die Differenzen zur Indifferenz bringt.

In der Schreibmetaphysik im Schlußteil von *Nadja* war der Indifferenzpol Liebe wirksam, und die Theorie des kryptogrammatischen Schreibens ging aus der Distanzierung von dem Indifferenzpol Tod/Wahnsinn hervor, den die internierte Nadja verkörperte. Diese Distanzierung wies die Schreibposition in *Nadja* als Überlebensposition aus.

In *AF* ist die (indifferente) Schreibposition nicht mehr Überlebensposition. Sie rückt in die Nähe des Indifferenzpols Liebe und wird von ihm schließlich aufgesogen. Die Sogwirkung des Liebespols bewirkt, daß die Spuren des Kryptogramms schwächer werden. Die Interpretations-, Schrifträume erscheinen sozusagen nur vorübergehend oder sind äußerst zerbrechlich, oder sie stürzen (wie stellenweise in *Nadja*) ein, werden aufgeschluckt.

Daß seine Schreibposition eine Liebes- und nicht mehr Überlebensposition ist, macht Breton im zweiten Postskriptum des Teil III deutlich. Der Teil III handelt von zwei Fundstücken, die Breton und Giacometti im Frühjahr 1934 auf dem Flohmarkt entdecken und ein Interpretationsdelirium bei Breton auslösen.[3] Der Bericht über die beiden Flohmarktfunde wurde schon 1934 veröffentlicht (s. Fußn. 2), das zweite Postskriptum stammt aus dem Jahre 1936. Nachträglich also schreibt Breton die Deutung fort - nachträglich, d. h. 1) als er den Bericht überarbeitet, um ihn dem Buch *AF* einzufügen - die Liebesposition ist mit der Funktion Buchverfasser verknüpft -; 2) nach der Begegnung mit seiner späteren Frau Jacqueline Lamba am 29. Mai 1934. Der Bericht über diese Begegnung bildet den zentralen Teil V von *AF*, das zweite Postskriptum dient tatsächlich der Einleitung dieses Teils. Breton teleologisiert die beiden Funde in Hinsicht auf die einzigartige Liebe, indem er sie - wild-psychoanalytisch - als Verkörperung des Todestriebs und des Eros deutet.[4] Die Begegnung mit Jacqueline transgrediert die "konservativen" Triebarten, die bloße Überlebensfunktion sind:

(...) il s'agissait de pouvoir recommencer à aimer non plus seulement de continuer à vivre! (*AF*, p. 57)

Eins mit dem Liebespol ist Breton in der *Position des Liebestheoretikers*, die er zuerst im Anschluß an den Entwurf des idealen Theaterstücks bezieht, in die er im Verlauf des Buches immer wieder einrückt und die er so befestigt.

Nachdem die Theaterszenerie verschwunden ist, thematisiert Breton - mit Bezug auf die Romantiker - die einzigartige Liebe zunächst als unter den herrschenden, sozialen Bedingungen negierte oder verhinderte Konzeption. (*AF*, p.

---

3 Breton selbst erwirbt einen Holzlöffel von besonderer Form (s. dazu weiter u.), Giacometti eine Maske, die nur den oberen Gesichtsteil bedeckt, mit lamellenartigen, waagerechten Sichtschlitzen (s. Abb. *AF*, p. 47).

4 Der sexuelle Gehalt, den der Löffel in der Interpretation erhält, erlaubt es, ihn mit dem Lebenstrieb in Verbindung zu setzen. Die Verbindung Maske - Todestrieb stellt sich erst nach der Veröffentlichung des Artikels in *Intervention surréaliste* her. Sie ist der Kriegsverletzung eines Freundes Bretons und der unglücklichen Beziehung zu X konnotiert. In dem Artikel selbst war nur die Rede von der Beziehung der Maske auf die Subjektivität Giacomettis.

10 f., vgl. auch *AF*, p. 63 f.) Der Mensch ist verflucht unter diesen Bedingungen (*AF*, p. 10), er kann das geliebte Wesen nicht frei wählen (*AF*, p. 135). Das Thema ist aus den *VC* bekannt: Als jenen Widerspruch hatte Breton seine Beziehung und seinen Bruch mit X reflektiert (vgl. z. B. *VC*, p. 136). Der "amour unique" ist einerseits gesellschaftlich verstellt, andererseits wird er - so der Skeptiker Breton - ideologisch von der aktuellen Gesellschaft mißbraucht (bürgerliche Einehe), und er ist mystischen Ursprungs. (*AF*, p. 10/11) Bleibt das, was Breton im zweiten Teil der *VC* "le détour par l'essence" genannt hatte (*VC*, p. 87), im Namen der materialistischen Moral verurteilt und dann für diese Moral akzeptabel gemacht hatte, indem er den "détour" (= Wachtraum) zum Schein dialektisiert hatte. (Der Wachtraum vollzieht die Rückkehr zur konkreten Existenz des einzigartigen Wesens.) Auf diese materialistische Verwerfung scheint Breton in *AF* zu verzichten. Er greift auf einen populären Begriff zurück, den des "Typs" von Mann oder Frau, der die Liebeswahl von Frau oder Mann bestimmt und der sich mehr oder weniger vollkommen in einzelnen konkreten Wesen realisiert. (*AF*, p. 12) Die Konzeption des "Typs" revoziert Breton jedoch schon wieder im Augenblick, da er sie entwickelt. Diese Konzeption gesteht eine Ähnlichkeit der Serie von Frauen zu, bewahrt aber ihre Unähnlichkeit oder ihr Differieren. Der Mann, der die zeitlich differierende Ich-Vielheit zusammenfaßt, steht tatsächlich aber nicht einer Reihe *gleichartiger* Frauen gegenüber, sondern er *erkennt* das *letzte* geliebte Gesicht in ihnen *wieder*. (*AF*, p. 11) Alle Frauen spiegeln sich in der letzten, sind ihr - zunehmend vollkommen - ähnlich und verschmelzen schließlich mit ihrem idealen Bild. Nicht Wiederholung der Differenz sondern Desselben ist diese Reihe. Die Konzeption der "amour fou" setzt sich - zunächst heimlich - gegen die des "Typs" durch, und im weiteren Text bleibt sie - explizit - als einzige Konzeption übrig.

Vorbehaltlos, skeptisch ungebrochen, preist Breton den "amour fou" in den Teilen IV und V - nach der Begegnung mit Jacqueline. Der "amour fou" ist die Vorwegnahme des postrevolutionären Zustands. Auch nach der revolutionären Abschaffung der herrschenden sozialen Bedingungen, so verkündet Breton mit Berufung auf Engels, wird die Monogamie fortbestehen (*AF*, p. 111), obwohl sie, wie er im ersten Teil skeptisch anmerkt, von der bürgerlichen Gesellschaft kompromittiert und mystischen Ursprungs ist.

Alquié hat darauf hingewiesen, daß Breton auf den platonischen Mythos von der verlorenen und wiederzufindenden anderen Hälfte zurückgreift und in späteren Schriften diese mythologische Vorlage noch expliziter macht, etwa die "reconstitution de l'Androgyne primordial" fordert.[5]

---

5 Alquié, *Philosophie du surréalisme*, a. a. O., p. 100; das Breton-Zitat stammt aus *Medium* No 4, Jan. 1955.
Die Konzeption der verlorenen Hälfte vertritt im "Symposion" von Platon der Aristophanes. Sokrates dagegen vertritt die Konzeption der Essenz der Frau, einer reinen Weiblichkeit, die sich

Der "amour fou" hat freilich nichts mit der platonischen Liebe im umgangssprachlichen Sinne zu tun (asexuelle sublimierte Liebe). Er ist in der Sexualität begründet, aber diese "materielle Basis" wird bei Breton doch wieder idealisiert: Sie ist unzerstörbar, durch den wiederholten Geschlechtsakt mit dem geliebten Wesen löst er sich nicht entropisch auf, wie er des langen und breiten ausführt. (*AF*, p. 132 ff.) Den Nachweis, daß der "amour fou" in seinem (auch nicht-sexuellen) Kern *unkorrumpierbar* sei, dient der Teil VI. Störungen der Beziehung, so Breton, seien auf äußerliche Einflüsse zurückzuführen, im Falle des Erlebnisses, das er berichtet: auf negative Ausstrahlungen eines unheimlichen Ortes, an dem Greueltaten geschahen.

Die Worte "éternel" und "toujours" (insbes. *AF*, p. 166/171) kehren schließlich penetrant im Brief an Aube wieder, die Tochter Jacquelines und Bretons, Ende 1935 geboren, das "poetische" Ergebnis der "amour unique" (*AF*, p. 168). Aube soll diesen Brief lesen, wenn sie 16 Jahre alt sein wird. Das Buch wird adressiert, versiegelt wie ein Vermächtnis und über einen langen Zeitraum verschickt. Die letzte Szene ist nicht - wie in *Nadja* - eine Empfangs-, sondern eine Sendestation: Gesendet wird eine ideale, letzte, unzerstörbare, ewige Botschaft. Die Sendung ist längst schon angekommen, bevor sie geschickt wurde.

Der Widerspruch zwischen dem Begriff der "amour fou" und dem des kryptogrammatischen Schriftraums ist offensichtlich: Während jener im Tauschprinzip fundiert ist (- Breton hebt die "réciprocité" der "amour fou" hervor, vgl. *AF*, p. 120), räumt dieser dem Objekt, den Signifikanten Vorrang ein, eröffnet einen Verführungsraum. Während jener zur Wahrheit führt, nimmt sich dieser in die Verhüllung und Rätselhaftigkeit zurück. Während jener eine stabile, ideale, einzigartige Botschaft meint, entfaltet das Kryptogramm ein zerbrechliches Netz gestörter Nachrichten.

Daß das Buch vom Begriff der "amour fou" reguliert wird, weist sich allein an den stilistischen Veränderungen der Sprache Bretons aus, die von der Kritik nicht unbemerkt blieben. Gracq/Lenk konstatieren den "hohen Stil", eine rhetorisch ausgefeilte, geformte, verfügte Sprache, insbes. im Teil V. Und ich gebe Lenk in ihrem Urteil Recht, daß der Brief an Aube (Teil VI) dem Kitsch nahe kommt.[6]

---

in den konkreten Wesen unvollkommen realisiert. Alquié hat insbes. am späten Breton herausgearbeitet, daß dieser, obwohl er explizit den "amour fou" favorisiert, implizit zwischen der Position des Aristophanes und der des Sokrates hin- und herschwankt. (Vgl. Alquié, a. a. O., p. 100 ff.)

6 Vgl. Lenk, a. a. O., p. 189 ff.

2. Zur ästhetischen Konstruktion von "Amour fou"; Kryptogramm und objektiver Zufall; Natur-Schrifträume

Die Schrifttheorie überlebt in *AF* als ästhetische Theorie. Der Liebestheoretiker-Position opponiert die Position des Ästhetikers, in die Breton gleich im Anschluß an die erste Ausarbeitung der Liebestheorie im ersten Teil einrückt. Aus dieser Position spannt er ein polares Feld mit drei Indifferenzpunkten auf, die er im Schlußsatz des ersten Teils - in Analogie zum Schlußsatz von *Nadja* - auf folgende Formel bringt:

> La beauté convulsive sera érotique-voilée, explosante-fixe, magique-circonstancielle ou ne sera pas. (*AF*, p. 26)

Während die ästhetische Reflexion in *Nadja* oder den *VC* eher verstreut, die Position des Ästhetikers eine vorübergehende blieb, so baut Breton in *AF* den Pol ästhetische Theorie erheblich aus: Er wird zum strengen Systematiker, bringt die surrealistische oder konvulsivische Schönheit auf "notwendige und hinreichende Bedingungen". (*AF*, p. 18) Am ehesten ist diese Position derjenigen im ersten Teil in *Nadja* vergleichbar (*N*, p. 19 ff.), wo Breton vom Überlebenspol her eine Skala surrealistischer Tatsachen in Analogie zu automatischen Sätzen erfand. In beiden Texten geht es um die Systematisierung des Korpus surrealistischer Tatsachen. Im Unterschied zu *Nadja* gelingt es Breton diesmal aber, die surrealistische Qualität der Tatsachen, die in *Nadja* unbestimmt als eine bestimmte Beunruhigungswirkung beschrieben wurde, zu präzisieren. Die systematischere, präzisere Rede hängt damit zusammen, daß Breton nicht mehr vom Überlebenspol aus schreibt. Die Tatsachen haben ihr Unheimliches, ihr Bedrohliches für das Ich verloren. Das Bild vom Mann, der sich nachts in ein Museum einschließen läßt und mit einer Blendlaterne ein Frauenportrait beleuchtet, der das Leben wie ein Kryptogramm liest, der - entziffernd, schreibend, überlebend - Geschichts-/Erinnerungsräume in seinem Rücken herstellt, - dieses Bild paßt auf die Schrift in *AF* nicht mehr. Es ist so, als ob der Mann nun mitten in einem erleuchteten Museum stünde und - relativ beliebig - seine Aufmerksamkeit Fundstücken, Naturgegenständen oder deren Photographien, literarischen Texten, Tatsachentexten (Ereignissen, Begegnungen) zuwendet. Er wahrt einen gleichmäßigen Abstand zu all diesen Gegenständen oder Texten, und in dieser Entfernung verklären sie sich auratisch. An die Stelle der Interpretation, die kryptogrammatische Netze aufspannt, tritt oft die Beschreibung vereinzelter Naturgegenstände. Das Museum ist ein geschichtsloser Raum geworden, die Natur ist in diesen Raum eingebrochen. Breton ist nicht mehr Geschichtsschreiber, er ist in die *Position des Systematikers und Sammlers* gerückt, der frei aus seinem Leben, der Natur oder der Literatur *zitiert*. Von der Position des Systematikers und Sammlers aus löst sich der kryptogrammatische Geschichtsraum auf. Die Position nimmt die des Anthologen vorweg, in die Breton in den später 30ern einrückt (*Trajectoire du rêve*, 1938; *Anthologie de l'humour noir*, 1939). Schon *AF* ist so etwas wie eine Anthologie eigener Texte. "(...) écrivais-je, (...)" fügt Breton z. B. am Anfang von Teil II ein (*AF*, p. 27), und kennzeichnet diesen Teil so als Selbstzitat. Oder es finden sich wiederholt Seitenverweise im Buch auf dieses Buch selbst (*AF*, p. 57, p. 63, p. 97, p. 172).

Die Geste der Zitation konkurriert mit dem teleologisierenden nachträglichen Eingriff in die Texte, der sie zum Buch fügt. Ich wies schon auf das zweite Postskriptum des Teils III hin. Auch der Teil II (Theorie des objektiven Zufalls) wird um einen Zusatz erweitert, in dem auch zum ersten Mal von "diesem Buch" die Rede ist (*AF*, p. 37). In diesem Zusatz bringt Breton - in Analogie zur Tatsachenskala in *Nadja* - das surrealistische Tatsachenmaterial, das sich in gleichmäßigem Abstand um ihn herum lagert, in eine Hierarchie. Er unterscheidet zwischen den "faits à première vue les plus humbles" und den "(faits)les plus significatifs de ma vie". (Ebd.) Indem er den Texten eine Struktur seiner früheren Bücher verleiht (in *Nadja*: präludierende Anekdoten, Begegnungen mit Nadja; in den *VC*: Vor-, Haupttraum), bringt er sie in Buchverfassung.

Unter dem Gesichtspunkt der vereinzelnden Zitation einerseits, des teleologisierenden Eingriffs andererseits (Funktion Buchverfasser, Einrücken der Texte in den Sog des Liebespols) will ich im folgenden den imaginären musealen Schrift-/Naturraum, den Breton als ästhetischer Theoretiker im ersten Teil entwirft, kommentieren.

Unter dem "érotique-voilé" versteht Breton einen unbestimmten, physiologisch (durch ein Frösteln an den Schläfen, *AF*, p. 12 f.) indizierten sexuellen Charakter der Signifikanten, der bewirkt, daß der "désir" sich ihrer bemächtigt, die Aufmerksamkeit allererst auf sie lenkt, sie u.U. zerschneidet und konstelliert, d. h. interpretiert. Im ästhetisch-theoretischen Teil I zitiert Breton nur einige Gedichtbruchstücke und enthält sich des Kommentars. Daß die Texttatsachen der Interpretation bedürftig sind und ihre ästhetische Qualität in der Interpretation allererst sichtbar wird, zeigt der Teil III. Nachdem Breton einen Löffel, an dessen Stielende ein Schuh angebracht ist, (Photographie *AF*, p. 48) auf dem Flohmarkt erworben hat und zuhause auf einem Möbelstück abgestellt hat, bemächtigen sich seiner "toutes les puissances associatives et interprétatives qui étaient demeurées dans l'inaction alors que je la (den Löffel, G. H.) tenais" (*AF*, p. 49). Der Gegenstand zitiert alle möglichen weiteren Texttatsachen herbei: Dispositionen, augenblickliche Beschäftigungen Bretons, das Märchen vom Aschenputtel usf. Der "désir" wird als Textproduktionsmaschine wirksam und produziert ein kryptogrammatisches Netz. Die Ausbreitung dieses Netzes ist die Interpretation und zugleich: die Konstitution des Gegenstandes als erotisch-verschleierter.

Der Aschenputtellöffel erfüllt eine weitere ästhetische Bedingung: die des "magique-circonstanciel". Magisch-umständlich können alle möglichen "Tatsachen" sein: automatische Sätze, wissenschaftliche Entdeckungen, Fundstücke, Begegnungen (vgl. *AF*, p. 21 ff.). Die beiden zuletzt genannten Kategorien faßt Breton unter den Begriff des *objektiven Zufalls*, der die Teile II - IV beherrscht, und Beziehungen zur Theorie des Kryptogramms und der Interpretation unterhält.

Die Theorie des objektiven Zufalls räumt dem Objekt oder Objektiven absoluten Vorrang ein. Sie anerkennt und bejaht das pur Zufällige, Kontingente, das dem Subjekt Inkommensurable. Die Anerkennung des Zufalls ist die in der Subjekttheorie Bretons schon formulierte konstitutive Voraussetzung des kryptogrammatischen Schriftraums *Nadja* ebenso wie der Interpretationsräume in den *VC*. Sich an die Signifikanten ausliefernd, konstellierte Breton in *Nadja* Texttatsachen, und in den *VC* weigerte er sich, die zufällige Ausstreuung der Signifikanten im Traum in einem sinnvollen Text stillzustellen; die Interpretation war vielmehr fortgesetzte Ausstreuung des Zufälligen, Bejahung der Notwendigkeit des Zufalls. Wie in den *VC* nennt Breton in *AF* die Konstellierung der Texttatsachen Interpretation und nimmt die Freudsche Traumgrammatik in Anspruch. Wie in *Nadja* und im Unterschied zu den *VC* geht er von Texttatsachen aus, die nicht vom "désir" zurechtgeschnitten wurden (Nacht-, Tagraum), sondern intakte Zitate des Lebenstextes sind (Fundstücke in Teil III, der Bericht über die Begegnung mit Jacqueline, Teil IV).

Die Theorie des objektiven Zufalls insistiert auf zwei Ordnungen von Texttatsachen: solchen der "objektiven Wirklichkeit" und solchen des "désir". Aber beide schreiben sich auf derselben Ebene ein, sie sind zwei Schreibmomente: 1) Zitation der "objektiven Wirklichkeit", Würfelwurf (Mitternacht[7]), 2) Interpretation: Der "désir" zerschneidet und entfaltet das Zitat, stellt Konstellationen her, macht das pur Zufällige lesbar, bestätigt seine Notwendigkeit, objektiviert es in der Schrift - Würfelfall (Mittag).

Dem objektiven Zufall verleiht Breton die ästhetische Qualität des Magisch-Umständlichen und indiziert diese Qualität durch das Gefühl der Enthüllung: "le sentiment de la chose révélée" (*AF*, p. 18). Er hebt die Bedeutung, die er dem Begriff der Enthüllung gibt, von einer metaphysischen ab. (*AF*, p. 61) Breton umschreibt sie u.a. so:

> C'est comme si tout à coup la nuit profonde de l'existence humaine était percée, comme si la nécessité naturelle, consentant à ne faire qu'une avec la nécessité logique, toutes choses étaient livrées à la transparence totale, reliées par une chaîne de verre dont ne manquât pas un maillon. (*AF*, p. 60)

---

[7] Breton und Jacqueline haben am 29. Mai 1934 Rendez-vous um Mitternacht.

Enthüllung im Bretonschen Sinne ist nicht Transparenz auf eine Wahrheit hin, metaphysische Gewißheit, sondern ein aufgedecktes Scheinhaftes spielt auf der Textebene, der Ebene der Signifikanten: Signifikantenketten von gläserner Materialität fügen sich im objektiven Zufall zusammen, genauer: in der Interpretation dessen, was "in tiefer Nacht" zufällig ausgestreut wurde. Die interpretativ hergestellte, gläserne, also textuelle Transparenz ist die Bejahung der "nécessité naturelle", d. h. der Notwendigkeit des Zufalls. Sie steht nicht in Opposition zur "nécessité logique" - einem rein Geistigen, der reinen Intelligibilität, sondern ist eins mit ihr, will sagen: Das zufällig Ausgestreute wird intelligibel.

Unter dem theoretischen Gesichtspunkt: objektiver Zufall = Enthüllung einer gläsernen Transparenz gewinnt der Aschenputtellöffel einen sinnbildhaften Wert. Bevor Breton den hölzernen Löffel auf dem Flohmarkt fand, träumte er von einem gläsernen Schuh, der der Schuh Aschenputtels sein sollte. (*AF*, p. 46) In der Interpretation des Fundstücks erhält dieses schließlich tatsächlich gläserne Transparenz: "Le bois d'abord ingrat acquérait par là la transparence du verre." (*AF*, p. 49)

Am Aschenputtellöffel wird aber auch deutlich, daß Breton die Transparenz als Ausstreuung/Lektüre des Zufälligen nicht durchhält. Der "Kreis der Vergleiche" "schließt sich" am Ende "ideal". (*AF*, p. 50) Der interpretierte Gegenstand erstarrt zur "perfekten organischen Einheit". (Ebd.)

Das organologische Motiv bricht sich Bahn, und wie in den *VC* tritt es in Zusammenhang mit der problemlösenden Funktion auf. Breton stellt in expliziter Anlehnung an die *VC* die These auf, daß das Fundstück von affektiven Hemmungen befreie. (*AF*, p. 45) Manifest wird jenes Motiv durch den Metaphernwechsel: Nannte Breton in den *VC* die problemlösende Funktion des Traums auch "liquidateur"-Funktion, so behauptet er in *AF*, das Fundstück spiele die Rolle eines "catalyseur" (*AF*, p. 45). Die Vorstellung einer gläsernen Transparenz wird revoziert durch diejenige einer abgeschlossenen chemischen Reaktion, die vom Fundstück ausgelöst wurde und aus der inintelligibles organisches Leben hervorgeht.

In den *VC* war das organologische mit dem dialektischen Motiv verschmolzen und blieb in Widerspruch zu diesem. In *AF* ersetzt das dialektische Motiv schließlich das organologische. In den Postskripta des Teil IV und in Teil V wechselt Breton von der Ebene der Signifikantenausstreuung auf die Ebene der idealen Signifikate. Im ersten, zeitlich unmittelbar an den Bericht über die Fundstücke anschließenden Postskriptum enthüllt Breton das Gesetz der organischen Einheit des Objekts; er entdeckt durch die gläserne Transparenz hindurch ein zwar noch vages Einheitssignifikat der Deutung: "das verlorene Objekt", "die unbekannte einzigartige Frau" (*AF*, p. 54). Im zweiten Postskriptum, zwei Jahre später verfaßt, gerät diese Deutung schließlich zur Gewißheit, die Breton aus der Begegnung mit Jacqueline schöpft. Die Deutung steht endgültig still. Die Sendung, die das Fundobjekt darstellt, ist adressierbar geworden. Von einer viel früheren, schon 1923 losgeschickten Sendung, die an dieselbe Adresse gerichtet ist, und von der Ankunft dieser Sendung handelt der Teil IV, der Bericht über die Begegnung mit Jacqueline. Ihre ästhetische, magischumständliche Qualität erhält die Begegnung dadurch, daß Breton alle ihre zufälligen Umstände in dem Gedicht "Tournesol", das er 1923 schrieb, im nachhinein *wieder*findet.

Es handelt sich um ein "prophetisches Gedicht" (*AF*, p. 89). Die "prophetische" Bedeutung des Gedichts ist genau der Tatsachentext, den Breton produziert, indem er das Gedicht nach Freudschem Muster zerschneidet und deutet. Der Tatsachentext ist der aufgedeckte latente Gehalt des Gedichts. Die Tatsachen interpretieren das Gedicht. Mit der Konstellierung der beiden Textproduktionen (Gedicht, Tatsachen) revoziert Breton den kryptogrammatischen Deutungsbegriff der *VC*; er schiebt der Spielebene der zufälligen kryptogrammatischen Textausstreung eine zweite Ebene unter, auf der die zufällige Zeichenproduktion *vor*gezeichnet ist. In der Einleitung zu *Nadja* verwarf Breton den Begriff eines "plan antérieur" seiner Existenz. In *AF* restituiert er diesen Begriff. Er spricht zwar skeptisch, doch affirmativ von einer "représentation antérieure" des Tatsachentextes. D. h. die zufällige, zeitlich differierende Zeichenproduktion wird durch eine ideale, der zeitlichen Differenz enthobene Bedeutung gesteuert. Die Interpretation enthüllt diese ideale Bedeutung, macht die Zeichenproduktion intelligibel nicht als aufgedecktes Scheinhaftes, sondern als Schickung oder teleologischen Prozeß, der auf die Erfüllung in der einzigartigen Liebe gerichtet ist. Die einzigartige Liebe ist derjenige Aufhebungsmoment, an dem die zwei Spielebenen idealiter zusammenfallen. Das Zufällige wird als Planmäßiges intelligibel - und also durchgestrichen. "(...) tout hasard a été rigoureusement exclu de votre venue (...)", schreibt Breton später an seine Tocher Aube über seine Liebe zu Jacqueline. (*AF*, p. 167)

Der Wechsel zwischen Eröffnung und Vernichtung eines Schriftraumes kehrt auch in der Ästhetik des "explosant-fixe" wieder.

Breton leitet die Erläuterung dieser Kategorie mit der These ein, konvulsivisch schön sei nicht die Bewegung selbst, sondern die verlöschende Bewegung. (*AF*, p. 15) Die These bringt die bildhafte Ästhetik am Ende von *Nadja*, das "ni dynamique, ni statique" auf den Begriff. Schön war dort der im Gare de Lyon "springende" Zug, nicht der fahrende, in reine Bewegung umgesetzte Zug. Schön, so postulierte Breton, sei nicht die reine Kraft/Leidenschaft, sondern die intelligible, verzeichenbare Kraft, die Kraft als Spur/Schrift. Auch in *AF* greift

Breton auf das Bild der Lokomotive zurück, aber er transformiert es entscheidend:

> Je regrette de n'avoir pu fournir, comme complément à l'illustration de ce texte, la photographie d'une locomotive de grande allure qui eût été abandonnée durant des années au délire de la forêt vierge. (*AF*, p. 15)

Der Zug symbolisiert nicht verlöschende, sondern längst erloschene Bewegung. Er ist fernes Zivilisationsüberbleibsel, das dem Bann einer übermächtigen, blind wuchernden Natur ausgeliefert ist.

Dem Delirium des Urwalds entspricht die vulkanische Gerölllandschaft der Hochebene Teneriffas, die Breton im Teil V beschreibt.[8] Dort fühlt er sich einmal an ein Bild von Max Ernst erinnert: die "Flugzeugfallengärten" ("Les jardins gobe-avions", Abbildung *AF*, p. 134). Die Blätter der ausgedörrten Pflanzen, die im vulkanischen Geröll noch wachsen können, erscheinen ihm wie ausgebleichte Flugzeugpropeller. Auf der letzten Seite von *Nadja* war von einem Flugzeug die Rede, das im Begriff war abzustürzen. Breton empfing letzte Sendesignale. Das Flugzeug produzierte telegraphische Aufzeichnungen. In *AF* ist die Katastrophe ein längst vergangenes, kraftloses, zivilisatorisches Überbleibsel wie die Lokomotive im delirierenden Urwald.

Die Natur verzehrt die Spuren der Kraft, also die Schrift. Die Kraft wird inintelligibel. Die Beispiele der Lokomotive und des Flugzeugs zitierend, verschiebt Breton die surrealistische Ästhetik auf den Pol "fixe", "statique", "rêve de pierre" hin, der dem Pol "explosant", reine Kraft, Leidenschaft, Liebe, entgegengesetzt ist und ebenso wie dieser die Schrifträume vernichtet.

Der Naturbegriff bei Breton ist selbst polar, er bezeichnet nicht nur den Pol "fixe", sondern auch den Pol "explosant", sofern sich Natur nämlich mit der Liebe verbündet. Der grausamen, verzehrenden Natur steht im Teil V die idyllische, paradiesische Natur gegenüber, die Breton in der Beschreibung der Gärten von Orotava beschwört. Natur wird zum Liebesbuch, Breton entziffert Liebesbriefe auf den Blättern (*AF*, p. 107) und verkennt in den diversen Naturformen schließlich nur die eine Geliebte:

> A travers la diversité de ces fleurs inconcevables, là-bas, c'est toi changeante que j'aime en chemise rouge, nue, en chemise grise. (*AF*, p. 119)

Natur hat noch eine dritte Bedeutung bei Breton. Sie verwandelt sich in Bilder der Schrift. Theoretische Schriftbilder entwirft Breton, als er seinen Eintritt in die Wolkenzone über dem Tal von Orotava und an der Schwelle zur vulkanischen abgestorbenen Hochebene beschreibt. Die Wolkenzone ist Indifferenzzone zwischen den Polen "explosant-fixe", zwischen idyllischer und grausamer Natur. Breton hört auf, poetische Naturbeschreibungen anzufertigen, und rückt

---

8 Im Mai 1935 verbringt Breton seine Ferien mit Jacqueline auf Teneriffa.

in die Position Schrifttheoretiker/Theoretiker des objektiven Zufalls ein. Die Wolken, "das schlechthin Gestaltlose" (*AF*, p. 124), erinnert ihn an die alte, verwitterte Mauer, die lange zu betrachten Leonardo da Vinci seinen Schülern zwecks Schulung der Imagination empfahl. (*AF*, p. 125 f.) Ausgehend von diesem Theoriezitat projeziert Breton zwei zivilisatorische Räume in den Naturraum der Wolkenzone. Zunächst einen Kinosaal mit einer "Leinwand von besonderer Textur" (*AF*, p. 126):

> Toute vie comporte de ces ensembles homogènes de faits d'aspect lézardé, nuageux, que chacun n'a qu'à considérer fixement pour lire dans son propre avenir. Qu'il entre dans le tourbillon, qu'il remonte la trace des événements qui lui ont paru entre tous fuyants et obscurs, de ceux qui l'ont déchiré. Là - si son interrogation en vaut la peine - tous les principes logiques, mis en déroute, se porteront à sa rencontre les puissances du *hasard objectif* qui se jouent de la vraisemblance. Sur cet écran tout ce que l'homme veut savoir est écrit en lettres phosphorescentes, en lettres de *désir*. (*AF*, p. 127).

Das "schlechthin Gestaltlose", das pur Zufällige, der Würfelwurf (Mitternacht) ist das erste Moment des objektiven Zufalls. Das zweite Moment ist die Befragung, die Interpretation, die Entzifferung, der Würfelfall (Mittag). Die Interpretation ist nicht (subjektive) Verfügung des (objektiv) Gestaltlosen, reine Intelligibilität, etwas Kalkulierbares oder Berechenbares. Die Wahrscheinlichkeitslogik ist außer Kraft gesetzt. Kryptogrammatisches Schreiben/objektiver Zufall bejahen vorbehaltlos die zufällige Zeichenausstreuung und daher auch die Notwendigkeit der Schrift, die der "désir" im Gestaltlosen liest.

Ausstreuung der Zeichen und ihre Einsammlung in der Interpretation - beide Momente faßt das Bild der Nebelzone zusammen. Breton spricht auch von einer "nuit blanche", Mitternacht = Mittag (*AF*, p. 130).

Im folgenden verwandelt sich der Kinosaal in den bekannten Schriftraum des Schlosses. Breton imaginiert in der Nebelzone Schloßräume, Geheimzimmer, Möbel mit Geheimfächern, Spiegel, Phantome. Aber die Phantomvielheit im Schloßraum ist nur ganz entferntes Zitat der Einleitung von *Nadja*, sie hat ihr Bedrohliches, Unheimliches verloren, denn sie ist fundiert in der Einheit von Liebendem und geliebtem Wesen:

> Je te désire. Je ne désire que toi. Je caresse les ours blancs sans parvenir jusqu'à toi. Aucune autre femme n'aura jamais accès dans cette pièce où tu es mille, le temps de décomposer tous les gestes que je t'ai vue faire. Où es-tu? Je joue aux quatre coins avec des fantômes. Mais je finirai bien par te trouver et le monde entier s'éclairera à nouveau parce que nous nous aimons (...) (*AF*, p. 130)

Die Nebel werden vom Liebespol aufgesogen. Der Schriftraum des Schlosses wird vernichtet.

3. Erdmagnetismus und Kristallographie: Marquis de Sade contra Hegel

> (...) un palais de cristal crevé par la foudre
> Baudelaire, *Anth*, p. 132

Die surrealistische Ästhetik in *AF* wird von zwei Indifferenzpolen aufgespannt, die jeweils die Schrifträume, die in den Indifferenzzonen zwischen ihnen entstehen, aufsaugen. Das Starre bezeichnet den Pol Tod, verschlingende Natur (Urwald), anorganische Natur (vulkanische Geröllandschaft), das Explodierende den Pol unmittelbares Leben, pure Kraft, idyllische Natur, Liebe. Auch die anderen Gegensatzpaare verweisen auf diese Pole und bestimmen sie näher. Das bloß Umständliche ist ein "schlechthin Gestaltloses" und entspricht einem rudimentären Anorganischen, einem puren Auseinander. Erst in der Interpretation gewinnt es, der Theorie des objektiven Zufalls nach, notwendig-zufällige (statt notwendig-rein geistige) Gestalt. Faktisch läuft aber die Interpretationspraxis Bretons darauf hinaus, das Gestaltlose einem chemischen Prozeß anzugleichen, dann zur organischen Einheit zu bringen, schließlich die einzigartige Frau darin wiederzuerkennen. Das Gestaltlose wird ein erstrangig Bedeutsames, es wird über die Stufen Todestrieb (Maske), Lebenstrieb (Aschenputtellöffel) eins mit dem Liebespol (Begegnung mit Jacqueline). Der Liebespol schluckt das pur Umständliche ganz auf, es entstehen dort magische Effekte: Das lebendige, einzigartige, geliebte Wesen wird zur Erscheinung gebracht, die Wahrheit der Liebe enthüllt sich. Schließlich läßt sich auch das "érotique-voilé" den Polen Liebe/Tod zuordnen: Das Erotische, das in Gegenständen ebenso wie in Personen wirksam ist, bezeichnet die materielle Basis der Liebe; die komplette Verschleierung, die Auslöschung des Erotischen als wirkender Kraft ist gleichbedeutend mit der Erstarrung oder Mortifikation des ästhetischen Gegenstandes in einem asexuellen Anorganischen.

Dieser ästhetischen Konstruktion liegt ein historischer Prätext zu Grunde, den Breton an einer Stelle wohl explizit macht, dem die Konstruktion aber mehr verdankt, als diese Referenz zu erkennen gibt. Dieser Prätext ist die Naturphilosophie Hegels. Breton zitiert aus dem dritten Kapitel der Physik: der Physik der totalen Individualität, nachdem er Kristall und Koralle als Beispiele des "explosant-fixe" eingeführt hat:

> Si le lieu même où la "figure" - au sens hégélien de mécanisme matériel de l'individualité - par-delà le magnétisme atteint sa réalité est par excellence le cristal, le lieu où elle perd idéalement cette réalité toute-puissante est à mes yeux les coraux, pour peu que je les réintègre comme il se doit à la vie, dans l'éclatant miroitement de la mer. (*AF*, p. 18)

An den Korallen fasziniert Breton, daß ihre Formenfülle im Übergangsbereich zwischen Unbelebtem und Belebtem spielt. (*AF*, p. 17) Von mineralischer Erscheinung, erlauben sie doch der Imagination, alle möglichen organischen Gebilde in ihnen zu sehen. Die erstarrte Gestalt des Kristalls verliert sich wieder in der beweglichen Formenfülle der Korallen.

Der anorganische Kristall - in seiner begrifflichen Beziehung auf die Korallen - verweist aufs Organische. Ohne die Korallen zu erwähnen, lokalisiert auch Hegel den Kristall im Übergangsbereich zwischen Organischem und Anorganischem. Er unterscheidet drei Stufen der Gestaltwerdung im Bereich des Anorganischen, die an das Organische heranführen: 1) die gestaltlose Gestalt, 2) den Magnetismus, 3) die Kristallographie. Jenseits des Magnetismus hat der Kristall seinen Ort, weil er nicht mehr wie jener "Gestalt im Processe", "werdende Gestalt" ist[9], sondern in ihm "die unruhige Tätigkeit des Magnetismus zur vollkommenen Ruhe gelangt (ist). Hier ist kein Entfernen und Annähern mehr (...) Der individuelle Krystall ist (...), als realer Magnetismus, diese Totalität, worin der Trieb erloschen und die Gegensätze zur Form der Gleichgültigkeit neutralisiert sind (...)".[10] Die Gestalt (oder die totale Individualität) gewinnt im Kristall allererst materielle Realität. Der Kristall ist vom Magnetismus emanzipiert, er "wächst z. B. in die Höhe."[11] "Der Zusammenhang der Theile ist (...) jetzt durch ein von der Schwere unabhängiges Princip der Form von Innen heraus bestimmt. Es ist daher die Zweckmäßigkeit der Natur selbst hier zuerst vorhanden (...)".[12] "Die Form, die sich in der Krystallisation aufschließt, ist ein stummes Leben, das wunderbarer Weise im bloß mechanischen, von Außen bestimmbar scheinenden Steine oder Metall sich regt, und im eigenthümlichen Gestalten als ein organischer und organisirender Trieb sich äußert."[13] Die Ursache für diese Gemeinsamkeit von Kristall und Organik liegt darin, daß die Kristallisation chemischer Prozeß ist, und dieser "seinem Begriffe nach den Übergang zur organischen Sphäre enthält."[14] Von der organischen Gestalt ist der Kristall geschieden, sofern "jeder Theil durch das Ganze verständlich ist", noch nicht "an jedem Theile das Ganze der Gestalt zur Erscheinung kommt" wie bei der organischen Gestalt.[15] Der Kristall ist "verständig", "(beruht) auf geraden Linien und Flächen", die organische Form ist "nicht mehr verständig", dort "haben wir Curven".[16] Der Kristall ist bloß materielle Individualität, ein durch immanente Form bestimmtes "Auseinander"[17], während die organische Gestalt für sich ist: "Subjectivität" oder "Seele".[18]

---

9 Hegel, *Sämtliche Werke*, Stuttgart 1929 ff., Bd. 9, p. 271.
10 Ebd., p. 291 f.
11 Ebd., p. 269.
12 Ebd., p. 293.
13 Ebd., p. 269.
14 Ebd., p. 267.
15 Ebd., p. 270.
16 Ebd.
17 Ebd., p. 269.
18 Ebd.

Breton bringt den Kristall explizit in Zusammenhang mit seinen Schriften. Allerdings revoziert der Begriff der kristallinen Schrift, der sich an die Hegelsche Kristallographie anlehnt, die Theorie des kryptogrammatischen Schreibens. Breton verschafft über jenen Begriff denjenigen theoretischen Motiven Einlaß in seine Theorie, die sich in den *VC* noch in Konkurrenz zum Kryptogramm und zur Kryptogrammatologie befanden und sie nunmehr auflösen. Die Ästhetik des Kristalls formuliert Breton wie folgt:

> L'oeuvre d'art (...) me paraît dénuée de valeur si elle ne présente pas la dureté, la rigidité, la régularité, le lustre sur toutes ses faces extérieures, intérieures, du cristal. Qu'on entende bien que cette affirmation s'oppose pour moi, de la manière la plus catégorique, la plus constante, à tout ce qui tente, esthétiquement comme moralement, de fonder la beauté formelle sur un travail de perfectionnement volontaire auquel il appartiendrait à l'homme de se livrer. Je ne cesse pas, au contraire, d'être porté à l'apologie de la création, de l'action spontanée et cela même dans la mesure même où le cristal, par définition non améliorable, en est l'expression parfaite. La maison que j'habite, ma vie, ce que j'écris: je rêve que cela apparaisse de loin comme apparaissent de près ces cubes de sel gemme. (*AF*, p. 17)

Breton träumt das Glaushaus aus *Nadja* als kristallines Gebilde weiter, oder vielmehr: Er träumt es als solches aus. Leben und Schrift, diese beiden magnetischen Pole, aus deren Differenz das Kryptogramm hervorging, sind ganz zur Ruhe gekommen/aufgehoben. Das Aufhebungsmotiv wird nicht mehr - wie in den *VC* - vom organologischen Motiv dementiert, sondern die Motive werden kompatibel gemacht. Der Kristall ist derjenige ideale Moment, in dem "nécessité naturelle" (Lebenstext) und "nécessité logique" (Schrift, Interpretation) dauerhaft versöhnt sind. Im Sinne des Kristallbildes meint objektiver Zufall (= Einheit von "nécessité logique" und "nécessité naturelle") nicht ein Prinzip der Textproduktion, Bejahung der zufälligen Textausstreuung in der unabschließbaren Interpretation, sondern objektiver Zufall meint die Objektivation der zufälligen Textausstreuung im erstarrten, abgeschlossenen, totalen-gestalthaften Textgebilde, das eine innere Zweckmäßigkeit enthüllt, - meint also eigentlich Negation des Zufälligen. Zwar setzt Breton dieses Textgebilde von der verfügten, willentlich ausgearbeiteten Textproduktion ab und interpretiert den Kristall als Bild der spontanen Produktion. Die "nécessité logique" ist nicht Geist-Prinzip der Textproduktion, sondern im nachhinein enthüllte, intelligibel gewordene "nécessité *naturelle*". Die Versöhnung von Geist und Natur gelingt aber nur um den Preis des Rückgriffs auf Magie, die Breton in den *VC* verwarf und an deren Stelle er die Deutungspraxis setzte. In den *VC* blieb das Telos der Textproduktion im Dunkel organischer Prozesse, in *AF* enthüllt Breton das Telos und erzeugt einen magischen Schein.

Die Schrift, die in *Nadja* sich ins Glas ritzte, und der öffentliche Glashaustext sind im Kristall eins geworden: Das Rätsel ist gelöst. Intelligibel wird des Rätsels Lösung: die *innere* Zweckmäßigkeit, die *immanente* Form, und nicht das Rätsel selbst, das sich auf der Glas*oberfläche* einschreibt/artikuliert. Breton träumt einen Standort vorweg, von dem aus die Schrift eine organische und organisierte Totalität bildet, eine *kristalline Struktur*, die das Werden zum Stillstand bringt, in der die zeitliche Differenz in eine ideale Gleichzeitigkeit umschlägt. Von diesem Standort aus äußert er drei Jahre später den Wunsch, *Nadja*, die *VC* und *AF* in einem Band zusammenzufassen, und von diesem Standort aus negiert er die differentielle, kryptogrammatische Schriftproduktion.

Wie der kryptogrammatische Schriftraum gehört der Kristall wohl noch dem Bereich des Anorganischen an. Aber während das Kryptogramm abgestorbenes Leben ist - differentieller Schrift-/Erinnerungsraum -, ist der Kristall Noch-nicht-Lebendes, trägt die Transgression zum Organischen in sich: Im ästhetisch-theoretischen Teil I bringt Breton ihn in Konstellation zu den Korallen, in den Teilen III/IV überschreitet er der faktischen Interpretationspraxis nach die gläsernen Textgebilde auf organische Einheiten hin. Der Kristall ist *intelligibles* organisches Leben.

Schrift hört auf, kryptogrammatische Produktion zu sein; sie verklärt sich zum Bedeutungsvollen; das Rätsel ist (auf-)gelöst; Sendungen kommen an; die Schrift kristallisiert. Das ist die Hauptströmung von *AF*, deren energetisches Telos der Liebespol bildet und die die dialektische Bewegung der Hegelschen Naturphilosophie bis an die Schwelle des Organischen nachvollzieht. Die Kristallographie - Schrift, die ihrem Begriff nach organische Einheiten bildet - ersetzt das Kryptogramm.

Von der gegenläufigen Bewegung, derjenigen, die im Sog des Pols Tod/-Anorganik steht, war schon die Rede. Als gegenläufige und totalisierte Bewegung wird sie an einer Stelle gegen Ende des Teil V erkennbar, die implizit Bezug auf Hegel nimmt, explizit den Marquis de Sade zitiert. Innerhalb der Hegelschen Systematik räumt Breton dem Magnetismus vor dem Kristall, dem unversöhnten vor dem versöhnten Zustand Vorrang ein. Zugleich subvertiert er die Hegelsche Systematik selbst.

Angeregt durch die vulkanische Hochebene Teneriffas, begeistert sich Breton in überschwenglichen Formulierungen für einen kleinen Text aus dem Nachlaß De Sades, dem "Secret pour opérer un tremblement de terre":

> (...) le plus admirablement est encore que réellement ce secret soit livré (...) que nous assistions à l'enfouissement superficiel des innombrables pains de dix à douze livres, pétris avec de l'eau, de la limaille et du soufre, placés à faible distance l'un de l'autre et appelés en s'echauffant dans le sol à provoquer l'éruption nouvelle, l'eruption d'autant plus belle que la nature n'a fait pour une fois que s'y prêter, que c'est l'homme qui l'a voulue. "Le procédé, dit Sade, était simple." Comment échapper à ce qui passe d'humour déchirant dans cet aveu? Jamais, dis-je, le magnétisme terrestre, dont la considération entraîne à placer un des pôles aimantés dans l'esprit de l'homme et l'autre dans la nature, n'a été mis si

implacablement en évidence. S'assurer qu'en tout cas ce magnétisme existe, permet, jusqu'à un certain point, de passer outre à la question de savoir si les deux pôles sont de noms contraires ou de même nom. (*AF*, p.139)

Die delirierende, Zivilisation verschlingende Natur ist nicht mehr blindes An-sich-Sein, der Mensch eignet sie sich auf perverse Art und Weise an. Er stellt die grausame Natur in den Dienst des Bösen. Er vernichtet die Natur und die Menschen mit Hilfe der Natur. Bevor Breton auf das "Secret" zu sprechen kommt, bringt er De Sades Natur- und Menschenhaß in Opposition zur Rousseau'schen Liebe zur Natur und zum "primitiven Menschen". (*AF*, p. 138) Der Rousseauschen Konzeption war er aber selbst nicht fern, als er in den Gärten von Orotava eine paradiesische Naturidylle entwarf, in der Mensch und Natur sich in Harmonie befinden und die der Ort einer ursprünglichen Liebe ist - wenngleich er im Gegensatz zu Rousseau diese Natur phantastisch überhöhte und so als utopisch verklärte Natur, als Zustand, der noch nie war und nie sein wird, im Bewußtsein hielt. Das vom Marquis de Sade inszenierte Erdbeben zerstört diese Naturidylle. Bezeichnete das "explosant" in der ästhetischen Konstruktion Bretons den Pol unmittelbare Kraft/Leidenschaft/Liebe, also denjenigen Ort, an dem das Gestaltlose, Zufällige zu immer höheren Einheiten bis hin zur organischen zusammengefaßt wird, so erhält es nun den entgegengesetzten Sinn (oder die entgegengesetzte Ladung). Die explosive Kraft erhält den Sinn der puren Destruktion. Sie desorganisiert die organischen Einheiten, zerstört den Liebespol selbst und stellt den anorganischen Zustand wieder her.

Den Erdmagnetismus erwähnend, zitiert Breton noch einmal Hegelsche Naturphilosophie. Er parodiert sie aber nurmehr. Der Magnetismus ist laut Hegel ein abstraktes Prinzip oder eine allgemeine Bestimmung der bestimmten Natur. Sofern die Natur dem Magnetismus als dem Prinzip der Schwere gehorcht, ist sie dem Geist entgegengesetzt, denn "der Geist ist (...) das absolut Leichte".[19] Ganz "unphilosophisch" im Hegelschen Sinne[20], überträgt Breton kurzerhand die Antithese Natur/Geist auf die magnetischen Pole selbst. Er gleicht so die Natur-Geist-Dialektik einem permanenten, unlösbaren Widerspruch an.

Mit dieser willkürlichen Interpretation des Magnetismus desavouiert er das Hegelsche Fortschrittsmodell. Der Geist verfügt die Natur, um den Naturbann, der den Geist unterdrückte, zu erneuern. Totale Naturverfügung und Naturbann sind austauschbar.[21]

Der Magnetismus als Stufe des dialektischen Prozesses ist werdende Gestalt, gerichtet auf die Aufhebung in der totalen Gestalt (des Kristalls), in umgekehr-

---

19 Hegel, a. a. O., p. 293.
20 Im Ton des über Begriffsschwammigkeit und -verwechslung verärgerten Philosophieprofessors schreibt Hegel: "Diese Polarität wird oft angewandt, rechts und links, wo sie gar nicht hingehört, denn heut zu Tage ist Alles voller Polarität." (Ebd., p. 275)
21 Zur negativen Dialektik von Naturbeherrschung und Naturbann vgl. Adorno/Horkheimer, *Dialektik der Aufklärung*, a. a. O., insbes. das De Sade-Kapitel, p. 74 ff.

ter Richtung ist er explodierende Gestalt. Zur Explosion wird nicht nur der Liebespol gebracht, sondern die ganze ästhetische Konstruktion, also auch die Schrifträume, die in den Indifferenzzonen zwischen dem Pol Liebe und dem Pol unverfügte grausame Natur ihren Ort hatten. An die Stelle der seismographischen Verzeichnung oder Aufzeichnung von Erdbeben in *Nadja* tritt das (künstlich erzeugte) Erdbeben selbst; die Erschütterungen sind zu stark, um aufgezeichnet zu werden und zerbrechliche Nachrichtennetze zu bilden.

Breton/Marquis de Sade entziffern nicht kryptogrammatische Zeichen, sie stehen gleichsam am Rande des Explosionsfeldes und schauen genußvoll zu. Sie sind selbst außer Gefahr, imaginieren ja nur eine katastrophale Zerstörung. Der Text ist das Experimentierfeld ihrer boshaften Phantasie. Sofern dieses Feld Bretons eigene Positionen einschließt, der Ort der eigenen ästhetischen Konstruktion ist, stellt das explosive Spektakel den klirrenden Einsturz des Glashauses dar, in dessen Oberfläche sich Seismo-/Tele-/Kryptogramme einzeichneten und das zuletzt zum kristallinen Gebilde erstarrte. Als Bewohner des Glashauses überlebt Breton in der Distanz zum Explosionsfeld. Die Überlebensposition verbindet sich aber nicht mit tragischen Gefühlen, sondern mit Lust. Es ist die Über-Ich-Position desjenigen, der schwarzen oder objektiven Humor produziert.[22]

In der *Anthologie de l'humour noir* baut Breton dieses magnetische oder elektrische Experimentierfeld weiter aus.[23] Er installiert verschiedene Pole, zwischen denen Funken springen, elektrische Entladungen, Blitze, Explosionen, Emanationen stattfinden. Daß er sich außerhalb dieses Feldes befindet, ist schon dadurch markiert, daß er sich auf die Herausgeber-Position zurückzieht. Er schreibt ein allgemeines Vorwort und Einführungen zu den Texten der verschiedenen Autoren, ansonsten beschränkt er sich darauf, Texte zu zerschneiden oder auszuschneiden und zu einem explosiven Textkorpus zusammenzufügen. Lichtenberg zitierend, nennt er das Vorwort "Paratonnerre" - Blitzableiter. Er verbirgt sich in einem Schutzsystem, das vor dem elektrischen Tod bewahrt. Von dem Überlebenspol des Kryptogramms unterscheidet sich dieses Schutzsystem dadurch, daß Breton, statt den Theoriepol auszuarbeiten, den Humor der definitorischen Festlegung in der Theorie entzieht. Der Humor ersetzt nicht nur das Kryptogramm, sondern Theorie überhaupt.

---

22 Zum Zusammenhang von Überleben - Lust - schwarzer Humor vgl. auch Adorno, *Ästhetische Theorie*, a. a. O., p. 66: "Was am Postulat des Verdunkelten, wie es die Surrealisten als schwarzen Humor zum Programm erhoben, vom ästhetischen Hedonismus, der die Katastrophen überdauert hat, als Perversion diffamiert wird: daß die finstersten Momente der Kunst etwas wie Lust bereiten sollen, ist nichts anderes, als daß Kunst und ein richtiges Bewußtsein von ihr Glück einzig noch in der Fähigkeit des Standhaltens finden."

23 Zur *Anthologie* als elektrischem Experimentierfeld vgl. Rosello, *L'humour noir selon André Breton*, Ps 1987, p. 65 ff.

Das Verlöschen der Kryptogramme findet zwischen diesen am weitesten voneinander entfernten Polen der Bretonschen Texte der späten 30er Jahre statt: zwischen dem Pol objektiver Zufall, Ort der Differenzen und der kryptogrammatischen und kristallographischen Textproduktion, - und dem Pol schwarzer Humor, der, in Kontakt zum Pol objektiver Zufall gebracht, jene Textproduktion in langen sprühenden Blitzen verzehrt.

Bibliographie

Ausgaben der Texte Bretons/Siglenschlüssel[1]

OeC
Oeuvres complètes, t. I, Edition établie par Marguerite Bonnet avec, pour ce volume, la collaboration de Philippe Bernier, Etienne-Alain Hubert et José Pierre, Paris: Gallimard 1988 (Bibliothèque de la Pléiade)

PP
Les pas perdus, Paris: Gallimard 1979 [1923] (coll. idées 205)
M
Manifestes du surréalisme, Paris: Gallimard 1981 (coll. idées 23)
N
Nadja, Paris: Gallimard 1964 [1928, 1963] (coll. folio 73)
VC
Les vases communicants, Paris: Gallimard 1981 [1932, 1955] (coll. idées 223)

"Equation de l'objet trouvé" in: *Intervention surréaliste*, Bruxelles 1934 (Facsimile-Ausgabe in der Collection de l'ARC, H. 34, o. J.)

PJ
Point du jour, Paris: Gallimard 1977 (coll. idées 213)
PosPol
Position politique du surréalisme, Paris: Pauvert 1971 [1935] (La bibliothèque volante No 2)
AF
L'amour fou, Paris: Gallimard 1982 [1937] (coll. folio 723)

Dictionnaire abrégé du surréalisme [1938] in: ELUARD, Paul, *Oeuvres complètes*, Bd.1, Paris: Gallimard 1968 (Bibliothèque de la Pléiade), pp. 723-796 (zusammen mit Paul ELUARD)

Trajectoire du rêve, Ps: Ed. G.L.M. 1938

Anth
Anthologie de l'humour noir, Paris: Pauvert 1972 [1939, 1947, 1966]
E
Entretiens, Paris: Gallimard 1973 [1952] (coll. idées 284)
CC
La clé des champs, Paris: Pauvert 1967 [1953]

---

1 Das Verzeichnis folgt der Chronologie der Erstveröffentlichungen. Die Jahresangaben der Erstveröffentlichungen und der von Breton selbst besorgten Neuausgaben mit Zusätzen oder Veränderungen sind in eckige Klammern gesetzt.

Surrealistische Zeitschriften/weitere surrealistische Primärtexte

La Révolution surréaliste, Nos 1 - 12 (1924 - 1929), New York: Arno Press (Arno Series of Contemporary Art No 3)
Le surréalisme au service de la Révolution, Collection complète, Paris: Place 1976
Minotaure, Nos 1 - 12/13, Ed. Albert Skira 1933 - 39 (Faksimile-Ausgabe in drei Bänden bei Skira, o.J.)

ARTAUD, Antonin, "*L'Ombilic des Limbes*" suivi de "*Le Pèse-nerfs*" *et autres textes*, Paris: Gallimard 1968 (collection poésie)
BATAILLE, George, "La 'vieille taupe' et le préfixe *sur* dans les mots *surhomme* et *surréaliste*" in: Ders., *Oeuvres complètes*, t. II, Paris: Gallimard 1970, pp. 93 - 109 (Erstveröffentlichung in *TelQuel* 34, Sommer 1968)

Weitere Primärtexte

HOFFMANN, E.T.A., *Poetische Werke* in sechs Bänden, Berlin: Nymphenburger Verlagsanstalt 1958, Bd. 2
MARINETTI, F.T., *Teoria e invenzione futurista*, a cura di Luciano De Maria, Milano: Mondadori Ed. 1968
NOVALIS, *Dichtungen*, Hamburg: Rowohlt 1963
RIMBAUD, *Oeuvres complètes*, Paris: Gallimard 1963 (Bibliothèque de la Pléiade)
ROUSSEAU, Jean-Jacques, *Oeuvres complètes*, Paris: Gallimard 1959 (Bibliothèque de la Pléiade), t. I
PROUST, Marcel, *A la recherche du temps perdu*, Paris: Gallimard 1954 (Bibliothèque de la Pléiade), t. III

Literatur über Breton und Surrealismus

ABASTADO, Claude, *Le surréalisme*, Paris: Hachette 1975 (collection Espaces littéraires)
ABASTADO, Claude, "Ecriture automatique et instance du sujet" in: *Revue des sciences humaines*, No 184, oct./déc. 1981, pp. 559-575
ADORNO, Theodor W., "Rückblickend auf den Surrealismus" in: Ders., *Noten zur Literatur I*, Frankfurt: Suhrkamp 1963 (Bibliothek Suhrkamp 47), pp. 155 - 162
ALBOUY, Pierre, "Signe et signal dans *Nadja*" in: *Europe* No 483 - 484, juillet/août 1969
ALQUIE, Ferdinand, *Philosophie du surréalisme*, Paris: Flammarion 1977 [1956] (champs Flammarion 6)
ARROUYE, Jean, "La photographie dans *Nadja*" in: *Mélusine IV*, Lausanne 1982, p. 123 ff.
BENJAMIN, Walter, "Traumkitsch" in: Ders., *Gesammelte Schriften*, Bd. II 2, Frankfurt: Suhrkamp 1977, p. 620
BENJAMIN, Walter, "Der Sürrealismus. Die letzte Momentaufnahme der europäischen Intelligenz" in: Ders., *Gesammelte Schriften*, Bd. II 1, Frankfurt: Suhrkamp 1977, pp. 295-310
BIRO, Adam / PASSERON, René (dir.), *Dictionnaire général du surréalisme et de ses environs*, Paris: PUF 1982
BOHRER, Karlheinz, "Surrealismus und Terror oder die Aporien des Juste-milieu" in: Ders., *Die gefährdete Phantasie oder Surrealismus und Terror*, München: Hanser Verlag 1970 [Vorabdruck in: *Merkur*, Oktober 1969]
BÜRGER, Peter, *Der französische Surrealismus*, Frankfurt: Athenäum 1971
BÜRGER, Peter (Hg.), *Surrealismus*, Darmstadt: Wissenschaftliche Buchgesellschaft 1982 (Wege der Forschung, Bd. 473)
BÜRGER, Peter, "Valéry und Breton. Zwei Lesarten der Moderne" in: *Neue Rundschau*, 96. Jg., 1985, H. 2, pp. 31-57

DAHMER, Helmut, "Versäumte Lektionen. Aufsätze von André Breton in deutscher Übersetzung" in: *Psyche*, 27. Jg., Nr. 2, 2. Febr. 1983, pp. 144-169
DECOTTIGNIES, Jean, "L'oeuvre surréaliste et l'idéologie" in: *Littérature* 1, 1971, pp. 30 - 47 [dt. in: Bürger, *Surrealismus*, a.a.O., pp. 112-138]
HOUDEBINE, Jean-Louis, "André Breton et la double ascendance du signe" in: La Nouvelle Critique 31, 1970, pp. 43-51 [dt. in: Bürger, *Surrealismus*, a.a.O., pp. 79-111]
KRAUSS, Rosalind, "La photographie et le surréalisme" in: *Critique* No 426, nov. 1982, pp. 895-914
LENK, Elisabeth, *Der springende Narziß, André Bretons poetischer Materialismus*, München: Rogner & Bernhard 1971
LEGRAND, Gérard, *Breton*, Paris: Belfond 1977 (les dossiers belfond)
MANDIARGUES, André Pieyre de, *Le Désordre de la mémoire*, Paris: Gallimard 1975
ROSELLO, Mireille, *L'humour noir selon André Breton*, Paris: Gallimard 1985
STAROBINSKI, Jean, "Freud, Breton, Myers" in: Ders., *L'oeil vivant II. La relation critique*, Paris: Gallimard 1970, pp. 320-341 [Die ursprüngliche Fassung erschien in dt. unter dem Titel "Surrealismus und Parapsychologie" in: *Schweizer Monatshefte* 45, 1965/66, pp. 1155-1164]
STEINWACHS, Gisela, *Mythologie des Surrealismus oder die Rückverwandlung von Kultur in Natur*, Neuwied/Berlin: Luchterhand 1970 (Sammlung Luchterhand - collection alternative 13) [Erweitert um einen Aufsatz über "L'immaculée conception" von Breton/Eluard wurde das Buch 1985 beim Rote-Stern-Verlag wiederaufgelegt]
VOGT, Ulrich, *Le point noir, Politik und Mythos bei Breton*, Frankfurt: P. Lang 1982 (Europäische Hochschulschriften, XIII, 79)
WARHIME, Marja, "Beginning and ending: The utility of dreams in *Les vases cumminicants*" in: *French Forum* IV, 1981, pp. 163-171

Weitere Literatur

ADORNO, Theodor W., *Negative Dialektik*, Frankfurt: Suhrkamp 1966 (suhrkamp taschenbuch wissenschaft 113)
ADORNO, Theodor W., *Ästhetische Theorie*, Frankfurt: Suhrkamp 1970 (suhrkamp taschenbuch wissenschaft 2)
BARTHES, Roland, *Leçon* (Leçon inaugurale de la chaire de sémiologie littéraire du Collège de France), Paris: Ed. du Seuil 1978
BENJAMIN, Walter, *Der Begriff der Kunstkritik in der deutschen Romantik* in: Ders., *Gesammelte Schriften*, Bd. I 1, Frankfurt: Suhrkamp 1977, pp. 7 - 122 (auch als suhrkamp taschenbuch wissenschaft 4)
BENJAMIN, Walter, *Das Passagen-Werk*, Frankfurt: Suhrkamp 1983 (es 1200, Neue Folge, Bd. 200) [Seitenidentische Taschenbuchausgabe der Bände V 1 und 2 der *Gesammelten Schriften*, erschienen im selben Jahr]
BAUDRILLARD, Jean, *De la séduction, L'horizon sacré des apparences*, Paris: Ed. de Galilée 1979
BAUDRILLARD, Jean, *Laßt euch nicht verführen*, Berlin: Merve-Verlag, o. J.
BOHRER, Karlheinz, *Plötzlichkeit. Zum Augenblick des ästhetischen Scheins*, Frankfurt: Suhrkamp 1981 [es 1058, Neue Folge Bd. 58]
BOHRER, Karlheinz, "Das Böse - eine ästhetische Kategorie?" in: *Merkur* H., 6 Juni 1985, pp. 459-73
BOHRER, Karlheinz, "Im Namen der Wahrheit? Zu Peter Bürgers Klage über den Zeitgeist" in: *Merkur*, H. 3, März 1985, p. 266 ff.
BÜRGER, Peter, *Theorie der Avantgarde*, Frankfurt: Suhrkamp 1974 (es 727)
BÜRGER, Peter, *Zur Kritik der idealistischen Ästhetik*, Frankfurt: Suhrkamp 1983 (suhrkamp taschenbuch wissenschaft 419)
BÜRGER, Peter, "'Schabreste der Seele' oder geschlossenes Kunstwerk" in: *Neue Rundschau*, 97. Jg., 1986, H. 2/3, pp. 208-228

BÜRGER, Peter, "'Punktuelle Perspektiven', Benn und die Wiederkehr der fünfziger Jahre" in: *Merkur*, H. 2, Febr. 1985, pp. 157-161
BÜRGER, Christa/BÜRGER, Peter (Hg.), *Postmoderne: Alltag, Allegorie und Avantgarde*, Frankfurt: Suhrkamp 1987 (suhrkamp taschenbuch wissenschaft 648)
CURTIUS, Ernst-Robert, *Europäische Literatur und lateinisches Mittelalter*, Bern: Francke 1978[9]
DELEUZE, Gilles, *Nietzsche et la philosophie*, Paris: PUF 1962
DELEUZE, Gilles, *Différence et répétition*, Paris: PUF 1968 (Bibliothèque de Philosophie contemporaine)
DERRIDA, Jacques, *L'écriture et la différence*, Paris: Ed. du Seuil 1967 (collection points 100)
DERRIDA, Jacques, *De la grammatologie*, Paris: Ed. de Minuit 1967
DERRIDA, Jacques, "La différance" in: Ders., *Marges de la philosophie*, Paris: Ed. de Minuit 1972, pp. 3-29
DERRIDA, Jacques, "Le facteur de la vérité" in: Ders., *La carte postale*, Paris; Flammarion 1980, pp. 441-524
DERRIDA, Jacques, *Positionen*, Gespräche mit Henri Ronse, Julia Kristeva, Jean-Louis Houdebine, Guy Scarpetta, herausgegeben von Peter Engelmann, Graz/Wien: Böhlau 1986 (Edition Passagen 8)
ENZENSBERGER, Hans Magnus, "Die Theorie der Avantgarde" in: Ders., *Einzelheiten*, Frankfurt: Suhrkamp 1962 [auch in: Ders., *Einzelheiten II, Poesie und Politik*, Frankfurt: Suhrkamp 1980 (es 87), pp. 50-80]
FOUCAULT, Michel, "Was ist ein Autor?" in: Ders., *Schriften zur Literatur*, München: Nymphenburger Verlagsanstalt 1974, pp. 7-31
FOUCAULT, Michel, *Dies ist keine Pfeife*, Frankfurt/Berlin/Wien: Ullstein 1983 (Ullstein-KunstBuch)
FOUCAULT, Michel, *Sexualität und Wahrheit, Der Wille zum Wissen*, Frankfurt: Suhrkamp 1983 (suhrkamp taschenbuch wissenschaft 448)
FRANK, Manfred, *Was ist Neostrukturalismus?*, Frankfurt: Suhrkamp 1984 (es 1203, Neue Folge Bd. 203)
FREUD, Sigmund, *Die Traumdeutung* (1900), Studienausgabe Bd. II, Frankfurt: Fischer 1972
FREUD, Sigmund, "Über den Traum" (1901) in: Ders., *Über Träume und Traumdeutungen*, Frankfurt: Fischer 1971 (Fischer-Taschenbuch 6073), pp. 11-52
FREUD, Sigmund, *Délire et rêves de la "Gradiva" de Jensen* traduit de l'allemand par Marie Bonaparte et précédé du texte de Jensen traduit par E. Zak et G. Sadoul, Paris: Gallimard 1981 (collection idées 352)
FREUD, Sigmund, "Über Psychoanalyse. Fünf Vorlesungen" (1909) in: Ders., *Darstellungen der Psychoanalyse*, Frankfurt: Fischer 1977 (Fischer-Taschenbuch 6016), p. 50 ff.
FREUD, Sigmund, "Zur Einführung des Narzißmus" (1914) in: Ders., *Studienausgabe* Bd. III, Frankfurt: Fischer 1975, pp. 41-73
FREUD, Sigmund, "Das Unheimliche" (1919) in: Ders., *Studienausgabe* Bd. IV, Frankfurt: Fischer 1970, pp. 243-374
FREUD, Sigmund, "Die Verneinung" (1925) in: Ders., *Studienausgabe* Bd. III, Frankfurt: Fischer 1975, pp. 373-377
FREUD, Sigmund, "Der Humor" (1927) in: Ders., *Studienausgabe* Bd. IV, Frankfurt: Fischer 1970, pp. 277-282
FREUD, Sigmund, *Abriß der Psychoanalyse/Das Unbehagen in der Kultur*, Frankfurt: Fischer 1972 (Fischer-Taschenbuch 6043)
GENETTE, Gérard, *Mimologiques - Voyages en Cratylie*, Paris: Ed. du Seuil 1976
GORSEN, Peter, *Der "kritische Paranoiker"*, Kommentar und Rückblick in: Dalí, Salvador, *Gesammelte Schriften*, München: Rogner & Bernhard 1974, pp. 401-518
HABERMAS, Jürgen, *Erkenntnis und Interesse*, Frankfurt: Suhrkamp 1973 [1968] (suhrkamp taschenbuch wissenschaft 1)
HABERMAS, Jürgen, "Wahrheitstheorien" in: *Wirklichkeit und Reflexion, Festschrift für W. Schulz*, Pfullingen 1973, p. 211 ff.
HABERMAS, Jürgen, "Die Moderne - ein unvollendetes Projekt" in: *DIE ZEIT*, Nr. 39, 19.9.1980
HABERMAS, Jürgen, *Theorie des kommunikativen Handelns*, Frankfurt: Suhrkamp 1981

HABERMAS, Jürgen, *Der philosophische Diskurs der Moderne. Zwölf Vorlesungen*, Frankfurt: Suhrkamp 1985
HEGEL, Georg Wilhelm Friedrich, *Sämtliche Werke*, herausgegeben von Hermann Glockner, Stuttgart: Frommanns Verlag 1929, 9. Bd. (*Naturphilosophie*)
HEINZ, Rudolf, *Minora aesthetica*, Frankfurt/Dülmen: tende 1985
KANT, Immanuel, *Kritik der reinen Vernunft*, Stuttgart: Reclam 1966 (Reclam-Taschenbuch 6461-70)
KITTLER, Friedrich A., "Das Phantom unseres Ichs' und die Literaturpsychologie: E. T. A. Hoffmann - Freud - Lacan" in: KITTLER/TURK (Hg.), *Urszenen*, Frankfurt: Suhrkamp 1977, pp. 139 - 166
KITTLER, Friedrich A., *Aufschreibesysteme 1800/1900*, München: Wilhelm Fink Verlag 1987 [1985]
LACAN, Jacques, *Ecrits*, Paris: Ed. du Seuil 1966
LAPLANCHE, J./PONTALIS, J.-B., *Vocabulaire de la psychanalyse*, Paris: PUF 1967
LITTRE, Emile, *Dictionnaire de la langue française*, Paris: Hachette 1881, t. II
LUKACS, Georg, *Die Zerstörung der Vernunft*, Berlin/Neuwied: Luchterhand 1974
LÜDKE, Martin W., "Theorie der Avantgarde" - Antworten auf Peter Bürgers Bestimmung von Kunst und bürgerlicher Gesellschaft, Frankfurt: Suhrkamp 1976 (es 825)
MARCUSE, *Versuch über die Befreiung*, Frankfurt: Suhrkamp 1968 (es 329)
NADEAU, Maurice, *Histoire du surréalisme*, Paris: Ed. du Seuil 1980 (collection points 1)
NIETZSCHE, *Werke in drei Bänden*, herausgegeben von Karl Schlechta, München: Hanser 1977[8] (1966), Bd. II/III
SARTRE, Jean-Paul, *Qu'est-ce que la littérature?*, Paris: Gallimard 1981 [1948] (collection idées 58)
SAUSSURE, Ferdinand de, *Cours de linguistique générale*, Paris 1962

THEWELEIT, Klaus, *Buch der Könige Bd. 1, Orpheus und Eurydike*, Basel/Frankfurt: Stroemfeld/Roter Stern 1988
THOMAS, Johannes, "Jacques Derrida" in: *Französische Literaturkritik der Gegenwart in Einzeldarstellungen*, herausgegeben von Wolf-Dieter Lange, Stuttgart: Kröner 1975, pp. 234-251